Kohlhammer

Waldemar von Suchodoletz (Hrsg.)

# Sprachentwicklungsstörung und Gehirn

Unter Mitarbeit von

Brigitte Allmayer, Hedwig Amorosa,
Dagmar Berwanger, Esther Brunner,
Elfriede Krammer, Michèle Noterdaeme,
Georg Spiel, Ruth Uwer und
Wolfgang Wickler

Verlag W. Kohlhammer

Die Deutsche Bibliothek – CIP-Einheitsaufnahme

Sprachentwicklungsstörung und Gehirn /
Hrsg.: Waldemar von Suchodoletz. –
Stuttgart ; Berlin ; Köln: Kohlhammer, 2001
ISBN 3-17-016761-8

Dieses Werk einschließlich aller seiner Teile ist urheberrechtlich geschützt. Jede Verwendung außerhalb der engen Grenzen des Urheberrechts ist ohne Zustimmung des Verlags unzulässig und strafbar. Das gilt insbesondere für Vervielfältigungen, Übersetzungen, Mikroverfilmungen und für die Einspeicherung und Verarbeitung in elektronischen Systemen.

Die Wiedergabe von Warenbezeichnungen, Handelsnamen oder sonstigen Kennzeichen in diesem Buch berechtigt nicht zu der Annahme, dass diese von jedermann benutzt werden dürfen. Vielmehr kann es sich auch dann um eingetragene Warenzeichen oder sonstige gesetzlich geschützte Kennzeichen handeln, wenn sie nicht eigens als solche gekennzeichnet sind.

1. Auflage 2001

Alle Rechte vorbehalten
© 2001 W. Kohlhammer GmbH
Stuttgart Berlin Köln
Verlagsort: Stuttgart
Umschlag: Gestaltungskonzept Peter Horlacher
Gesamtherstellung:
W. Kohlhammer Druckerei GmbH + Co. Stuttgart
Printed in Germany

# Inhalt

Verzeichnis der Autoren

Vorwort

1 Wolfgang Wickler
  Sprache der Tiere

2 Waldemar von Suchodoletz
  Hirnorganische Repräsentation von Sprache und Sprachentwicklungsstörungen

3 Ruth Uwer
  Elektrophysiologische Befunde

4 Hedwig Amorosa
  Auffälligkeiten in der Sprechmotorik

5 Dagmar Berwanger
  Sprachentwicklungsstörung und Zeitverarbeitung

6 Michèle Noterdaeme
  Bedeutung genetischer, biologischer und psychosozialer Risiken

7 Georg Spiel, Esther Brunner, Brigitte Allmayer & Elfriede Krammer
  Sprachstörungen bei Kindern mit hirnorganischen Erkrankungen – schwer behandelbare Sprachstörungen

Register

# Verzeichnis der Autoren

*Allmayer, Brigitte,* diplomierte Logopädin, Abteilung für Neuropsychiatrie des Kindes- und Jugendalters und Heilpädagogik, Landeskrankenhaus Klagenfurt, St.-Veiter-Str. 47, A-9020 Klagenfurt
Email: kijuneuropsych@lkh-klu.at

*Amorosa, Hedwig,* apl. Prof. Dr. med., Heckscher Klinik, Abt. Solln, Haus 5, Wolfratshauserstr. 350, 81479 München
Email: hedwig.amorosa@lrz.uni-muenchen.de

*Berwanger, Dagmar,* Dipl.-Psych., Institut für Kinder- und Jugendpsychiatrie der Universität, Nussbaumstr. 7, 80336 München
Email: dagmar.berwanger@lrz.uni-muenchen.de

*Brunner, Esther,* Mag., Abteilung für Neuropsychiatrie des Kindes- und Jugendalters und Heilpädagogik, Landeskrankenhaus Klagenfurt, St.-Veiter-Str. 47, A-9020 Klagenfurt
Email: kijuneuropsych@lkh-klu.at

*Krammer, Elfriede,* Dr. med., Abteilung für Neuropsychiatrie des Kindes- und Jugendalters und Heilpädagogik, Landeskrankenhaus Klagenfurt, St.-Veiter-Str. 47, A-9020 Klagenfurt
Email: kijuneuropsych@lkh-klu.at

*Noterdaeme, Michèle,* Dr. med., Heckscher Klinik, Abt. Solln, Haus 5, Wolfratshauserstr. 350, 81479 München
Email: michele.noterdaeme@lrz.uni-muenchen.de

*Spiel, Georg,* Univ.-Doz. Dr. med. habil., Abteilung für Neuropsychiatrie des Kindes- und Jugendalters und Heilpädagogik, Landeskrankenhaus Klagenfurt, St.-Veiter-Str. 47, A-9020 Klagenfurt
Email: gspiel@edu.uni-klu.ac.at

*Suchodoletz, Waldemar von,* Prof. Dr. med., Institut für Kinder- und Jugendpsychiatrie der Universität, Nussbaumstr. 7, 80336 München
Email: suchodoletz@lrz.uni-muenchen.de

*Uwer, Ruth,* Dipl.-Psych., Institut für Kinder- und Jugendpsychiatrie der Universität, Nussbaumstr. 7, 80336 München
Email: ruth.uwer@lrz.uni-muenchen.de

*Wickler, Wolfgang,* Prof. Dr. rer. nat., Max-Planck-Institut für Verhaltensphysiologie, 82319 Seewiesen
Email: wickler@mpi-seewiesen.mpg.de

# Vorwort

Die Sprache des Menschen ist etwas ganz Besonderes und Einmaliges. Mit wenigen Lauten können unzählige Wörter gebildet werden. Die Zahl möglicher sinnvoller Sätze ist unendlich. Die Kreativität der menschlichen Sprache wird durch eine Verzahnung mehrerer Strukturebenen – der Laut-, Wort- und Satzebene – ermöglicht. Trotz dieser ungeheuren Komplexität lernen Kinder ihre Muttersprache in einem faszinierenden Tempo. Doch nicht immer erfolgt der Spracherwerb mühelos. Bei 5 % bis 10 % aller Kinder treten Probleme auf, die zu gravierenden Kommunikationsschwierigkeiten führen können. Wenn wir die Mechanismen der Entwicklung solcher Spracherwerbsstörungen verstehen wollen und lernen möchten, wie den Kindern am effektivsten geholfen werden kann, dann müssen wir uns mit der Frage auseinander setzen, welche Funktionsstörungen des Gehirns den Hintergrund von Sprachentwicklungsstörungen bilden.

In den letzten Jahren haben die Neurowissenschaften einen rasanten Aufschwung erlebt. Neue Techniken eröffneten die Möglichkeit, das Gehirn bei seiner Tätigkeit zu beobachten. Dabei ist nicht nur klarer geworden, wie Sprache zustande kommt, sondern auch, welche Defizite in der Hirnfunktion den Spracherwerb beeinträchtigen können. Das aktuelle Wissen ist jedoch auf viele Einzelpublikationen verstreut und es ist schwierig, einen Überblick zu erhalten. In diesem Buch wird der Versuch unternommen, den gegenwärtigen Kenntnisstand über neurobiologische Grundlagen von Sprachentwicklungsstörungen zusammenzufassen. Dabei wird der enorme Wissenszuwachs deutlich, aber auch die noch vorhandenen Lücken. Zwar lässt unser derzeitiges Wissen eine schlüssige Erklärung von Sprachentwicklungsstörungen auf der Ebene neuronaler Funktionen noch nicht zu, doch viele Einzelbausteine erleichtern das Verstehen von Entwicklungsverläufen sprachgestörter Kinder.

Die biologische Grundlage von Sprache wird im ersten Kapitel deutlich, in dem auf Kommunikationsstrategien im Tierreich eingegangen wird. Trotz ihrer Einmaligkeit ist die Sprache des Menschen nicht plötzlich als etwas gänzlich Neues in der Evolution aufgetaucht. Sie hat eine lange Vorgeschichte, die sich in überraschenden neuen Erkenntnissen über komplexe Interaktionsmuster im Tierreich immer klarer abzeichnet. Die Einmaligkeit der menschlichen Sprache bleibt zwar unangetastet, doch relativiert sich mancher Aspekt, den wir lange Zeit als typisch menschlich angesehen haben.

*Vorwort*

In den anschließenden Kapiteln wird auf neurobiologische Befunde bei sprachentwicklungsgestörten Kindern eingegangen. Dabei werden zuerst Fragen nach dem biologischen Substrat von unauffälliger Sprache gestellt. Wo ist der Sitz der Sprache? Ist sprachliche Kompetenz als Ganzes oder in vielen einzelnen Bausteinen im Gehirn repräsentiert und welche Vorstellungen bestehen über die Funktion von Sprachzentren? Aufbauend auf diesen grundlegenden Überlegungen zur normalen Sprachphysiologie werden strukturelle und funktionelle Auffälligkeiten des Gehirns, die bei sprachentwicklungsgestörten Kindern beschrieben wurden, dargestellt. Einzelnen Fragestellungen wird in speziellen Kapiteln vertieft nachgegangen. Gegenwärtige Auffassungen zu Ursachen und Kompensationsmöglichkeiten werden mehrfach aus unterschiedlichem Blickwinkel angesprochen.

Das Buch wendet sich an all diejenigen, die sich in Theorie oder Praxis mit Sprachentwicklungsstörungen auseinander setzen. Die Thematik ist in vielen Fachdisziplinen von großer Relevanz. Neuropsychologen und Linguisten versuchen, theoretische Hintergründe aufzuklären und in der Praxis werden Kinder mit Sprachentwicklungsstörungen u. a. von Logopäden und Sprachheilpädagogen, Ärzten unterschiedlicher Fachrichtungen und Psychologen betreut. Obwohl in einigen Kapiteln spezielles Wissen einzelner Fachgebiete dargestellt wird, bleiben die Ausführungen für Leser mit unterschiedlichem Hintergrund verständlich. Fachtermini werden möglichst vermieden und auf Grundlagen wird ausreichend eingegangen. Wir verbinden mit dem Buch die Hoffnung, dass eine Brücke geschlagen wird zwischen biologischem Wissen und praktischem Umgang mit sprachentwicklungsgestörten Kindern, was letztendlich der Betreuung der betroffenen Kinder und deren Familien zugute kommen wird.

Die Herstellung des Buches wäre ohne die tatkräftige Unterstützung von Frau Baader und Frau Wohlrab nicht möglich gewesen, denen besonderer Dank für ihr unermüdliches Engagement bei der Gestaltung und Korrektur des Manuskripts gebührt.

München, November 2000　　　　　　　　　　　Waldemar v. Suchodoletz

# 1 Sprache der Tiere

Wolfgang Wickler

1.1 Einleitung
1.2 Signale zur Kommunikation
1.3 Signalbedeutungen
1.4 Akustische Fenster
1.5 Genetisches und traditives Erbe
1.6 Zusammenfassung

## 1.1. Einleitung

Auf einer Wiese, die noch im Naturzustand ist, fliegen im Sommer bunte Schmetterlinge einander nach, Heuschrecken und Grillen zirpen, Ameisen eilen umher, Vögel zwitschern, und der Mensch genießt das alles. Wenn er die Schule noch nicht völlig vergessen hat, weiß er allerdings, dass dieses Treiben nicht auf ihn gemünzt ist, dass die Schmetterlingsflügel Farben für den Paarungspartner tragen, die Ameisen auf Duftspuren laufen, die von Artgenossen als Wegemarken gelegt wurden, und dass die Vögel nicht zur Ehre Gottes singen, sondern Rivalen damit auf Abstand halten. Und wer lange genug geduldig zuschaut, sieht, dass Vögel nach Schmetterlingen pikken, Sperber Singvögeln nachstellen und Echsen Heuschrecken verspeisen. Sich auffällig zu gebärden, ist gefährlich. »Lebe gefährlich!« ist ein unbiologisches Motto – es sei denn, ein gewisses Risiko ist bei der Nahrungssuche, der Revierverteidigung oder der Fortpflanzung unumgänglich. Aber auch dann sollte das Risiko möglichst klein gehalten werden. Ein Grillenmann, der ein Weibchen sucht, bleibt in seiner Deckung, singt von da aus laut und überlässt das gefährliche Herumlaufen den Weibchen. Das ist tatsächlich der Kern der Kommunikation bei den meisten Tieren: Der Sender eines Signals versucht, dem Empfänger eine Reaktion zu entlocken, die ihm – dem Sender – nützt.

*Wolfgang Wickler*

## 1.2. Signale zur Kommunikation

Das gilt für alle möglichen Sendekanäle, für die es Empfangssinne gibt. Uns fallen meistens zuerst optische und akustische Signale ein, die wir am häufigsten benutzen; wir sind Augen- und Ohrenwesen. Die daraus entwickelten spezifisch menschlichen Kommunikationsformen, nämlich Lesen und Sprechen, sollen hier bei den Vergleichen mit anderen Lebewesen hintanstehen. Es gibt zwar Tiere, die optische Zeichen erkennen und solche Zeichenfolgen verstehen, also fast »lesen« können; und manche Papageien und Rabenvögel zum Beispiel können menschliche Worte imitieren und sogar sinnvoll einsetzen. Beides muss den betreffenden Individuen aber vom Menschen antrainiert werden, kommt also erst durch massive menschliche Beeinflussung zustande, so wie Tiere z. B. für den Zirkus allerlei verblüffende Kunststücke erlernen. Hier geht es jedoch um Vergleiche mit dem normalen Verhalten der Tiere, wie sie es in freier Natur von sich aus zeigen. Aus Zeiten, in denen man Tiere übertrieben vermenschlichte, stammt zwar die Mär, dass Affen reden könnten und es nur deshalb nicht tun, weil sie sonst zum Arbeiten und zum Steuerzahlen herangezogen würden. Tatsächlich verständigen sie sich untereinander mit Gesten und Lauten auf andere als menschliche Weise und ohne die menschliche Scheu vor Arbeit und Steuern. Sprache gibt es bei Tieren nicht; insofern könnte der Titel irreführen. »Kommunikationsweisen« wäre korrekter, klingt aber etwas unbeholfen.

Viele optische Signale finden wir – Aquarianer werden das wissen – bei Fischen. **Abbildung 1** gibt ein Beispiel. Gezeigt ist ein und dasselbe Tier, aber in verschiedenen Stimmungen. Ganz oben im Bild (a) sieht man das Alltagskleid. Wenn das Tier aus seiner Wohnhöhle einem Besucher entgegenschwimmt, erscheinen dunkle Streifen am Hinterkörper (b). Diese Streifen werden hell (c, d), wenn es Interesse an nahe kommenden Artgenossen bekundet. Stark verschreckt drückt sich das Tier im Tarnmuster (e) in irgendeine Spalte. Das Männchen ganz unten im Bild (f) bewacht seine noch im Ei heranwachsenden Jungen. *Ecsenius* ist ein schwimmblasenloser Grundfisch, der die meiste Zeit ruhig am Boden oder auf einem Stein oder Korallenast liegt und von da aus aufmerksam die Umgebung beäugt. Ich habe gesehen, wie eine *Ecsenius*-Dame einem männlichen Nachbarn minutenlang ihre Stimmungsschwankungen mit diesen Musterwechseln signalisierte und zwar, ohne sich sonst zu bewegen. Soziale Interaktionen können sich also auf diese Weise wie mit einer Farbtelegraphie abspielen.

Die regulierbaren Farbflecke am Körper, die aus- sowie verschieden intensiv eingeschaltet werden können, bestehen aus zahlreichen, mit Farbkörnchen gefüllten Zellen, Chromatophoren genannt, die durch Nervenimpulse gesteuert ihren Farbinhalt ausbreiten oder zusammenziehen. Der Wechsel von einem Färbungsmuster zum anderen kann in Sekundenschnelle ablaufen.

*Sprache der Tiere*

a)
b)
c)
d)
e)
f)

**Abbildung 1:** *Ecsenius bicolor*, ein nur etwa 10 cm langer Fisch aus dem Indischen Ozean liefert ein Beispiel für den unter Fischen verbreiteten stimmungsabhängigen Farbmuster-Wechsel. Die Grundfarbe ist bis zur Körpermitte dunkelgraubraun, von da ab bis zum Schwanz orangerot. Darauf erscheinen stimmungsabhängig verschiedene hell-dunkle Fleckenmuster.

*Wolfgang Wickler*

## 1.3 Signalbedeutungen

Diese Signale sind zwar stimmungsabhängig, aber vom Individuum nicht willkürlich veränderbar. Sie sind genetisch festgelegt und werden von Artgenossen ebenso genetisch vorgegeben gedeutet. Wenn Tiere mit angeborenen Signalen operieren, haben die Empfänger zumeist ebenso angeborene Kenntnis davon, was das Signal heißt.

**Lernen von Signalbedeutungen**

Für einige Signale muss die Bedeutung jedoch erst erlernt werden. Das stößt uns auf die Frage, wie ein Signal zu seiner Bedeutung kommt. Solange es noch keine Bedeutung hat, nennen wir es ein leeres Zeichen; erst die Bedeutung definiert es als Signal. »Bedeutung« kann einerseits den Stimmungsgehalt betreffen (ob es ein Wut- oder Angstsignal ist), kann aber auch ein Objekt betreffen, zum Beispiel eines, vor dem man sich in Acht nehmen soll.

Von Spaziergängen durch den Stadtpark oder aus dem eigenen Vorgarten wird wohl jeder wissen, dass Vögel beim Anblick einer Katze furchtbar aufgeregt werden, ebenso auch beim Anblick eines Habichts oder einer Eule. Regelmäßig kommen dann mehrere Vögel zusammen und beginnen zu schimpfen. Der Ornithologe bezeichnet dies als Hassen. Dieses Hassen dient nicht vorrangig dazu, das Ungeheuer zu vertreiben, sondern es macht unerfahrenen Jungvögeln klar, dass das solchermaßen angehasste Objekt ein gefährlicher Feind ist. Jungvögel wissen angeborenermaßen, dass Hassen oder Schimpfen Gefahr signalisiert. Sie wissen aber zunächst nicht, wie die Gefahr aussieht; das müssen sie bei solchen Gelegenheiten lernen.

Professor Curio in Bochum hat dies in eleganten Versuchen gezeigt (Curio et al. 1978). Er hielt in einer geteilten Voliere in der einen Hälfte erfahrene Elternvögel und in der anderen die unerfahrenen Jungvögel. Während nun die Eltern, damit sie tüchtig schimpften, eine Katze, Eule oder einen Habicht gezeigt bekamen, wurde den Jungvögeln nebenan eine Waschmittelflasche hingehalten. Weil sie nur die Reaktion der Altvögel, nicht aber den wirklichen Feind sehen konnten, merkten sich die Jungvögel, dass Waschmittelflaschen gefährlich seien. In der Folge fingen sie dann ihrerseits beim Auftauchen einer derartigen Flasche zu schimpfen an und brachten diese Weisheit später auch ihren Jungen bei.

Die Kenntnis dessen, was gefährlich ist, muss von diesen Vögeln gelernt werden. Manche Signale kennzeichnen also zunächst eine Stimmung oder eine Gefahr, ohne anzugeben, worin diese besteht. Dieses Detail müssen die Tiere einander mitteilen.

## Signalmissbrauch

Im geschilderten Experiment sorgte der Mensch für Verwirrung. Die Tiere glaubten, was sie sahen, und erzählten es weiter. Ähnlich können Tiere auch untereinander gezielt Verwirrung stiften. Affen können das besonders gut, beispielsweise die ostafrikanischen Meerkatzen. Auch sie haben Feinde und warnen einander durch entsprechende Rufe. Allerdings kennen sie Schlangen als Baumfeinde, schnell laufende Mungos und eine Schleichkatze als Bodenfeinde, sowie Adler als Luftfeinde, die aus der Höhe herabstoßen. Die gefährlichen Feinde unterteilen sie deshalb in verschiedene Kategorien und benutzen drei verschiedene Laute, mit denen sie bekannt geben, welcher Feind gerade gesichtet wurde. Je nach Feind ist unterschiedliches Verhalten erforderlich. Wenn vor einem Bodenfeind gewarnt wird, sollten sie eiligst auf einen Baum klettern, bei einem Luftfeind aber besser nicht. Die notwendigen Verhaltensweisen, um dem Feind zu entkommen, richten sich nach der Art des Feindes beziehungsweise nach dem gehörten Alarmruf (Cheney & Seyfarth 1990).

Diese Affen können den Feindalarm aber auch missbrauchen. So zum Beispiel wenn sich zwei Tiere streiten und es richtig ernst wird, so dass der Stärkere schließlich dem Schwächeren nacheilt, um ihn zu verprügeln. Dann rennt der Schwächere vielleicht an einem Gebüsch vorbei und ruft »Schlange«. Der Verfolger stutzt, meint, er hätte die Gefahr übersehen, und schon ist der Verfolgte außer Reichweite.

Ein noch bekannteres Beispiel schildern Ornithologen, die Drosseln mit der Hand aufzogen (Thielcke 1964). Lässt man Jungvögel geschützt in einer Voliere aufwachsen und füttert sie jeden Tag regelmäßig, so werden sie handzahm. Legt man nun in der Voliere mit der Jungvogelgruppe mehrmals nur zwei oder drei Mehlwürmer auf den Tisch, so ruft in dieser Situation bald einer von den Vögeln »Alarm, Luftfeind!«. Wenn dann alle anderen Tiere in Deckung fliehen, holt sich der Rufer die Leckerbissen. Das einzige, was ihm passieren kann, ist, dass einer von den anderen auf der Flucht den Alarm weitergibt. Das hört der Urheber der Falschmeldung, glaubt, es sei wirklich gefährlich, und geht auch in Deckung.

Tatsächlich kann ein derartiges Warnsignal von Affen, Vögeln und anderen Tieren dazu benutzt werden, Konkurrenten aus dem Weg zu räumen, um das eigene Ziel zu erreichen. Wir nennen das Missbrauch, gekennzeichnet als gezielter Einsatz eines verabredeten Signals in falschem Zusammenhang, wodurch sich ein Individuum einen Vorteil auf Kosten der anderen verschafft.

So besehen können Tiere lügen und betrügen (Sommer 1992) und zwar unabhängig davon, ob sie das Signal gelernt haben oder ob es sich um ein angeborenes Signal handelt. Ein Signal zum eigenen Vorteil zu missbrauchen, gelingt allerdings nur bis zu einem gewissen Grade. Die Gruppengenossen können allmählich lernen, dass sie auf das Alarmsignal nicht zu achten brauchen, mit der bekannten weiteren Folge, dass vielleicht auch bei ernsthaftem Alarm keine Reaktion mehr erfolgt.

*Wolfgang Wickler*

## 1.4 Akustische Fenster

Signalmissbrauch scheint eine relativ seltene Kommunikationsstörung zu sein. Allgegenwärtig ist hingegen eine ganz andere Form. Wenn man versucht, sich z. B. in dem Stimmengewirr einer Tagung bemerkbar zu machen, ist dafür einiger Energieaufwand erforderlich. Mancher Veranstalter versucht, die Tagungsteilnehmer durch lautes Rufen zurück in den Vortragssaal zu holen und schafft es doch nicht. Ein eleganteres Mittel ist in diesem Fall eine hell tönende Glocke. Woran das liegt, ist einfach zu verstehen. Wenn man mit seiner Stimme versucht, in dem Frequenzbereich, in dem auch andere gerade senden, durchzukommen, muss man sehr laut rufen, um gehört zu werden. Anders ist es, wenn man eine Frequenz benutzt, die im allgemeinen Hintergrundgeräusch nicht enthalten ist. Mit der Glocke nutzt man im Stimmengewirr ein so genanntes akustisches Fenster. Das braucht nicht viel Energie, hat aber Erfolg. In einer anderen akustischen Umgebung allerdings, z. B. in einem Kindergarten, wo die Frequenzen der Glocke besetzt sind, muss ein anderes Kontrastsignal genommen werden.

Den Vorteil akustischer Fenster nutzen auch Tiere regelmäßig in ökologischen Nischen zur akustischen Kommunikation. Zu erfolgreicher Kommunikation mit ökonomischen Mitteln müssen Tiere in ihrer jeweiligen Umwelt zur akustischen Verständigung die Frequenzen einsetzen, die nicht schon anderweitig belegt sind. Ornithologen haben das als Erste entdeckt und wissenschaftlich genauer untersucht. Lautäußerungen werden wissenschaftlich in Sonogrammen sichtbar gemacht. Ein Sonogramm ist die optische Darstellung einer akustischen Äußerung, vergleichbar mit einem Notenbild (**Abb. 2**). In der Abbildung ist die Zeit von links nach rechts aufgetragen. Von unten nach oben werden die Töne immer höher – wie bei Noten auch. Die Frequenzen sind hier freilich nicht im Violinschlüssel-System angegeben sondern streng physikalisch in kHz.

Als Beispiel für verschiedene akustische Fenster zeigt **Abbildung 3** drei Vögel aus unserer Region: einen Schilfrohrsänger, einen Teichrohrsänger und einen Drosselrohrsänger. Sie sind, wie schon die Namen sagen, eng verwandt, singen jedoch unterschiedlich und von verschiedenen Stellen aus. Der eine fliegt beim Gesang über dem Schilf, der andere sitzt unten im Schilf und der dritte sitzt oben am Schilfrohr. In ihren Gesängen benutzen sie verschiedene Hauptfrequenzen, die in den Sonogrammen skizziert sind. Aus der Abbildung wird ersichtlich, welche unterschiedlichen Frequenzen die Arten einsetzen. Sie sind mit ihrer Hauptsendefrequenz an die üblichen Störgeräusche ihrer Umgebung angepasst (Jilka & Leisler 1974). Ganz allgemein singen Waldvögel um 1 kHz tiefer als Vögel in offener Landschaft. So lassen sich Stimmbiotope kennzeichnen, die man auch Melotope genannt hat; sie geben an, mit welchen akustischen Signalen Tiere in ihrer speziellen Umwelt am erfolgreichsten sind. Das lässt sich ebenso auch für die lautlichen Signale von Fröschen und Insekten nachweisen. Und schließlich gilt dasselbe angeb-

*Sprache der Tiere*

**Abbildung 2:** Lautäußerungen unserer Kohlmeise als Sonogramm und – jeweils darunter zum Vergleich – in Notenschrift. Oben das bekannte »zi-zi-be«, unten der kompliziert gestaltete Revierstreit-Laut

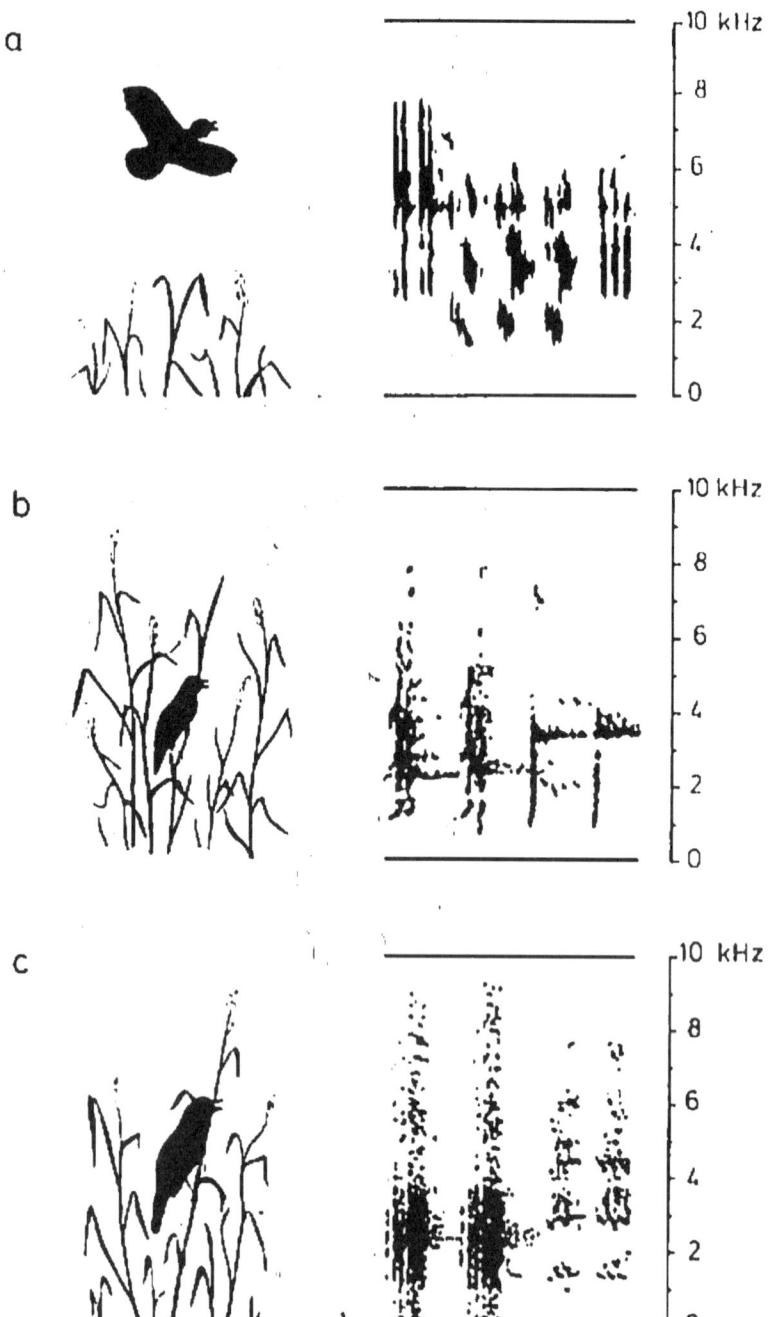

**Abbildung 3:** Schilfrohrsänger (oben), Teichrohrsänger (Mitte) und Drosselrohrsänger (unten) mit ihren hauptsächlichen Gesangsfrequenzbereichen; schematisiert

lich auch für Menschensprachen. So sind tropische Sprachen reich an O-, U- und A-Vokalen, während Sprachen kalter Zonen häufiger die Vokale E und I verwenden.

## 1.5 Genetisches und traditives Erbe

Mit der so genannten Sprache bei Tieren befassen sich auch einige spezielle Forschungsthemen in unserem Institut in Seewiesen. Besonders intensiv bearbeitet werden Probleme erlernter akustischer Verständigung bei Vögeln. Nicht nur bei Vögeln, sondern auch bei anderen Tieren können Unterschiede in Kommunikationsmustern auf zwei Wegen zustande kommen. Im einen Fall werden sie über Gene realisiert; es handelt sich dann um Programme, die über die Keimzellen an die Nachkommen weitergegeben werden. Daneben gibt es einen zweiten Weg, dem unser Forschungsinteresse derzeitig vorwiegend gilt. Dabei handelt es sich um tradierte Programme, die mit Hilfe von sozialem Lernen von Hirn zu Hirn weitergegeben werden. Diese Weitergabe läuft nicht über die Keimzellen, also auch nicht zwangsläufig von Eltern zu deren Nachkommen. Singvögel können zwar ihren Gesang von den Eltern übernehmen – oft vom Vater, wenn der Gesangsvortrag eine vorwiegend oder ausschließlich männliche Beschäftigung ist – aber auch Töchter, die den Gesang selbst nicht äußern, müssen ihn kennen, weil sie später ihren Paarungspartner danach auswählen.

Genetisches und traditives Erbe laufen auf zwei völlig unterschiedlichen Wegen. Genetisches Erbe bekommt ein Individuum von seinen Eltern einmal zu Beginn des Lebens und es kann sich nicht dagegen sträuben. Traditives Erbe kann es nach und nach aufnehmen, nicht nur von den Eltern sondern auch von Gruppengenossen und Nachbarn. Es kann dabei aktiv mitwirken und muss nicht alles Angebotene akzeptieren. Genetische Änderungen treten in Generationsschritten auf; tradiertes Verhalten kann sich im Laufe eines Lebens in viel kürzeren Zeitspannen verändern. Und schließlich ist nicht gewährleistet, dass traditive und genetische Veränderungen sich miteinander vertragen.

**Sprache als Beispiel für traditives Erbe**

Die menschlichen Sprachen sind ein Musterbeispiel für traditives Verhalten. Oft untersucht ist zum einen die genetische und zum anderen die sprachliche Verwandtschaft verschiedener Bevölkerungen. Linguisten untersuchen die Verwandtschaft von Sprachen fast so als wären Sprachen Lebewesen. Sie zeichnen Evolutionsreihen und Stammbäume von Sprachen und fassen sie zu Sprachfamilien zusammen. Obwohl Menschen Fremdsprachen lernen können und es zuweilen nach verlorenen Kriegen sogar mussten, stimmen doch die sprachliche und die genetische Verwandtschaft der Völker oft überein. Im Prinzip hängen aber die beiden Erbgänge – der genetische und der traditive – nur lose zusammen.

## Gesang der Vögel

Was passieren kann, wenn ein und derselbe Träger beiderlei Programme in sich vereint und beide Programme im selben Trägerindividuum aktiviert werden, lässt sich an Singvögeln sowohl in der Natur wie im Experiment analysieren (Wickler 1986). Gesänge der Singvögel sind für einen Vergleich mit der Sprache der Menschen besonders geeignet. Es sind Lautsignale, die für uns gut wahrnehmbar sind (wesentlich leichter als z. B. Geruchssignale der Säugetiere). Die Lautfolgen dienen zur sozialen Verständigung. Sie werden mit einem ganz spezifischen Stimmapparat erzeugt, der jedoch anders gebaut ist als unserer. Statt dem Larynx der Säugetiere haben Vögel einen Syrinx, der zudem doppelt ausgelegt ist. Ein Vogel kann mit den beiden Syrinx-Hälften zweistimmig singen. Die Hirnregionen der Vögel, die für das Singen zuständig sind, zeigen wesentliche Parallelen zu den menschlichen Sprachzentren. Es gibt eine Hauptregion für Gesangskontrolle, für das Lernen und das Produzieren von Gesang. Diese Zentren haben Verbindungen zum Syrinx und zum Atemsystem. Syrinx und Atmung müssen gemeinsam gesteuert werden, da der Gesang ganz wesentlich von exakt gesteuerten Luftimpulsen abhängt. Da Vögel andererseits auf akustische Signale ausgeprägt reagieren, ist das Zentrum für Gesang eng an die Hirnregion gekoppelt, die Impulse vom Ohr empfängt. Dieses zerebrale Steuerungssystem hat sich bei Säugetieren und Vögeln unabhängig voneinander entwickelt, leistet aber gleiche Dienste.

Wenn die Evolution dieselbe Erfindung zweimal gemacht hat, macht sie es uns leichter, das Wesentliche solcher Erfindung in den Blick zu bekommen. Wollten wir zum Beispiel das Kernproblem eines Geländewagens erfassen, so könnten wir zunächst einen Wagen einer ganz bestimmten Firma analysieren. Der enthält zwar das typische Geländewagendesign, aber natürlich auch das typische Beiwerk der speziellen Firma. Deshalb ist es sinnvoll, Geländewagen von verschiedenen Firmen auf wesentliche Übereinstimmungen zu untersuchen, um das Geländewagentypische herauszufinden und die jeweils firmentypischen Eigenheiten auszusondern. Ebenso kann man hoffen, durch das Analysieren des traditiven Gesangssystems der Vögel mitsamt den zugehörigen Hirnvorgängen einiges zum Verstehen des menschlichen Sprachsystems beizutragen.

Eine besondere Form akustischer Verständigung zwischen Paarungspartnern fanden wir (v. Helversen & Wickler 1971) beim afrikanischen Drongo, einem etwa amselgroßen Vogel (**Abb. 4**). Einen Ausschnitt aus der morgendlichen Unterhaltung eines Drongo-Paares zeigt **Abbildung 5**. Die Partner äußern ihre Laute in genau aufeinander abgestimmter Reihenfolge; es ist das komplizierteste bisher bekannte Vogel-Duett. Es besteht aus erlernten Ge-

*Sprache der Tiere*

**Abbildung 4:** Der afrikanische Drongo (*Dicrurus adsimilis*)

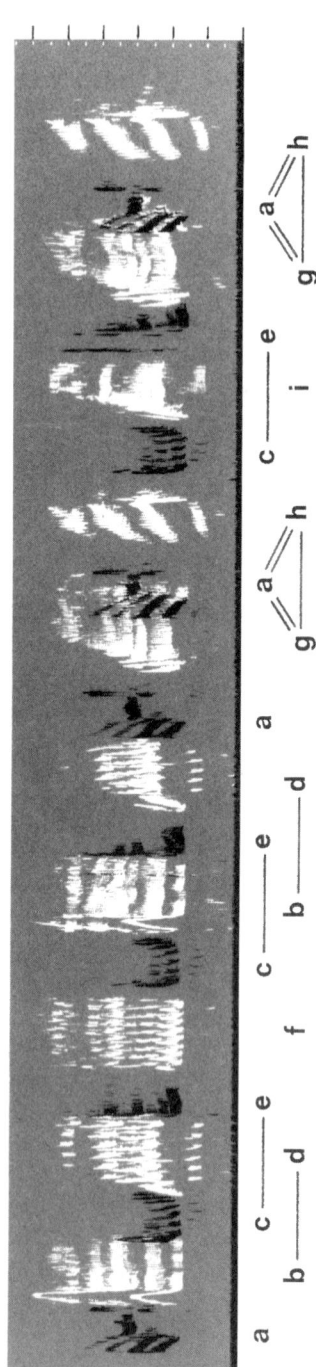

**Abbildung 5:** Ausschnitt aus einem Paargesang des Drongo. Schwarz im Sonogramm die Elemente des einen, weiß die des anderen Partners. Buchstaben darunter sollen dem Leser helfen, Elemente und Elementfolgen zu identifizieren.

sangselementen, die weder in fester noch in zufälliger Folge auftreten. Was in einem gegebenen Moment gesagt wird, hängt zum einen von der individuen-eigenen Grammatik und zum anderen davon ab, was der Partner unmittelbar zuvor geäußert hat. Mit kurzen Pausen unterhalten sich die Partner morgens ungefähr eine halbe Stunde lang, bevor sie zum Tagesgeschäft übergehen. Die Form dieses komplizierten Gesangs scheint Ausdruck bestimmter hormoneller Zustände zu sein und scheint zugleich die Hormonlage und Aktionsbereitschaft des Partners zu beeinflussen. Der Duettgesang ist demnach kein bloßer Zeitvertreib, sondern dient der Kooperationsbereitschaft des Paares.

## Lokale Dialekte

Im Zusammenhang mit dem Lernen von Gesangsdialogen ist noch etwas anderes erwähnenswert, das zunächst wohl als ein Nebeneffekt aufgetreten ist. Vogelarten mit einem großen Verbreitungsgebiet haben keine einheitlichen »Schulbücher« für das Gesangslernen. Wie allgemein bei mündlicher Überlieferung entstehen örtliche Abwandlungen: Singvögel entwickeln in ihren Gesängen lokale Dialekte (**Abb. 6**). Auch die Gesänge mancher einheimischer Vögel klingen in Süd- und Norddeutschland verschieden. Solche Dialekt-Unterschiede können so groß werden, dass sich Individuen der gleichen Art aus verschiedenen Dialektgegenden nur mehr mühsam verstehen. Sie reagieren dann auf einen Artgenossen mit fremdem Dialekt wie auf einen artfremden Vogel und wählen einen Paarpartner nur noch aus ihrer eigenen Dialektregion. Dialekte sind aber tradierte Gesänge. Entscheidend bei der Partnerwahl ist also nicht die genetische Ähnlichkeit, sondern die Traditions-Ähnlichkeit. Das hat zur Folge, dass ein Vogel sein genetisches Programm nicht mehr mit beliebigen Artgenossen mischen kann, sondern nur noch mit solchen, die dieselbe Tradition haben. So kommen Gene ins Schlepptau von Traditionen und Traditionen bestimmen dann die Richtung der genetischen Evolution (Wickler 1986).

## Lernen von Fremdsprachen

Ein spektakuläres Beispiel dafür untersuchte Professor Nicolai (1964) an der in Afrika heimischen Paradieswitwe. Dieser Vogel ist ein Brutparasit bei Grasfinken; er legt seine Eier in das Nest von Buntastrilden und lässt seine Jungvögel dort aufziehen. Sein Verhalten ist vergleichbar mit dem des Kuckucks, jedoch wirft das Witwenkind seine Brutgeschwister nicht über Bord, sondern wächst zwischen ihnen heran. Wenn die Jungen des Wirtsvogels hungrig den Schnabel aufreißen, zeigen sie den Eltern ein charakteristisches Muster aus Farbflecken im Sperr-Rachen. Dieses genetisch fixierte optische Signal heißt soviel wie »Futter bitte hier einwerfen!«, und die Eltern reagieren prompt darauf. Der junge Brutparasit bietet in seinem Rachen genetisch fixiert genau das gleiche Signal und deswegen wird er von den Pflegeeltern wie ein eigenes Kind

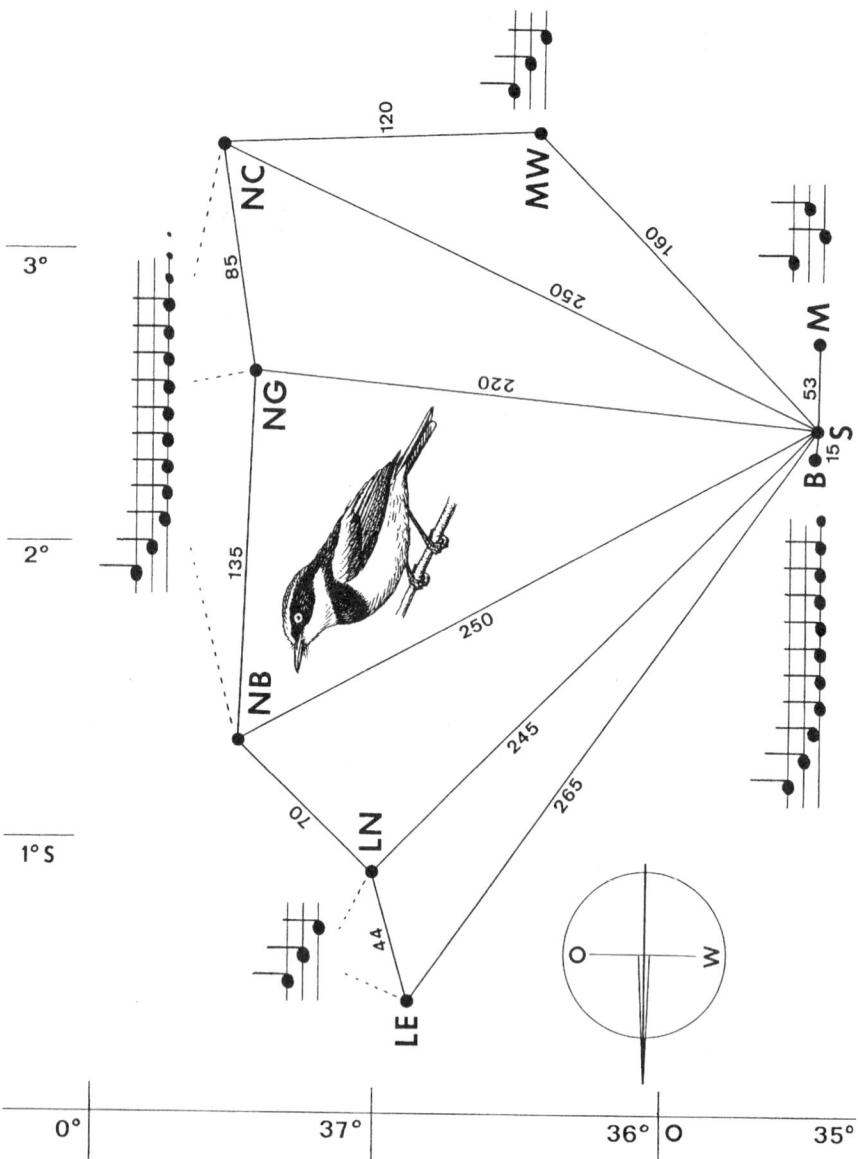

**Abbildung 6:** Der Weißflankenschnäpper (*Batis molitor*) singt an verschiedenen Orten Ostafrikas unterschiedliche Strophen, hier vereinfacht in Notenschrift wiedergegeben. Markante Orte: in Kenia: LN = Lake Naivasha, NB = Nairobi; in der Serengeti in Tansania: B = Banagi, M = Moru Kopjes (Entfernungen zwischen den Orten sind in km Luftlinie angegeben)

behandelt. Die Paradieswitwe kann nun aber ihre Eier bei verschiedenen Wirtsvögeln unterbringen, deren Rachensignale von Art zu Art sehr verschieden aussehen. Unter den Paradieswitwen gibt es zwar die passenden Imitationen davon, aber einer erwachsenen Paradieswitwe ist nicht anzusehen, welches genetische Rachenmuster sie vererbt. Dennoch muss jede von ihnen ihre Eier bei denjenigen Wirtsvögeln ablegen, mit denen ihr genetisches Rachenprogramm übereinstimmt; andernfalls würden ihre Jungen nicht gefüttert. Das Problem ist dadurch gelöst, dass jeder Witwenjungvogel im Nest eine Fremdsprache lernt, nämlich die der Wirtsvogelart. Die Jungvögel der Paradieswitwen lernen im Nest von den Nestgeschwistern Bettellaute, später auch die Laute der Eltern und sogar noch deren Balzgesang. Diese Fremdsprache benutzen die Paradieswitwen später bei der Suche nach einem passenden Paarungspartner. Wenn ein potentieller Partner die gleiche Fremdsprache kann, muss er bei derselben Wirtsvogelart aufgewachsen sein, muss also das richtige genetische Programm für den Sperr-Rachen haben. Partner, die sich mit derselben erlernten Fremdsprache verständigen können, vererben dasselbe genetische Rachenmuster. Partner mit verschiedenen Fremdsprachen vererben verschiedene genetische Muster-Programme und würden an gemeinsamen Jungen eine Mischung aus Rachenmustern produzieren, auf die keine der Zieheltern reagieren. Diese Jungen müssten verhungern.

Wie inzwischen bekannt ist, bilden auch die Wirtsvögel in ihrem Verbreitungsgebiet örtliche Dialekte aus und die bei ihnen aufwachsenden Brutparasiten lernen jeweils einen dieser unterschiedlichen Dialekte, die vom Brutparasiten her beurteilt Fremdsprachendialekte sind. Schon diese Dialekte haben zur Folge, dass sich die Paradieswitwen-Individuen dialektspezifisch verpaaren, schon hier kommen ihre Gene ins Schlepptau der tradierten Gesänge.

Dass Dialektunterschiede auch beim Menschen Hindernisse bei der Partnerwahl sein können, ist bekannt. Das liegt nicht allein daran, dass ortsweise die morgendliche Schrippe »Semmel« und der mittägliche Rotkohl »Blaukraut« heißen; vielmehr stehen Worte ja für Begriffsinhalte und damit für Denkmuster, die mit weiteren kulturbedingten Besonderheiten – Trachten, Baustilen, Essgewohnheiten, religiösen Überzeugungen – zusammenhängen. Ostpreußische Dialektforscher fanden zwischen zwei Landstrichen eine Grenze, die darin besteht, dass es für so banale Dinge wie Kartoffel und Ameise ganz verschiedene Wörter gibt; diese anders nicht markierte Grenze entspricht der seit Jahrhunderten unkenntlich gewordenen Grenze des früheren Bistums Ermland.

## 1.6 Zusammenfassung

Zusammenfassend lässt sich sagen, dass es unter evolutionsbiologischen Aspekten tatsächlich enge Parallelen zwischen der menschlichen Sprache und der tierischen Kommunikation gibt. Parallelen liegen nicht allein in Bau und Funktionsweise der Verständigungsorgane; die interessanteren Vergleiche betreffen das Lernen und Tradieren von Kommunikations-Elementen, das speziell bei nichtmenschlichen Primaten und bei Vögeln zu einer so genannten »Proto-Kultur« führt. Da das Lernen schneller als die genetische Evolution verläuft, hinken die Gene alsbald einer protokulturellen Evolution hinterher. Wenn Traditionen und tradierte Programme immer wichtiger werden, können sie schließlich die Führung auch in der genetischen Evolution übernehmen. Dass es auch in diesem Bereich Vorformen für menschliche Besonderheiten gibt, braucht unseren Stolz nicht zu verletzen. Eher ist es wie mit Ähnlichkeiten in Körperbau und Physiologie, die für uns in der Medizin extrem nützlich werden. Es ist ein Glück, dass die Weitergabe von Traditionen auch schon bei Tieren vorkommt, bei denen wir einen experimentellen Zugang haben, um solche Prozesse zu analysieren. Am Menschen wird man Brutparasitenexperimente ja wohl kaum durchführen können. Speziell Vögel sind wahrscheinlich im ganzen Tierreich die besten Modelle zum Analysieren des evolutionswirksamen Einflusses der Sprache.

**Literatur**

Cheney, D. L. & Seyfarth, R. M. (1990). *How monkeys see the world*. Chicago: Chicago Press.
Curio, E., Ernst, U. & Vieth, W. (1978). Cultural transmission of enemy recognition: One function of mobbing. *Science, 202*, 899–901.
Helversen, D. v. & Wickler, W. (1971). Über den Duettgesang des afrikanischen Drongo, Dicrurus adsimilis. *Zeitschrift für Tierpsychologie, 29*, 301–321.
Jilka, A. & Leisler, B. (1974). Die Einpassung dreier Rohrsängerarten in ihre Lebensräume. *Journal für Ornithologie, 115*, 192–212.
Nicolai, J. (1964). Der Brutparasitismus der Viduinae als ethologisches Problem. *Zeitschrift für Tierpsychologie, 21*, 129–204.
Sommer, V. (1992). *Lob der Lüge*. München: C. H. Beck.
Thielcke, G. (1964). Beobachtungen an Amseln (*Turdus merula*) und Singdrosseln (*T. philomenos*). *Die Vogelwelt, 85*, 46–53.
Wickler, W. (1986). *Dialekte im Tierreich*. Münster: Aschendorff.

# 2 Hirnorganische Repräsentation von Sprache und Sprachentwicklungsstörungen

Waldemar von Suchodoletz

---

2.1 Einleitung
2.2 Sprache und Gehirn
2.2.1 Lokalisation von Sprachzentren
2.2.2 Funktion von Sprachzentren
2.3 Hirnorganische Veränderungen bei sprachentwicklungsgestörten Kindern
2.3.1 Untersuchungsmethoden
2.3.2 Kinderneurologische und motometrische Befunde
2.3.3 Hemisphärendominanz
2.3.4 Elektroenzephalographische Befunde
2.3.5 Neuroanatomische Befunde
2.3.6 Ergebnisse von Untersuchungen mit bildgebenden Verfahren
2.3.7 Ergebnisse funktioneller bildgebender Verfahren
2.4 Sprachentwicklung von Kindern mit früher Schädigung der Sprachregionen
2.4.1 Sprachentwicklung nach links- versus rechtshemisphärieller Schädigung
2.4.2 Abhängigkeit von der Lokalisation der Läsion innerhalb einer Hemisphäre und vom Erkrankungsalter
2.4.3 Kompensationsmechanismen
2.4.4 Schlussfolgerungen
2.5 Zusammenfassung

---

## 2.1 Einleitung

Nach der Definition der Weltgesundheitsorganisation sind Sprachentwicklungsstörungen durch isolierte Störungen des Spracherwerbs bei durchschnittlichen allgemeinen intellektuellen Fähigkeiten gekennzeichnet. Sprachentwicklungstörungen sind somit umschriebene Entwicklungsstörungen kognitiver Funktionen. In diesem Kapitel soll der Frage nachgegangen werden, ob dem umschriebenen Versagen beim Spracherwerb eine vergleichbar umschriebene strukturelle und/oder funktionelle Störung des Gehirns gegenüber steht.

Um morphologische und funktionelle zerebrale Veränderungen, die Sprachentwicklungsstörungen zugrunde liegen könnten, aufzuklären, wurden zwei Zugangswege beschritten. Einerseits wurden Kinder mit spezifischen Sprachentwicklungsstörungen dahingehend untersucht, ob sich im Vergleich zu unauffällig entwickelten Kindern Unterschiede im Aufbau oder der Funktion des Gehirns nachweisen lassen. Zum anderen wurde die Sprachentwicklung von Kindern mit einer frühen Schädigung umschriebener Hirnstrukturen genauer analysiert. Obwohl inzwischen zahlreiche Ergebnisse vorliegen, steht eine endgültige Klärung des neurobiologischen Korrelats von Sprachentwicklungsstörungen noch aus. Insbesondere methodische Probleme führen dazu, dass Ergebnisse vieler Studien nicht eindeutig interpretierbar sind und zahlreiche Befunde widersprüchlich erscheinen.

Im Folgenden soll als erstes darauf eingegangen werden, ob sich Sprachfunktionen im Gehirn lokalisieren lassen, welche Hirnstrukturen mit spezifischen Dimensionen der Sprache in Verbindung gebracht werden und welche neurophysiologischen Prozesse Sprache ermöglichen. Anschließend wird auf Veränderungen von Struktur und Funktion des Gehirns, die als mögliche Korrelate von Sprachentwicklungsstörungen anzusehen sind, eingegangen.

## 2.2 Sprache und Gehirn

### 2.2.1 Lokalisation von Sprachprozessen

**Ausgangsüberlegungen**

Um neurobiologische Befunde bei Kindern mit Sprachentwicklungsstörungen einordnen zu können, sind Kenntnisse darüber erforderlich, wo Sprache im Gehirn lokalisiert ist. Dass Sprache an bestimmte Hirnregionen gebunden ist und nicht alle Hirnareale an deren Zustandekommen in gleicher Weise beteiligt sind, wird seit über 100 Jahren vermutet. Mitte des 19. Jahrhunderts leitete Broca aus seinen Untersuchungen an aphasischen Patienten ab, dass expressive Sprachfunktionen die Intaktheit der unteren Windung des linken Stirnhirns (Pars triangularis des Gyrus frontalis inferior) voraussetzen. Etwa zur gleichen Zeit lokalisierte Wernicke rezeptive Sprachfähigkeiten in die obere Windung des linken Schläfenhirns (hintere Anteile des Gyrus temporalis superior).

Für das Gehirn des Menschen ist charakteristisch, dass die Hemisphären auf spezifische Funktionen spezialisiert sind. Am ausgeprägtesten gilt dies für höhere kognitive Leistungen und damit insbesondere für Sprache. Bei der Verarbeitung und Produktion von Sprache ist eine hohe zeitliche Auflösung erforderlich, wozu insbesondere die linke Hemisphäre in der Lage ist. Damit entwickelt sich in der Regel eine Dominanz der linken Hemisphäre für verbale Leistungen. In den letzten Jahren wurde jedoch immer deutlicher, dass auch die nicht dominante Hemisphäre bei der Sprachverarbeitung und Sprachproduktion wesentliche Aufgaben übernimmt. Für die rechte Hirnhälfte sind ganzheitliche Verarbeitungsstrategien charakteristisch. Emotionale Aspekte der Sprache, Intonation, Dialekt und Erkennen des Sprechers werden vermutlich vorwiegend von Sprachregionen der rechten Hemisphäre sowohl produziert als auch entschlüsselt.

Der Frage nach der hirnlokalen Zuordnung wird von neurolinguistischer Seite nachgegangen. Wo genau einzelne Sprachfunktionen verankert sind, ist bis heute trotz intensiver Forschung noch nicht mit absoluter Sicherheit zu beantworten. Die folgenden Darstellungen müssen sich somit auf Hypothesen stützen. Eine der Grundhypothesen, von denen im Weiteren ausgegangen wird, ist die Annahme, dass Sprachprozesse modular ablaufen. Dies ist allerdings nicht unumstritten. Interaktionistische Modelle nehmen komplexe neuronale Strukturen an, in denen semantische und syntaktische Analyseprozesse interagieren und eng miteinander verzahnt sind. Nach seriellen Modellvorstellungen hingegen, wie sie von Frazier & Fodor (1978) entwickelt wurden, erfolgen semantische und syntaktische Analyse weitgehend unabhängig voneinander in getrennten Modulen.

**Module** werden nach Fodor (1983) als modalitätsspezifische Funktionseinheiten, die automatisch arbeiten und deren Verarbeitungsschritte schnell und unbewusst ablaufen, definiert. Die Vorstellung von Modulen setzt voraus, dass sie in spezifischen neuronalen Strukturen repräsentiert sind. Daraus ergibt sich, dass ihre Funktion durch Schädigungen umschriebener Hirnareale selektiv störbar ist. Bei Untersuchungen sprachentwicklungsgestörter Kinder wird der Frage nachzugehen sein, welche spezifischen Module und damit welche umschriebenen neuronalen Strukturen der Störung zugrunde liegen.

## Untersuchungstechniken

Um den modularen Charakter von Sprachproduktion und Sprachverstehen aufzuklären, haben sich in den letzten Jahren drei prinzipielle Vorgehensweisen durchgesetzt: Reaktionszeitmessungen, bildgebende Verfahren und neurophysiologische Untersuchungen (**Tab. 1**). **Reaktionszeitmessungen** werden im Rahmen von Bahnungsexperimenten und tachistoskopischen Untersuchungen durchgeführt. Wenn z. B. bei einem sprachgestörten Kind ein unauffälliger Bahnungseffekt beobachtet wird, obwohl die überprüfte Sprachfunktion gestört ist, ist von Abrufproblemen anstelle von Störungen der zentralen Repräsentation auszugehen.

**Tabelle 1:** Methoden zur Identifizierung von Subsystemen der Sprachverarbeitung

---

- Reaktionszeitmessung
  - Bahnungsexperimente
  - Tachistoskopische Darbietung

- Bildgebende Verfahren
  - Positronen-Emissionstomographie (PET)
  - Funktionelle Magnetresonanztomographie (fMRT)
- Neurophysiologische Untersuchungen
  - Elektro- bzw. Magnetenzephalographie (EEG bzw. MEG)
  - Ereigniskorrelierte Potentiale (EKP)

---

Unter den **bildgebenden Verfahren** werden zur Klärung linguistischer Fragen insbesondere die Positronenemmissionstomographie (PET) und die funktionelle Magnetresonanztomographie (fMRT) eingesetzt. Mit diesen Techniken lassen sich lokale Änderungen der Hirndurchblutung während kognitiver Anforderungen sichtbar machen. Um entscheiden zu können, welche Hirnareale für spezifische Verarbeitungsschritte verantwortlich sind, werden Differenzbilder erstellt. In den Bildern werden somit nicht alle aktiven Hirnregionen markiert, sondern nur die Bereiche hervorgehoben, deren Aktivierung sich von einer Vergleichsbedingung unterscheidet. Soll z. B. untersucht werden, in welchen Hirnarealen Buchstaben erkannt werden, so werden dem Probanden während der Untersuchung zum einen buchstabenähnliche, bedeutungslose Zeichen, und zum anderen »normale« Buchstaben gezeigt. Werden die Bilder beider Untersuchungsbedingungen voneinander subtrahiert, wird die Hirnregion erkennbar, die selektiv für Buchstabenerkennung verantwortlich ist. Hirnareale zur visuellen Analyse, die in beiden Untersuchungsbedingungen in gleicher Weise aktiviert sind, bleiben hingegen unmarkiert. Bildgebende Verfahren ermöglichen somit eine Darstellung der strukturellen Korrelate von Sprachmodulen des Gehirns.

Mit PET- und fMRT-Untersuchungen gelingt eine vorzügliche räumliche Auflösung von Sprachprozessen in einzelne Module, die hirnlokal zuzuordnen sind (Übersicht bei Ackermann et al. 1997, Neville & Bavelier 1998), aber keine Darstellung der zeitlichen Aufeinanderfolge einzelner Verarbeitungsschritte. Hierzu sind **neurophysiologische Methoden** – insbesondere evozierte Potentiale – geeignet, die eine hohe zeitliche Auflösung bei geringer lokalisatorischer Sensitivität ermöglichen.

### Lokalisation linguistischer Funktionen

Mit den o. g. Methoden wurden in den letzten Jahren zahlreiche gesunde Probanden und Aphasiepatienten untersucht. Die Ergebnisse erlauben eine

Zuordnung einzelner Sprachmodule zu spezifischen neuronalen Strukturen. Dabei wurde die Lokalisation der klassischen Sprachzentren innerhalb der linken Hemisphäre im Wesentlichen bestätigt. Allerdings erwiesen sich die Zentren als weniger umschrieben und kompakt als bislang angenommen. Bei Sprachanforderungen zeigten sich zusätzliche Aktivierungen auch außerhalb der eigentlichen Sprachzentren (u. a. Areale des Schläfen- und Stirnhirns, Inselregion). Dabei wurde zudem deutlich, dass Funktionen sprachrelevanter Hirnareale besser durch linguistische Kategorien (Phonologie, Morphologie, Semantik, Syntax etc.) zu beschreiben sind als durch Unterteilungen von Sprachbereichen, wie sie im klinischen Alltag üblich sind (Spontansprache, Nachsprechen, Reihensprechen etc.).

Die folgende Darstellung geht auf Modelle von Friederici & von Cramon (1999) zurück (**Abb. 1 und 2**). Danach erfolgt im Rahmen der Verarbeitung eines Sprachsignals als erster Schritt eine auditive Analyse im primären und sekundären akustischen Kortex. Anschließend wird aus der akustischen Information eine Lautstruktur erstellt. Diese phonologische Repräsentation erfolgt im linken Planum temporale, einem Areal der oberen Hirnwindung des Schläfenhirns in der Tiefe der Sylvischen Furche (Fiez et al. 1996, Steinmetz et al. 1996). In PET-Studien wird bei der phonologischen Analyse zusätzlich zur Markierung des Planum temporale eine Aktivierung der oberen hinteren Broca-Region beobachtet. Diese Aktivierung wird mit einer Analyse phonetischer Merkmale in Beziehung gebracht. Die frontale Aktivierung unterstützt die motorische Theorie der Sprachwahrnehmung von Liberman et al. (1967), nach der Sprachproduktion und Sprachverständnis auf gleiche funktionelle Strukturen zurückgreifen und Phoneme im Sprachverstehensprozess durch ihre phonetischen Merkmale erkannt werden.

Die nächsten Schritte der Verarbeitung von Sprachsignalen dienen der Worterkennung. Auf lexikalischer Ebene werden Informationen über die Wortkategorie in der vorderen Wernicke-Region abgerufen. Die Lokalisation semantischer Repräsentationen ist noch recht umstritten. Im Modell von Friederici & von Cramon (1999) werden automatische semantische Prozesse dem linken Schläfenhirn und kontrollierte Analyseschritte, die mit einer Aktivierung von Gedächtnisprozessen einhergehen, dem linken Stirnhirn zugeschrieben. Eine Integration der automatischen und kontrollierten semantischen Analyse erfolge in der linken vorderen Temporalregion. Dabei sei die semantische Repräsentation jedoch nicht auf eng begrenzte Hirnareale beschränkt, sondern Hirnregionen, die über die genannten hinausgehen, seien häufig mit involviert.

Während erster syntaktischer Verarbeitungsschritte wird auf Satzebene aus der Wortkategorie-Information eine initiale syntaktische Struktur erstellt. Dabei wird eine Aktivierung der vorderen Broca-Region beobachtet. Anschließend werden die auf der semantischen Ebene identifizierten Inhaltswörter in die syntaktische Struktur integriert und die nun erstellte Satzrepräsentation zum Allgemeinwissen in Beziehung gesetzt. Dies führt zu einem Verstehen des Satzes. Die letztgenannten komplexen Analyseprozesse sind bislang keiner eng begrenzten Hirnregion zuzuordnen. Dasselbe gilt

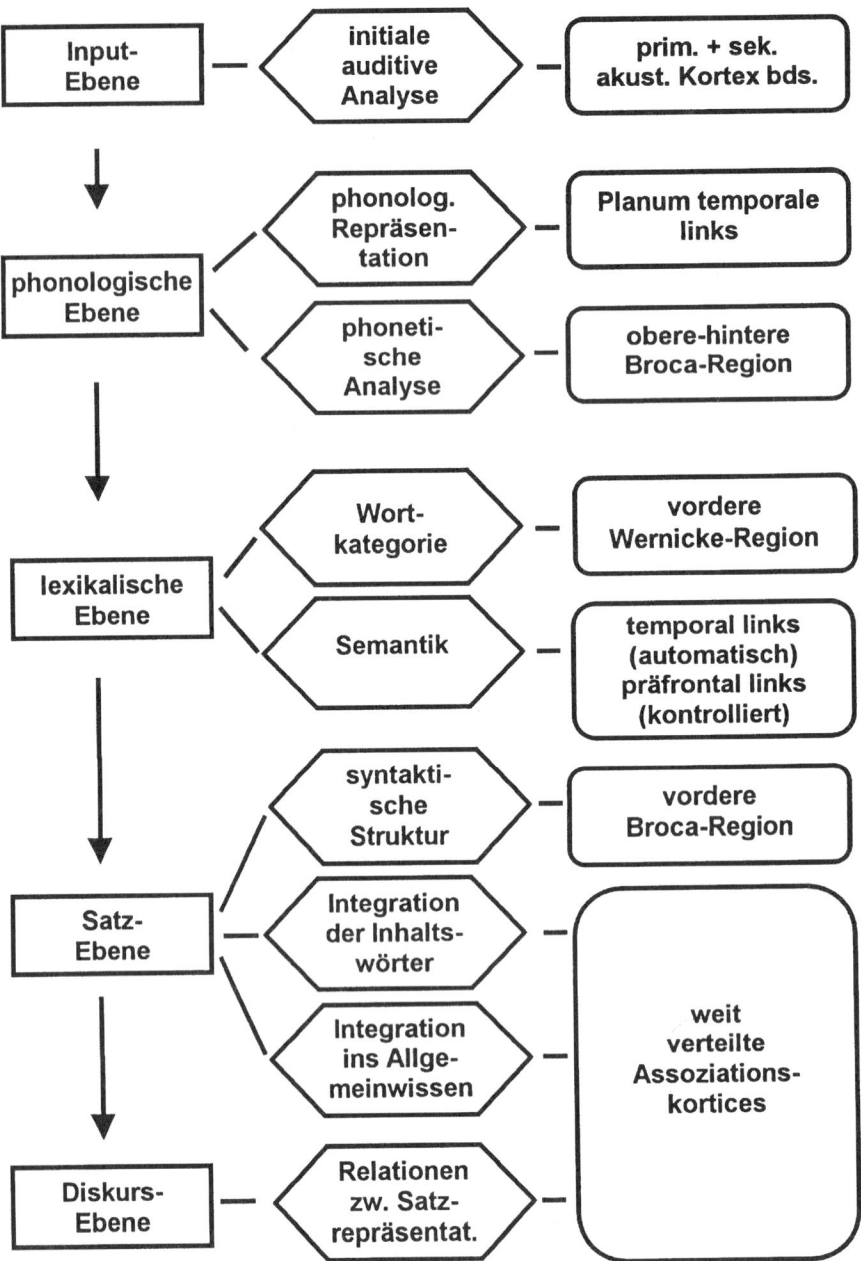

**Abbildung 1:** Module im Sprachverstehensprozess (in Anlehnung an Friederici & v. Cramon 1999)

*Hirnorganische Repräsentation von Sprache und Sprachentwicklungsstörungen*

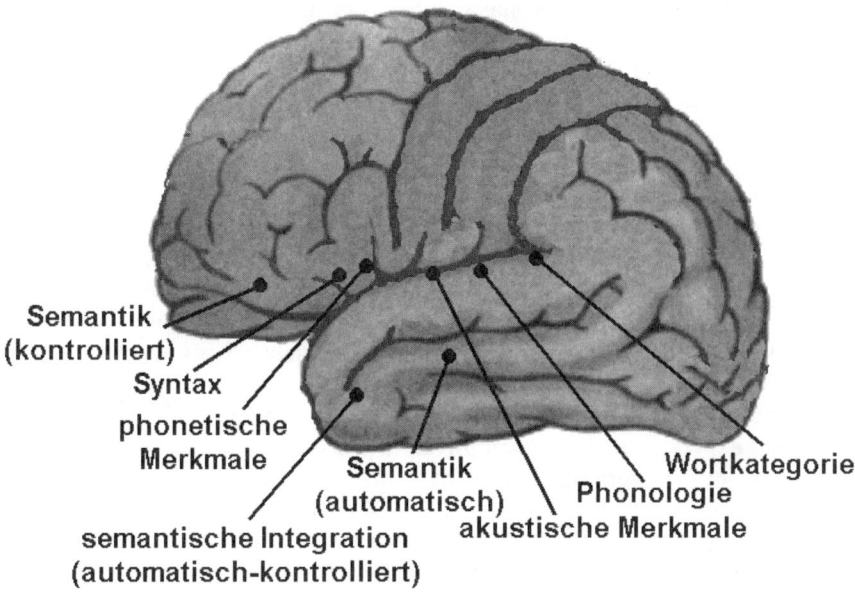

**Abbildung 2:** Lokalisation linguistischer Funktionen im Gehirn

für die Textanalyse, bei der mehrere Sätze zueinander in Beziehung gesetzt werden.

Welche Hirnareale genau für die Verarbeitung von Sprache verantwortlich sind, ist – außer von genetischen Faktoren – von Lernprozessen abhängig. Dadurch entstehen erhebliche interindividuelle Unterschiede hinsichtlich Lokalisation und Ausdehnung sprachrelevanter Hirnregionen. Dass Lernprozesse zu einer Umstrukturierung der funktionellen Kartierung führen können, geht aus PET-Studien an Analphabeten hervor (Castero-Caldas et al. 1998). Probanden, welche die Schriftsprache erworben hatten, und Analphabeten wurden aufgefordert, während der Untersuchung konkrete Wörter und Pseudowörter nachzusprechen. Bei konkreten Wörtern zeigten sich keine wesentlichen Unterschiede in der regionalen Hirnaktivierung zwischen Alphabeten und Analphabeten. Pseudowörter hingegen riefen bei Alphabeten ganz andere neuronale Aktivierungsmuster als bei Analphabeten hervor. Der Schriftspracherwerb hat demzufolge zur Entwicklung spezifischer Funktionsregionen geführt, die auch Einfluss auf die Repräsentation lautsprachlicher Fähigkeiten hat.

Eine Zuordnung von Sprachfunktionen zu bestimmten Hirnarealen ist auch durch Untersuchungen von Aphasiepatienten möglich, indem Lokalisation der Hirnläsion und Sprachdefekte zueinander in Beziehung gesetzt werden. Seit langem ist bekannt, dass beim Erwachsenen eine umschriebene Schädigung des linken Stirnhirns (hintere Anteile der unteren Stirnhirnwindung und motorische Assoziationsareale unter Einbeziehung benachbarter

Regionen) zu einer Broca-Aphasie führt. Die grammatische Struktur der Sprache geht verloren. Der Betroffene spricht stockend im Telegrammstil, und Funktionswörter fehlen weitgehend. Als Folge einer Läsion der hinteren Bereiche um die Sylvische Furche (Übergangsbereich vom Schläfen-, Scheitel- und Hinterhauptslappen; hintere Anteile der oberen und mittleren Schläfenwindung) wird eine Wernicke-Aphasie beobachtet, bei der Sprachverständnisstörungen im Vordergrund der Symptomatik stehen. Aber auch die Sprachproduktion ist beeinträchtigt. Bei flüssigem Sprechen treten Verdoppelungen und Verschachtelungen von Satzteilen (Paragrammatismus) auf. Obwohl die grammatische Struktur korrekt sein kann, geht durch den Verlust semantischer Bezüge die Verständlichkeit verloren. Wortfindungsstörungen und Laut- sowie Wortverwechselungen werden bei beiden Aphasieformen angetroffen.

Die Symptomatik der Aphasie hat gewisse Ähnlichkeit mit dem klinischen Bild der expressiven bzw. rezeptiven Sprachentwicklungsstörung. Dies führte zu der Vermutung, dass Sprachentwicklungsstörungen Aphasieformen seien, bei denen die Schädigung des Gehirns vor Einsetzen der Sprachentwicklung eingetreten ist. Damit wären bei expressiv sprachgestörten Kindern strukturelle und/oder funktionelle Auffälligkeiten im linken unteren Stirnhirn und bei rezeptiv sprachgestörten im hinteren oberen Schläfenhirn zu erwarten. Dass neben Übereinstimmungen auch deutliche Unterschiede im Sprachbild von Patienten mit einer Aphasie und von Kindern mit einer Sprachentwicklungsstörung bestehen, ist kein ausreichender Beweis dafür, dass beide Störungsbilder auf unterschiedlichen pathogenetischen Mechanismen beruhen und jeweils andere Hirnstrukturen betroffen sein müssen. Bei frühen Schädigungen verändern Kompensationsmechanismen das klinische Bild und andere sprachliche Auffälligkeiten stehen im Vordergrund. In den folgenden Abschnitten soll näher darauf eingegangen werden, ob empirische Befunde die o. g. Hypothese bestätigen.

### 2.2.2 Funktion von Sprachzentren

Nach diesen Ausführungen zu gegenwärtigen Auffassungen zur Lokalisation verschiedener Sprachmodule im Gehirn soll als Nächstes auf zwei wesentliche Hypothesen zu deren Funktion eingegangen werden. Der ersten Hypothese nach werden Phoneme und Wörter durch spezifische Nervenzellen repräsentiert. Die zweite geht davon aus, dass funktionelle Neuronenverbände das neurophysiologische Korrelat von Spracheinheiten bilden.

Spezifische Nervenzellen sprechen auf die Kombination von Merkmalen an und ermöglichen damit ein schnelles Erkennen komplexer Signale. Bei Tieren wurden spezifische Neuronen sowohl im visuellen als auch im auditiven System nachgewiesen. So wurden Nervenzellen gefunden, die speziell durch das Ansteigen der Frequenz eines Tones oder durch Schallquellen einer bestimmten Lokalisation aktiviert werden. Laute sind durch charakteristische Merkmalskombinationen – die drei phonetischen Merkmale Sonorität, Artikulationsort und Artikulationsart – gekennzeichnet. Für das schnelle Erkennen von Lauten könnten spezifische Neuronen von Bedeutung sein. In Analogie zur auditiven Wahrnehmung bei Tieren sind beim Menschen für jedes phonetische Merkmal spezifische Neuronen denkbar, die bei Erregung ihre Informationen an zahlreiche nachfolgende Nervenzellen weitergeben. Wenn die für einen Laut charakteristische Kombination phonetischer Merkmale gleichzeitig bei der für den Laut spezifischen Nervenzelle eintrifft, wird diese aktiviert und das Phonem somit erkannt. So könnte ein gleichzeitiger Input von spezifischen Neuronen für die phonetischen Merkmale Verschlusslaut, alveolare Artikulationsstelle und Stimmhaftigkeit zur Erregung spezifischer Nervenzellen für den Laut »d« führen. Vergleichbar könnten die nächsten Verarbeitungsschritte für das Erkennen von Silben und Wörtern ablaufen. Dieses einfache Erklärungsmodell ist recht plausibel, würde aber eine hohe Störbarkeit des Systems beinhalten. Das Zugrundegehen spezifischer Nervenzellen würde den Verlust einzelner Gedächtnisinhalte, wie z. B. bestimmter Wörter, bedeuten. Da nach den Erfahrungen in der klinischen Praxis umschriebene Läsionen des Gehirns nicht zu einem Verlust von Teilen des Wortschatzes führen, scheint eine Repräsentation von Wörtern in spezifischen Neuronen eher unwahrscheinlich.

Wesentlich weniger störanfällig wäre ein System von spezifisch miteinander verknüpften Neuronenverbänden. Derartige Neuronenensembles (Cell assemblies) wurden Ende der 40er Jahre von Hebb beschrieben, und als funktionelle Einheiten von Nervenzellen charakterisiert, die eine Speicherung und Wiedergabe spezifischer Gedächtnisinhalte (Engramme) ermöglichen. Die einzelnen Nervenzellen solcher neuronaler Netze sind durch erregende Synapsen miteinander verbunden und werden gleichzeitig aktiv. Im Gegensatz zu anderen Neuronenverbänden kommt es in Cell assemblies bei wiederholter Erregung nicht zu einer Abschwächung (Habituation), sondern zu einer Verstärkung der Erregung. Werden Hebb-Neuronen immer wieder erregt, so werden Stoffwechseländerungen und Aussprossungen neuer synaptischer Verbindungen angestoßen. Dadurch wird die spezifische Erregbarkeit des sich ausbildenden neuronalen Netzes erhöht und schon relativ geringe Reize führen zu länger anhaltenden kreisenden Impulsserien. Nervenzellen werden so im Rahmen eines Lernprozesses zu Cell assemblies zusammengeschlossen.

Pulvermüller (1996, 1999) machte aufgrund der »Hebb' Cell assembly«-Theorie Voraussagen für neurophysiologische und neuropsychologische Sprachexperimente, die sich überwiegend bestätigten und damit die Hypothese einer neuralen Kodierung von Sprachinhalten in funktionellen Neuronenverbänden stützen. Wie bei der erstgenannten Theorie der Repräsentation von Sprachbausteinen durch spezifische Nervenzellen wird davon ausgegangen, dass in der ersten Stufe der Sprachverarbeitung charakteristische akustische Merkmale eines Lautes (z. B. ein phonetisches Merkmal) zur Erregung spezifischer Neuronen führen. Die Kombination solcher Merkmale hingegen, die Laute kennzeichnen, würde nicht weitere nachgeschaltete spezifische Neuronen, sondern ganze Neuronenverbände, aktivieren. Die nächst größeren Spracheinheiten, die Silben, seien durch entsprechend ausgedehntere Cell assemblies repräsentiert. Wörter würden Ketten von Neuronenverbänden, sog. Synfire chians, entsprechen. Eine Erregungswelle in solchen Ketten wird nur dann gezündet, wenn die Erregung vom ersten Kettenglied ausgeht. Die Kette für das Wort »links« kann somit nur durch Cell assemblies für den Laut »L" gestartet werden. Die Neuronenverbände für Funktionswörter scheinen dabei wesentlich stärker lokalisiert zu sein als diejenigen für Inhaltswörter, deren Nervenzellen zum Teil über beide Hemisphären verteilt sind. Je vielfältigere Assoziationen ein Wort hervorruft, umso ausgedehnter ist der zugehörige Neuronenverband. Nach dieser Theorie könnte der semantische Gehalt eines Wortes durch die Lokalisation und Ausdehnung der Cell assemblies und die Art der Erregung (Frequenz und Rhythmus) kodiert sein. Konkrete Wörter führen infolge stärkerer Assoziationen zur Ausbildung von Cell assemblies in wesentlich ausgedehnteren Hirnstrukturen als abstrakte Inhaltswörter.

Sprachlernen würde nach dieser Theorie die Verknüpfung von Nervenzellen zu Cell assemblies bedeuten. Nach heutiger Auffassung sind axonale Aussprossungen und synaptische Verbindungen von Nervenzellen zu über 50 % genetisch determiniert. Die Prädisposition des linken Schläfenhirns für auditive und sprachliche Prozesse ist dadurch zu erklären. Weitere 10 % der Verbindungen entstehen vermutlich rein zufällig; die restlichen Verbindungen sind Folge von Lernprozessen. Bei ständiger Wiederholung einer Erregung werden Nervenzellen zur Knüpfung neuer synaptischer Kontakte angeregt, was wiederum die Erregungsausbreitung erleichtert und weitere Verknüpfungen provoziert. Sind z. B. Cell assemblies für Wörter ausgebildet, dann reicht schon ein relativ undeutlicher akustischer Input aus, um eine Erregung in dem spezifischen Cell assembly zu starten und für einige Zeit kreisen zu lassen. Somit könnten Sprachentwicklungsstörungen auf neurophysiologischer Ebene als Störungen der Ausbildung sprachspezifischer Cell assemblies interpretiert werden.

## 2.3 Hirnorganische Veränderungen bei sprachentwicklungsgestörten Kindern

### 2.3.1 Untersuchungsmethoden

Wesentliche Aufschlüsse darüber, wo bei sprachentwicklungsgestörten Kindern umschriebene Störungen von Funktion und Struktur des Gehirns zu lokalisieren sind, sind aus dem Vergleich von sprachgestörten mit unauffällig entwickelten Kindern zu erwarten. Dabei können sehr unterschiedliche Untersuchungsmethoden herangezogen werden (**Tab. 2**).

*Hirnorganische Repräsentation von Sprache und Sprachentwicklungsstörungen*

**Tabelle 2:** Untersuchungsmethoden zur Erfassung struktureller und funktioneller Hirnveränderungen bei sprachentwicklungsgestörten Kindern

| | |
|---|---|
| Klinische Untersuchung | Kinderneurologischer Befund |
| | Motometrische Untersuchung |
| | Untersuchung der Hemisphärendominanz |
| Neurophysiologische Verfahren | Elektroenzephalographie (EEG) |
| | Evozierte Potentiale (EP) |
| Neuroanatomie | Makroskopische und histologische Untersuchung des Gehirns |
| Bildgebende Verfahren | Computertomographie (CT) |
| | Magnetresonanztomographie (MRT) |
| Funktionelle bildgebende Verfahren | Single-Photon-Emissionscomputertomographie (SPECT) |
| | Positronen-Emissionstomographie (PET) |
| | funktionelle Magnetresonanztomographie (fMRT) |
| | Magnetresonanzspektroskopie (MRS) |

Schon die **kinderneurologische Untersuchung** erlaubt Rückschlüsse auf Normabweichungen in spezifischen Hirnstrukturen. Motorische Entwicklungsauffälligkeiten sind mit **motometrischen Verfahren** quantifizierbar. Im Rahmen von Untersuchungen umschriebener Sprachentwicklungsstörungen ist eine Beurteilung der **Dominanzentwicklung** von besonderer Relevanz. Sprachliche Leistungen sind in ausgeprägtem Maße lateralisiert und Defizite beim Spracherwerb werden seit langem mit einer Störung der Dominanzentwicklung in Zusammenhang gebracht.

Durch die Verbesserung bildgebender und neurophysiologischer Methoden in den letzten Jahren erlangten diese sowohl im Rahmen der Grundlagenforschung als auch bei der Untersuchung sprachentwicklungsgestörter Kinder eine immer größere Bedeutung. Die Methoden zur Untersuchung sprachentwicklungsgestörter Kinder entsprechen z. T. den Verfahren, die auch in der psycholinguistischen Forschung, auf deren Ergebnisse im vorherigen Abschnitt eingegangen wurde, eingesetzt werden.

**Neurophysiologische Untersuchungen** erreichen eine zeitliche Auflösung im Millisekundenbereich. Somit lassen sich aufeinander folgende Schritte im Sprachverarbeitungsprozess getrennt beurteilen und Hinweise auf Defizite einzelner Sprachmodule gewinnen. Zu den neurophysiologischen Methoden gehören die **Elektro-** (EEG) bzw. **Magnetenzephalographie** (MEG) und die **Ableitung evozierter und ereigniskorrelierter Potentiale** (EP bzw. EKP). In diesem Kapitel sollen Auffälligkeiten im EEG dargestellt werden. Auf Untersuchungen evozierter und ereigniskorrelierter Potentiale wird in Kapitel 3 näher eingegangen.

Bildgebende Verfahren, wie die **Computertomographie (CT)** und die **Magnetresonanztomographie (MRT)**, erlauben eine detaillierte Untersuchung morphologischer Hirnstrukturen. Schädigungen, die mit Veränderungen des anatomischen Substrats einhergehen, sind exakt lokalisierbar. In letzter Zeit hat sich die Magnetresonanztomographie gegenüber der Computertomographie weitgehend durchgesetzt, da diese über ein deutlich höheres räumliches Auflösungsvermögen verfügt und eine Darstellung von Hirnstrukturen aus verschiedenen Blickwinkeln ermöglicht. Wenige Millimeter große Strukturauffälligkeiten können mit der Magnetresonanztomographie sichtbar gemacht werden.

Eine Verkürzung der Untersuchungszeiten hat die Möglichkeit eröffnet, mit bildgebenden Verfahren das Gehirn in seiner Funktion darzustellen. In aktivierten Hirnarealen verändern sich Blutfluss und Stoffwechsel. Diese Veränderungen können aufgezeichnet und hirnlokal zugeordnet werden. Funktionelle bildgebende Verfahren gehen allerdings mit einem hohen technischen Aufwand einher und setzen die Mitarbeit des Untersuchten voraus. Deshalb sind ihrem Einsatz im Kindesalter bislang enge Grenzen gesetzt.

Obwohl sich heutzutage mit modernen bildgebenden Verfahren die Strukturen des Gehirns recht genau beurteilen lassen, entgehen Veränderungen, die auf einzelne Zellschichten beschränkt sind, und Normabweichungen in der Feinstruktur der Beobachtung. Mikroskopisch kleine Läsionen können gegenwärtig beim lebenden Menschen noch nicht erfasst werden. Dazu sind histologische Untersuchungen von Hirnschnitten erforderlich. Neuroanatomische Befunde wurden deshalb bei Kindern mit Sprachentwicklungsstörungen erst in wenigen Einzelfällen erhoben.

Im Folgenden soll auf hirnlokale Veränderungen bei sprachentwicklungsgestörten Kindern, die mit unterschiedlichen Untersuchungsmethoden beobachtet wurden, näher eingegangen werden.

## 2.3.2 Kinderneurologische und motometrische Befunde

Eine kinderneurologische Untersuchung sollte routinemäßig bei jedem Kind mit einer Sprachentwicklungsstörung erfolgen. Sie kann Störungen zentraler und peripherer Anteile der motorischen, sensiblen und sensorischen Funktionssysteme aufdecken. Bei Kindern sind die zuverlässigsten Untersuchungsergebnisse im Bereich des motorischen Systems zu erheben.

Ausgeprägte klinisch-neurologische Befunde sind bei Kindern mit einer umschriebenen Sprachentwicklungsstörung definitionsgemäß nicht anzutreffen. Nach der internationalen Klassifikation der Erkrankungen der WHO, der ICD-10, ist eine umschriebene Sprachentwicklungsstörung nur dann zu diagnostizieren, wenn diese nicht durch eine definierte neurologische Erkrankung bedingt ist. Damit werden alle Kinder aus der Diagnose ausgeschlossen, bei denen schwerwiegendere neurologische Syndrome, z. B. eine infantile Zerebralparese, der Sprachstörung zugrunde liegen. Allerdings bleiben im klinischen Alltag manifeste neurologische Befunde nicht selten unerkannt. Tuchman et al. (1991a) führten bei 236 Vorschulkindern, bei denen eine Sprachentwicklungsstörung diagnostiziert worden war, eine ausführliche kinderneurologische Untersuchung durch. 10 % der Kinder zeigten eindeutige neurologische Symptome, wie z. B. eine Hemiparese (2 %), eine spastische Diplegie (3 %), eine Ataxie (1 %) oder eine muskuläre Hypotonie (5 %).

Diskrete neurologische Abweichungen – so genannte soft signs – hingegen werden bei sprachgestörten Kindern relativ oft angetroffen. Über deren Auftretenshäufigkeit gibt es allerdings nur wenige systematische Untersuchungen, in denen auch parallelisierte Kontrollgruppen berücksichtigt wurden. Eine Häufung von soft signs bei Sprachentwicklungsstörungen wurde von Esser (1991) angegeben. Die Autoren zogen zur Objektivierung eine standardisierte neurologisch-motoskopische Untersuchung in Anlehnung an Touwen und Prechtl sowie Lesigang heran. Trauner et al. (2000) verglichen neurologische Befunde von 72 Kindern mit Sprachentwicklungsstörungen mit denen von 82 unauffälligen Kindern. Bei 70 % der sprachgestörten Kinder waren Normabweichungen zu beobachten, während dies in der Kontrollgruppe nur bei 22 % der Fall war. Bei den Auffälligkeiten handelte es sich überwiegend um Mitbewegungen, feinmotorische Störungen und Reflexsteigerungen. Die Autoren stellten eine Korrelation der Zahl neurologischer Abweichungen zur Schwere der Sprachstörung fest. Auch fiel in der Anamnese sprachgestörter Kinder eine geringfügige, jedoch signifikante Verzögerung des Erlernens von freiem Sitzen und Laufen auf.

Eine Besonderheit in der motorischen Entwicklung sprachgestörter Kinder stellt das Laufen auf Zehenspitzen dar. Accardo & Whitman (1989) berichteten darüber, dass die Ausprägung des Laufens auf Zehenspitzen mit der Schwere der Sprachentwicklungsstörung in Beziehung steht. Korrespondierende Ergebnisse erbrachte eine Untersuchung von Kindergartenkindern, die einer orthopädischen Klinik wegen »idiopathischen Zehenspitzenganges« überwiesen worden waren (Shulman et al. 1997). Diese Kinder zeigten nicht nur in der Grob- und Feinmotorik, sondern gleichfalls in der Sprachentwicklung eine deutliche Retardierung.

Nach der motorischen Theorie von Liberman et al. (1967) ist für die Sprachproduktion, aber auch für das Verstehen von Sprache, eine motorische Kodierung bzw. Dekodierung der Lautstruktur in Form phonetischer Merkmale erforderlich. Dass bei sprachentwicklungsgestörten Kindern tatsächlich sprechmotorische Schwächen gehäuft angetroffen werden, ist mehrfach belegt worden. Entsprechende Befunde werden in Kapitel 4 ausführlich dargestellt. Auch betreffen die bei sprachentwicklungsgestörten Kindern im neurologischen Befund beobachteten soft signs vorwiegend den motorischen Bereich. Damit erhebt sich die Frage, ob nicht Defizite in motorischen Hirnarealen den eigentlichen pathogenetischen Hintergrund von Sprachentwicklungsstörungen bilden.

Um zu klären, wie spezifisch oralmotorische Defizite bei sprachentwicklungsgestörten Kindern sind, untersuchten wir 51 Kinder mit unterschiedlichen Formen von Sprachstörungen (Suchodoletz & Heiner 1994). Neben der Oralmotorik wurden Fein- und Grobmotorik und der allgemeine kognitive Entwicklungsstand beurteilt. In der kinderneurologischen Untersuchung wurden keine neurologischen Herdsymptome oder systematische Seitendifferenzen nachgewiesen. Die motometrischen Untersuchungen ergaben, dass Kinder mit einer Sprachentwicklungsstörung, im Gegensatz zu Kindern mit einer isolierten Artikulationsstörung bzw. einem Stottern, deutliche oralmotorische Schwächen aufwiesen. Diese Schwächen korrelierten jedoch mit Koordinationsstörungen in der Fein- und Grobmotorik und auch mit dem allgemeinen kognitiven Entwicklungsstand. Oralmotorische Defizite treten bei sprachentwicklungsgestörten Kindern demnach nicht isoliert auf und sind nicht als der Sprachstörung zugrunde liegende Basisdefekte aufzufassen. Oralmotorische Koordinationsschwächen sind auch bei Kindern mit anderen Entwicklungsstörungen anzutreffen, ohne dass eine Sprachstörung besteht. Sie sind als Ausdruck einer allgemeinen motorischen Retardierung im Kontext einer Entwicklungsauffälligkeit, die unabhängig von der Sprachstörung ist, aufzufassen.

Insgesamt ergaben neurologische und motometrische Untersuchungen von Kindern mit Sprachentwicklungsstörungen Hinweise auf leichtere Beeinträchtigungen motorischer Funktionen. Systematische Seitendifferenzen im neurologischen Befund, die auf Defizite in nur einer Hemisphäre hindeuten könnten, wurden hingegen nicht beobachtet. Auch konnten keine neurologischen Herdsymptome, die für eine Beeinträchtigung umschriebener Hirnstrukturen sprechen, nachgewiesen werden. Neurologische Untersuchungen weisen somit darauf hin, dass bei vielen Kindern mit umschriebenen Sprachentwicklungsstörungen weitere zerebrale Funktionen betroffen sind. Bislang konnten sie aber nicht zur Aufklärung der den Sprachentwicklungsstörungen zugrunde liegenden Hirnfunktionsstörungen beitragen.

### 2.3.3 Hemisphärendominanz

Sprache gehört zu den Hirnfunktionen, die eine deutliche Lateralisierung aufweisen. Bei etwa 95 % der Rechtshänder und 70 % der Linkshänder ist die linke Hemisphäre sprachdominant. Aus Längsschnittstudien an Kindern mit biologischen Risiken während Schwangerschaft und Geburt ist bekannt, dass frühkindliche Hirnschädigungen zu Störungen in der Entwicklung der Handdominanz führen können (Powls et al. 1996). Dabei ist nicht auszuschließen, dass damit auch eine Störung der Dominanzentwicklung anderer Funktionen verbunden ist. Da die Lateralisierung von Sprachleistungen besonders ausgeprägt ist, erscheinen Sprachentwicklungstörungen als Folge von unzureichender oder fehlerhafter Seitigkeitsentwicklung durchaus denkbar.

*Hirnorganische Repräsentation von Sprache und Sprachentwicklungsstörungen*

Seit Orton in den 20er Jahren vermutete, dass Entwicklungsstörungen auf Störungen der Dominanzentwicklung beruhen, wurde dem Zusammenhang von Lateralität und kognitiven sowie emotionalen Entwicklungsdefiziten in zahlreichen Studien nachgegangen. Erste Untersuchungen von Kindern mit unterschiedlichen Sprachstörungen deuteten darauf hin, dass insbesondere bei Kindern mit Artikulationsstörungen Linkshändigkeit gehäuft vorkommt (Igram 1959, Morley 1972, Annett & Manning 1989). Methodische Mängel, wie eine unzureichende Parallelisierung der Gruppen, schränkten die Aussagekraft dieser Studien jedoch ein und spätere Arbeiten konnten die beschriebenen Zusammenhänge nicht bestätigen (Bishop 1990, Whitehurst & Fischel 1994, Preis et al. 1997). Groß angelegte Untersuchungen der letzten Jahre erbrachten keine Hinweise auf kognitive oder emotionale Entwicklungsauffälligkeiten bei Linkshändern (Krombholz 1993). Andererseits wurde bei Verwandten ersten Grades von sprachentwicklungsgestörten Kindern statistisch signifikant häufiger eine abnorme Händigkeit angetroffen, auch wenn die Gruppenunterschiede nicht sehr ausgeprägt waren (Bulman-Fleming et al. 1996).

In letzter Zeit konzentriert sich die Aufmerksamkeit weniger auf die Bedeutung von Linkshändigkeit, sondern stärker auf die Relevanz einer ungenügend ausgeprägten Lateralität (Ambidextrie) und einer gekreuzten Dominanz. Nach Kee et al. (1991) erreichen beidhändige Kinder schlechtere schulische Leistungen und zeigen eine niedrigere allgemeine Intelligenz gegenüber Kindern mit eindeutiger Rechts- oder Linkshändigkeit. Der Frage, ob Ambidextrie und gekreuzte Dominanz mit Sprachentwicklungsstörungen verbunden sind, wurde bislang nicht systematisch nachgegangen.

Wir untersuchten deshalb 39 sprachentwicklungsgestörte Vorschulkinder hinsichtlich unterschiedlicher Dimensionen der Dominanzentwicklung (Händigkeit, Beinigkeit, Ohrigkeit, Äugigkeit, Züngigkeit). Dabei wurde ein Untersuchungsinstrumentarium in Anlehnung an Kiese & Henze (1988) eingesetzt. Als Kontrollgruppen dienten 60 unauffällig entwickelte, gleichaltrige Kinder. Um entscheiden zu können, ob eventuell zu beobachtende Auffälligkeiten für Sprachentwicklungsstörungen charakteristisch sind oder bei anderen Sprachstörungen in gleicher Weise vorkommen, wurde als zweite Kontrollgruppe eine Gruppe von 34 Kindern mit einer Stottersymptomatik einbezogen.

In unseren Untersuchungen konnten wir in keinem der erfassten Lateralitätsparameter bedeutsame Gruppenunterschiede nachweisen. Dies betraf sowohl den Vergleich von Kindern mit Sprachentwicklungsstörungen und altersgerecht entwickelten Kindern als auch den Vergleich zwischen sprachentwicklungsgestörten und stotternden Kindern. Auch Ambidexter waren nicht gehäuft anzutreffen (**Abb. 3**). Gekreuzte Dominanz (Händigkeit entgegengesetzt zu Beinigkeit, Ohrigkeit oder Äugigkeit) trat in der Gruppe der sprachentwicklungsgestörten Kinder tendenziell etwas vermehrt auf. Andererseits war aber nicht die Zahl von Kindern mit klarer Hemisphärendominanz erniedrigt, sondern die Anzahl von Kindern mit fehlender Seitendominanz in

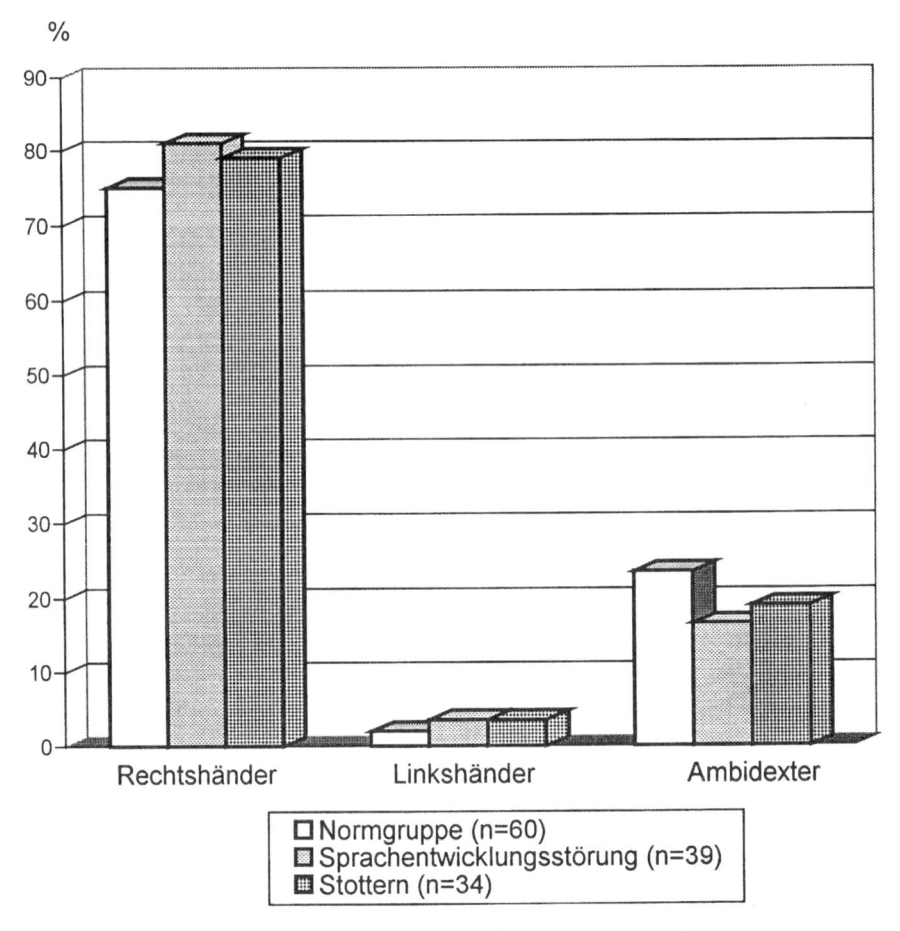

**Abbildung 3:** Händigkeit bei sprachentwicklungsgestörten Kindern

□ Normgruppe (n=60)
▨ Sprachentwicklungsstörung (n=39)
▦ Stottern (n=34)

einem der berücksichtigten Parameter (**Abb. 4**). Unsere Ergebnisse stützen demnach nicht die Hypothese, dass Sprachentwicklungsstörungen mit Abweichungen in der Dominanzentwicklung assoziiert sind.

Auch wenn die Vermutung, Sprachentwicklungsstörungen seien Folge von Defiziten der Hemisphärenspezialisierung, nach wie vor populär ist, zeigt der Überblick über Forschungsergebnisse der letzten Jahre, dass es trotz zahlreicher Studien für diese Hypothese keine empirischen Belege gibt. Häufungen abnormer Lateralität bei sprachentwicklungsgestörten Kindern und deren unmittelbaren Angehörigen, wie sie immer wieder berichtet werden, sind allenfalls minimal, auch wenn sie bei größeren Untersuchungspopulationen statistisch signifikant werden. Sie erklären bestenfalls einige Prozent der Varianz und können nicht als allgemein gültiges Erklärungsmodell für die Pathogenese von Sprachentwicklungsstörungen dienen. Auf der anderen

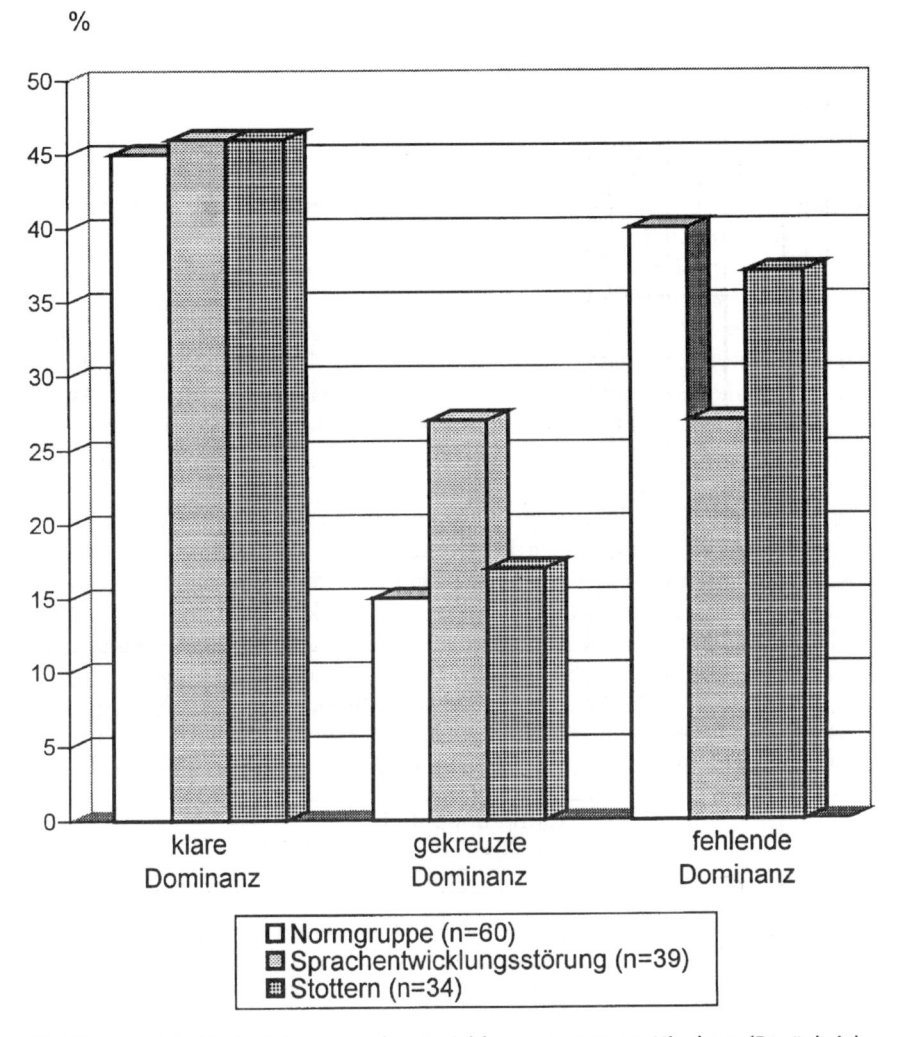

*Hirnorganische Repräsentation von Sprache und Sprachentwicklungsstörungen*

**Abbildung 4:** Seitigkeit bei sprachentwicklungsgestörten Kindern (Berücksichtigung von Händigkeit, Beinigkeit, Äugigkeit und Ohrigkeit)

Seite zeigen Untersuchungen der zerebralen Verankerung der Sprachfunktion selbst, dass diese bei Kindern mit Sprachentwicklungsstörungen kein normales Verteilungsmuster aufweist. Kasuistische Beobachtungen (Martins et al. 1995) wie auch Untersuchungen der Dominanz expressiv-sprachlicher Funktionen (Duvelleroy-Hommet et al. 1995a) sprechen dafür, dass die Spezialisierung der Hemisphären für Sprache weniger ausgeprägt ist. Somit ist davon auszugehen, dass bei Kindern mit Sprachentwicklungsstörungen spezifische Abweichungen der Seitigkeitsentwicklung für Sprache – nicht aber für sonstige zerebrale Funktionen – bestehen.

## 2.3.4 Elektroenzephalographische Befunde

### Grundlagen der Elektroenzephalographie

Mit neurophysiologischen Methoden wird die bioelektrische Aktivität des Gehirns untersucht. Jede einzelne Nervenzelle ist einer Batterie mit ständig wechselnder Spannung vergleichbar. Durch aktive Stoffwechselprozesse wird zwischen dem Inneren der Nervenzelle und deren Oberfläche ein Membranruhepotential von etwa -70 µV aufgebaut. Dieses Potential wird durch hemmende bzw. erregende Impulse, die von anderen Nervenzellen an den Koppelungsstellen (Synapsen) eintreffen, moduliert. Durch Elektroden an der Kopfoberfläche lassen sich Veränderungen der elektrischen Ladungen der neuronalen Strukturen erfassen. Dabei wird allerdings nicht die Aktivität einzelner Nervenzellen oder eng begrenzter funktioneller Hirnregionen gemessen, sondern ein Summenpotential synaptischer Aktivität, das insbesondere in der Hirnrinde generiert wird.

Ein wesentlicher Vorteil neurophysiologischer Verfahren besteht in der Ungefährlichkeit und geringen Belastung für die Kinder. Es werden Potentiale, die im Gehirn selbst entstehen, gemessen und nicht Strom von außen zugeführt. Die Untersuchungen sind ohne Bedenken wiederholbar. Auf der anderen Seite haben neurophysiologische Methoden eine Reihe grundsätzlicher Nachteile. Die im Gehirn generierten elektrischen Spannungen sind minimal. Um sie sichtbar zu machen, ist eine millionenfache Verstärkung erforderlich. Die Untersuchungen sind damit artefaktanfällig und bei jüngeren und unruhigen Kindern nur begrenzt durchführbar. Zudem ängstigt die Apparatur und das Anbringen der Elektroden an der Kopfoberfläche manche Kinder, so dass deren Mitarbeit nicht immer zu erreichen ist.

Während der Ableitung eines Elektroenzephalogramms wird die bioelektrische Aktivität des Gehirns kontinuierlich aufgezeichnet. Dabei sind Untersuchungen in Ruhe und unter besonderen Bedingungen (Hyperventilation, Schlaf, Lösen kognitiver Aufgaben) möglich. Die Auswertung erfolgt visuell oder computergestützt, indem bestimmte Eigenschaften der EEG-Aktivität extrahiert und quantitativ beurteilt werden. Eine psychophysiologische Interpretation der Befunde ist allerdings nur eingeschränkt möglich, da das EEG die Summe einer vielfältigen Hirnaktivität darstellt. EEG-Veränderungen können nur begrenzt bestimmten Funktionen und Funktionsregionen zugeordnet werden.

### Unspezifische Veränderungen der EEG-Aktivität

Um Hinweise auf Veränderungen der Hirnfunktion bei Sprachentwicklungsstörungen zu erhalten, untersuchten wir bei 45 sprachretardierten Vorschulkindern das EEG unter Ruhebedingungen und während Hyperventilation (**Abb. 5**). Bei der Hälfte der Kinder wurden normabweichende Befunde erhoben. Im Vordergrund stand eine allgemeine Verlangsamung der EEG-Hin-

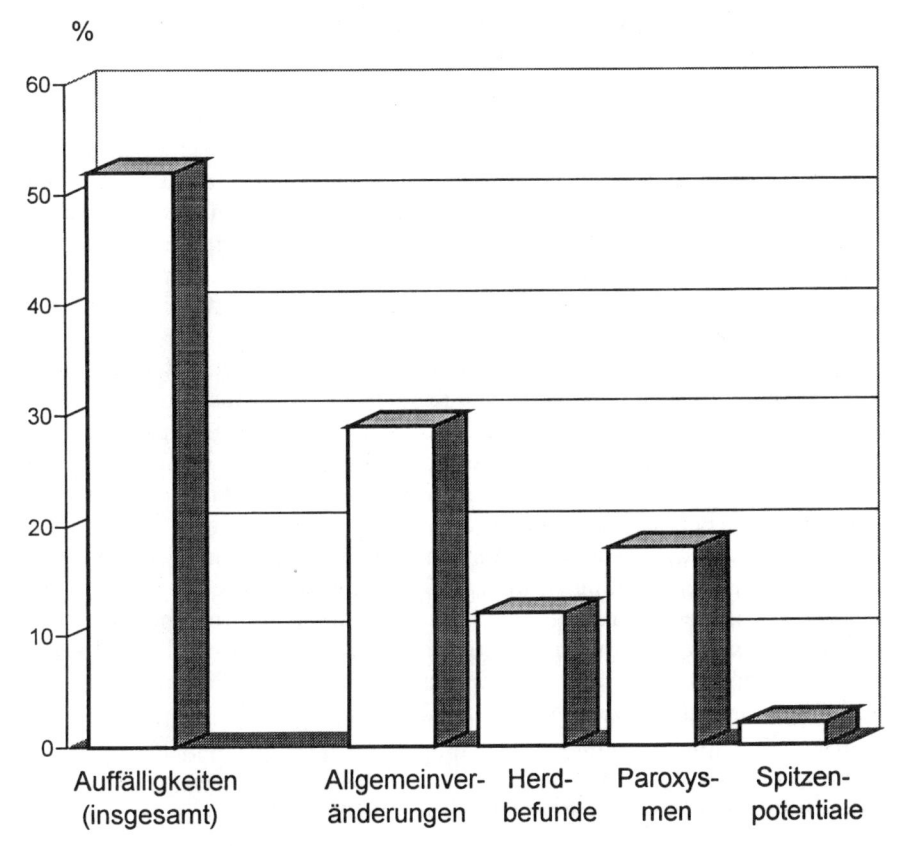

*Hirnorganische Repräsentation von Sprache und Sprachentwicklungsstörungen*

**Abbildung 5:** Häufigkeit auffälliger EEG-Befunde bei sprachentwicklungsgestörten Kindern

tergrundaktivität. Andere EEG-Auffälligkeiten, wie hirnlokale Frequenzverlangsamungen oder Paroxysmen, die auf Funktionsstörungen subkortikaler Hirnstrukturen hindeuten, wurden nur in Ausnahmefällen registriert. Bei einer Verlangsamung der Hintergrundaktivität handelt es sich um einen unspezifischen Befund, wie er bei unterschiedlichen Störungen der kindlichen Entwicklung angetroffen wird. Außer im Rahmen von akuten Erkrankungen finden sich Grundfrequenzverlangsamungen bei einer Retardierung der bioelektrischen Reifung. Vom Säuglingsalter an nimmt die Frequenz der im Ruhe-EEG dominierenden Wellen kontinuierlich zu. Das bioelektrische Entwicklungsalter eines Kindes ist somit aus dem EEG ablesbar. Allerdings ist eine erhebliche interindividuelle Streubreite zu berücksichtigen.

Andere Arbeitsgruppen berichteten über eine deutlich höhere Rate von EEG-Auffälligkeiten. So fanden z. B. Bo et al. (1992) nur bei 10 % von Kindern mit Sprachentwicklungsstörungen einen regelrechten EEG-Befund. Hafen (1980) registrierte bei 32 % der von ihm untersuchten sprachauffälligen

Kindern Herdstörungen im EEG. Herdstörungen, die in unserer Untersuchungsgruppe nur bei 13 % der Kinder vorkamen, deuten auf eine hirnlokale Funktionsstörung hin. Die stark differierenden Häufigkeitsangaben gehen auf eine unterschiedliche Selektion der Kinder und eine geringe Objektivität der visuellen EEG-Auswertung zurück. Werden, wie in unserer Untersuchungsgruppe, Kinder aus Sprachheilkindergärten untersucht, so sind neurophysiologische Auffälligkeiten seltener zu beobachten, als wenn Inanspruchnahmepopulationen neuropädiatrischer Ambulanzen einer EEG-Studie zugrunde liegen. Wie häufig Abweichungen im elektroenzephalographischen Befund in einer unausgelesenen Stichprobe sprachentwicklungsgestörter Kinder vorkommen, ist bislang ungeklärt.

Insgesamt haben bisherige EEG-Untersuchungen sprachentwicklungsgestörter Kinder ergeben, dass bei vielen Kindern Hinweise auf Hirnfunktionsstörungen zu beobachten sind. Bei den beschriebenen Auffälligkeiten handelt es sich überwiegend um unspezifische Befunde, die keine genaueren Rückschlüsse auf Art und Lokalisation einer Beeinträchtigung der Hirnfunktion zulassen. Bei Kindern mit Sprachentwicklungsstörungen häufig registrierte Grundfrequenzverlangsamungen sind als allgemeine Retardierung der bioelektrischen Reifung zu interpretieren. Hirnlokale EEG-Veränderungen wurden insbesondere über der linken Schläfenregion beschrieben, sind aber nur bei wenigen Kindern anzutreffen, so dass aus diesem Befund keine generellen Rückschlüsse auf pathogenetische Hintergründe von Sprachentwicklungsstörungen zu ziehen sind.

## Beziehungen zum Landau-Kleffner-Syndrom

In EEG-Ableitungen werden bei einigen Kindern mit Sprachentwicklungsstörungen Spitzenpotentiale, wie sie für epileptische Anfallsleiden charakteristisch sind, beobachtet. Als erste wiesen Sato & Dreifuß (1973) auf epilepsietypische EEG-Befunde bei sprachgestörten Kindern hin. Derartige EEG-Veränderungen lassen an einen pathogenetischen Zusammenhang zwischen primärer Sprachentwicklungsstörung und Landau-Kleffner-Syndrom denken.

Das Landau-Kleffner-Syndrom ist ein seltenes, für das Kindesalter typisches Krankheitsbild, das in den 50er Jahren erstmals beschrieben wurde. Die Erkrankung beginnt meist im Kindergarten- bzw. Vorschulalter und ist durch einen Verlust des Sprachverständnisses und später auch der Sprachproduktion gekennzeichnet. Die Sprache ist isoliert betroffen und sonstige kognitive Leistungen sind unbeeinträchtigt. Bei 80 % der Kinder treten zusätzlich epileptische Anfälle auf, und im EEG sind generalisiert oder fokal epilepsietypische Veränderungen nachweisbar (Suchodoletz 1992). Epileptische Anfälle oder Spitzenpotentiale im EEG bei Kindern mit primären Sprachentwicklungsstörungen könnten darauf hinweisen, dass diese Kinder unter einem Landau-Kleffner-Syndrom mit einem Erkrankungsbeginn vor Einsetzen der Sprachentwicklung leiden.

Die Häufigkeit von Epilepsien unter Kindern mit Sprachentwicklungsstörungen wird unterschiedlich angegeben. Während Trauner et al. (2000) unter 72 Kindern kein Kind mit einer Epilepsie fanden, hatten in der Untersuchungsgruppe von Tuchman et al. (1991b) 19 von 237 (= 8 %) sprachentwicklungsgestörten Kindern ein Anfallsleiden. Angaben über epilepsietypische EEG-Veränderungen im Wach-EEG schwanken zwischen 15 % und 50 % (Hafen 1980, Echenne et al. 1992, Picard et al. 1998). Nach eigenen Erfahrungen liegt die Häufigkeit von Spitzenpotentialen im EEG nicht über dem Wert, der in einer unausgelesenen Stichprobe zu erwarten ist (Suchodoletz 1991). Im Unterschied zu den oben genannten Autoren, die Kinder neuropädiatrischer Ambulanzen untersuchten, leiteten wir das EEG bei Kindern aus Sprachheilkindergärten ab. Die Kinder unserer Untersuchungsgruppe hatten aufgrund der anderen Selektionskriterien vermutlich wesentlich weniger zusätzliche klinische Auffälligkeiten.

In den letzten Jahren haben Untersuchungen von Kindern mit einem Landau-Kleffner-Syndrom ergeben, dass typischer als das Auftreten von Spitzenpotentialen im Wach-EEG epilepsietypische Veränderungen während des Schlafs sind. Um den Zusammenhang zwischen primärer Sprachentwicklungsstörung und Landau-Kleffner-Syndrom zu klären, sind demzufolge Schlaf-EEG-Ableitungen bzw. ist ein 24-Stunden-EEG-Monitoring erforderlich. Inzwischen wurden von mehreren Arbeitsgruppen Ergebnisse über Schlafableitungen, die z. T. an größeren Stichproben erhoben wurden, publiziert. Dabei wurde über eine Häufigkeit von Spitzenpotentialen im Schlaf bei Kindern mit expressiven Sprachentwicklungsstörungen zwischen 13 % und 38 % und bei Kindern mit rezeptiven Störungen zwischen 64 % und 67 % berichtet (Cheliout-Heraut et al. 1992, Develleroy-Hommer et al. 1995b, Echenne 1997, Picard et al. 1998). Bei einigen Kindern traten epilepsietypische EEG-Veränderungen während längerer Schlafphasen auf oder wurden sogar während der gesamten Schlafenszeit beobachtet. Wenn Spitzenpotentiale lateralisiert auftraten, dann überwiegend über der linken – d. h. der sprachdominanten – Hemisphäre. Viele Kinder hatten, auch wenn im Schlaf-EEG ausgeprägte epilepsietypische Veränderungen registriert wurden, niemals sichtbare epileptische Anfälle.

Ob beim Landau-Kleffner-Syndrom ein Zusammenhang zwischen Spitzenpotentialen im Schlaf-EEG und der Sprachstörung besteht, ist noch weitgehend ungeklärt. Einige Befunde legen einen solchen Zusammenhang jedoch nahe. So wurden Korrelationen zwischen der Dauer der paroxysmalen Schlafaktivität und der Schwere der Sprachstörung gefunden. Auch führten neurochirurgische Eingriffe mit einer Unterbrechung der Verbindung zwischen epileptogenen Herden und umgebendem Hirngewebe zu einer Verbesserung sprachlicher Fähigkeiten (Morrell et al. 1995). Dass eine epileptische Aktivität zu abnormen neuronalen Verknüpfungen und damit zur Unterdrückung der Ausbildung effektiver neuronaler Netze führen kann, wurde tierexperimentell belegt (Grigonis et al. 1994). Eine epileptische Aktivität im Schlaf könnte die Herausbildung von Cell assemblies, die vermutlich das neurobiologische Korrelat des Gedächtnisses für Wörter und syntaktische

Regeln bilden, beeinträchtigen. Sprachentwicklungsstörungen als Folge lang anhaltender epileptischer Entladungen im Schlaf wären somit durchaus denkbar.

Aus den vorliegenden Ergebnissen bereits therapeutische Konsequenzen bei Kindern mit Sprachentwicklungsstörungen abzuleiten, erscheint aber noch zu früh. Bislang liegt erst eine Studie über Schlaf-EEG-Ableitungen bei sprachentwicklungsgestörten Kindern vor, in die auch eine Kontrollgruppe einbezogen wurde (Picard et al. 1998). Auch die unterschiedlichen Selektionskriterien der bisherigen Untersuchungen lassen eine generelle Aussage über die Häufigkeit von Spitzenpotentialen im Schlaf-EEG bei Kindern mit Sprachentwicklungsstörungen nicht zu. Hingegen ist der Forderung, bei Kindern mit ausgeprägten rezeptiven Sprachentwicklungsstörungen ein 24-Stunden-EEG-Monitoring zu veranlassen, zuzustimmen. Nur so wird sich klären lassen, wie häufig lang anhaltende epileptische Entladungen während des Schlafs bei sprachentwicklungsgestörten Kindern tatsächlich auftreten. Für eine antiepileptische Behandlung, wie sie für Kinder mit einer Dauer epileptischer Entladungen, die 8 % der Schlafenszeit übersteigt, empfohlen wird, gibt es – solange klinische Anfälle ausbleiben – keine überzeugende Begründung. Dass sich sprachliche Leistungen unter einer antiepileptischen Medikation bessern, ist nicht ausreichend belegt und mögliche Nebenwirkungen von Antiepileptika sprechen gegen eine Verordnung ohne eindeutige Indikation.

## 2.3.5 Neuroanatomische Befunde

Computertomographische und magnetresonanztomographische Untersuchungen erlauben eine recht genaue Beurteilung der Strukturen des Gehirns. Diskretere Veränderungen des Feinaufbaus können aber selbst bei der Anwendung modernster bildgebender Verfahren unerkannt bleiben. Sie sind nur durch eine genaue neuroanatomische Untersuchung zu erfassen.

Bisher wurden erst wenige neuroanatomische Befunde bei Kindern mit Sprachentwicklungsstörungen veröffentlicht. Die untersuchten Kinder zeigten noch andere Auffälligkeiten, so dass eine kausale Beziehung zwischen beschriebenen Hirnveränderungen und Entwicklungsstörungen der Sprache nicht gesichert ist. Neuroanatomische Studien bei Kindern mit unkomplizierten Formen von umschriebenen Sprachentwicklungsstörungen stehen bislang aus.

Cohen et al. (1989) berichteten über die Ergebnisse der Untersuchung des Gehirns eines siebenjährigen Mädchens, das an einer akuten Infektionserkrankung verstorben war. Bei dem Mädchen waren eine ausgeprägte expressive Sprachentwicklungsstörung und ein hyperkinetisches Syndrom bekannt. Neurologische und radiologische Untersuchungen im Kindergartenalter hatten keine wesentlichen Auffälligkeiten ergeben. Bei der neuroanatomischen Untersuchung des Gehirns zeigten sich diskrete Fehlbildungen in der linken unteren Stirnhirnwindung und eine Asymmetrie des Planum temporale (Teil der akustischen Hirnrinde) zugunsten der rechten Seite.

Vergleichbare Befunde wurden von der Arbeitsgruppe um Galaburda bei Erwachsenen mit einer Lese-Rechtschreibstörung beschrieben (Galaburda et al. 1985, Humphreys et al. 1990). Von einigen der LRS-Patienten war bekannt, dass sie im Kindesalter eine Sprachentwicklungsstörung hatten. Auch bei diesen Patienten war das Planum temporale symmetrisch oder rechts größer und nicht, wie zu erwarten, links betont. Im histologischen Befund fiel im gleichen Hirnareal eine Aufhebung der Schichtstruktur der Hirnrinde auf. Daneben wurden in unterschiedlichen Hirnregionen kleinere Fehlbildungen und Narben, die als Folge einer pränatalen Schädigung interpretiert wurden, beobachtet.

Die wenigen bislang vorliegenden Untersuchungsbefunde deuten darauf hin, dass zumindest bei einigen Kindern mit Sprachentwicklungsstörungen diskrete strukturelle Veränderungen in Hirnregionen, die für sprachliche Funktionen relevant sind, bestehen. Diese könnten Folge genetischer Normabweichungen oder pränatal erworbener Schädigungen sein. Dass pränatale Hirnschädigungen zu umschriebenen Funktionsstörungen sprachrelevanter Funktionen führen können, geht aus Tierexperimenten hervor. Werden bei Embryonen von Mäusen oder Ratten auditive Hirnregionen durch Kälteeinwirkung lokal geschädigt, so kommt es zu Migrationsstörungen der Nervenzellen mit Fehlbildungen von Hirnwindungen, die den Befunden bei Patienten mit einer LRS bzw. einer Sprachentwicklungsstörung ähneln (Rosen et al. 1992). In Verhaltensexperimenten zeigen diese Tiere Schwächen bei der zeitlichen Diskrimination akustischer Reize, die bei beidseitiger stärker als bei einseitiger Hirnschädigung ausgeprägt sind (Fitch et al. 1994). Die Autoren vermuten, dass einer Sprachentwicklungsstörung ähnliche Hirnschädigungen zugrunde liegen und sehen Tiere mit Läsionen im Bereich der sekundären Hörrinde als Tiermodell für umschriebene Sprachentwicklungsstörungen an.

## 2.3.6 Ergebnisse von Untersuchungen mit bildgebenden Verfahren

Mit zunehmend besserer Detailauflösung ermöglichen bildgebende Verfahren eine immer genauere Untersuchung der Strukturen des Gehirns beim lebenden Menschen. Die wichtigsten Methoden sind die Computertomographie und die Magnetresonanztomographie.

Bei der **Computertomographie** werden Röntgenstrahlen zur Darstellung der Morphologie des Gehirns eingesetzt. Computertomographische Aufnahmen sind Schattenbilder, die durch unterschiedliche Elektronendichte der Atome entstehen und von der Art des Gewebes abhängen. Eine rechentechnische Verarbeitung der aus verschiedenen Projektionen erhaltenen Daten ergibt eine Abbildung anatomischer Strukturen in horizontalen Schnitten.

Bei Kindern mit umschriebenen Sprachentwicklungsstörungen wurden nur vereinzelt computertomographisch erfassbare Veränderungen nachgewiesen. Rosenberger & Hier (1980) berichteten über computertomographische Untersuchungen von 23 Patienten mit Sprachentwicklungsstörungen. Bei 52 % beobachteten sie eine atypische Asymmetrie im Bereich des Scheitel- und Hinterhauptlappens mit einer größeren rechten Seite. In einer Kontrollgruppe neurologisch erkrankter Patienten bzw. bei Patienten mit einer Intelligenzminderung ohne Sprachentwicklungsretardierung war eine derartig atypische Asymmetrie mit 25 % bzw. 33 % signifikant seltener anzutreffen. Diese Ergebnisse wurden bislang nicht repliziert. Weitere Arbeitsgruppen setzten die Computertomographie als Vordiagnostik im Rahmen anderer Untersuchungen ein. Denays et al. (1989) konnten bei 14 Kindern und Lou et al. (1990) bei 15 Kindern mit Sprachentwicklungsstörungen keine Strukturveränderungen des Gehirns im Computertomogramm feststellen.

Eine differenziertere Darstellung der Hirnstrukturen gelingt mit Hilfe der **Magnetresonanztomographie.** Dieses Verfahren arbeitet im Gegensatz zur Röntgenuntersuchung nicht mit ionisierenden Strahlen und ist damit in der Anwendung unbedenklicher. Nebenwirkungen wurden bislang nicht beobachtet. In einem starken Magnetfeld werden Atome mit ungerader Ordnungszahl, die magnetische Eigenschaften aufweisen, ausgerichtet. In biologischen Geweben sind dies insbesondere Wasserstoff- ($^1$H), Kohlenstoff- ($^{13}$C), Natrium- ($^{23}$Na) und Phosphoratome ($^{31}$P). Durch hochfrequente Wellen im Bereich von Radiofrequenzen wird die Achse der Atomkerne um 90° bzw. 180° abgelenkt. Beim Zurückkippen in die Ausgangslage geben die Atome die aufgenommene Energie wieder ab. Dieses Resonanzsignal wird gemessen, in Grauschattierungen umgewandelt und als Bild dargestellt. Umrechnungen der Ursprungsdaten erlauben eine Rekonstruktion von Schnittebenen des Gehirns aus allen gewünschten Blickrichtungen. Durch Variationen technischer Parameter sind unterschiedliche Gewebeeigenschaften darstellbar. So kann je nach Fragestellung Knochen von Hirngewebe, graue von weißer Substanz, unauffälliges von ödematösem Gewebe abgegrenzt werden. Neuerdings erlaubt eine hoch auflösende Technik die Abbildung von Hirnstrukturen, die nur wenige Millimeter groß sind.

MRT-Untersuchungen bei Kindern mit Sprachentwicklungsstörungen (**Tab. 3**) zeigten wiederholt morphologische Auffälligkeiten im Bereich der oberen Anteile des Schläfenhirns. Diese Hirnregion ist für die Verarbeitung akustischer Signale (primäre und sekundäre Hörrinde), einschließlich der Sprache (Wernicke-Zentrum), von wesentlicher Bedeutung. Eine ausgeprägte Hemisphärendominanz sprachlich-akustischer Funktionen beim Menschen findet in einer Asymmetrie der Hirnstrukturen ihren morphologischen Niederschlag. Schon im Mutterleib ist die linke Seite gegenüber rechts größer (in Herschkowitz 1999: Chi et al. 1977, Wada et al. 1975). Bei sprachgestörten Kindern ist – ähnlich wie bei Kindern mit einer Lese-Rechtschreibstörung – diese physiologische Asymmetrie aufgehoben oder sogar umgekehrt (Gauger et al. 1997). Wie diese Veränderung zu erklären ist und welche weiteren Auffälligkeiten in dieser Hirnregion auftreten, darüber gibt

*Hirnorganische Repräsentation von Sprache und Sprachentwicklungsstörungen*

es widersprüchliche Angaben. Jernigan et al. (1991) berichteten über eine Verkleinerung der oberen temporalen Hirnareale auf der linken Seite, Plante et al. (1991) über eine Vergrößerung rechtsseitig, Filipek et al. (1987) über eine Verkleinerung beiderseits und Jackson & Plante (1996) über eine Anomalie der Zahl der Hirnwindungen insbesondere links. Im Gegensatz zu den zuvor zitierten Autoren konnten Preis et al. (1998b) keine Veränderungen der Asymmetrie der oberen Schläfenhirnregionen feststellen.

**Tabelle 3:** MRT-Befunde bei Kindern mit Sprachentwicklungsstörungen

|  | Zahl der Kinder | Veränderung |
| --- | --- | --- |
| Filipek et al. 1987 | 4 rez. SES | verbal-akustische Areale im oberen Schläfenlappen: beidseits kleiner |
| Jernigan et al. 1991 | 20 | verbal-akustische Areale im oberen Schläfenlappen: links kleiner<br>atypische Asymmetrien präfrontal und okzipital |
| Plante et al. 1991 | 8 | verbal-akustische Areale im oberen Schläfenlappen: rechts kleiner |
| Tallal et al. 1994 | 1 | Auffälligkeit bds. im Nucleus caudatus |
| Gauger et al. 1997 | 11 | verbal-akustische Areale im oberen Schläfenlappen: atypische Asymmetrie<br>sprachrelevante Region im unteren Stirnhirn: links kleiner |
| Jackson & Plante 1996 | 10 (+ 30 Verwandte 1. Grades) | verbal-akustische Areale im oberen Schläfenlappen: zusätzliche Hirnwindung |
| Clark & Plante 1998 | 10 (+ 30 Verwandte 1. Grades) | sprachrelevante Region im unteren Stirnhirn: zusätzliche Hirnwindung |
| Preis et al. 1998 b | 21 | verbal-akustische Areale im oberen Schläfenlappen: keine atypische Asymmetrie |
| Preis et al. 1998 a | 2 (Zwillinge) | beidseits minimale Fehlbildungen im Schläfen- und Scheitelhirn |
| Trauner et al. 2000 | 35 | konventionelle MRT-Auswertung: bei 12 Kindern verschiedene Auffälligkeiten in grauer und/oder weißer Substanz |

Auch die für expressive Sprachfunktionen und Syntaxverarbeitung verantwortliche Hirnregion (Broca-Region: Pars triangularis der unteren Stirnhirnwindung) erwies sich in verschiedenen Studien als auffällig. Neben einer Verkleinerung dieses Hirnareals (Gauger et al. 1997) fand sich auffallend häufig eine zusätzliche Hirnwindung, wie sie bei sprachunauffälligen Probanden nur selten angetroffen wird (Clark & Plante 1998). Diese Anomalien im Stirnhirnbereich waren besonders oft bei Kindern anzutreffen, bei denen die Sprachstörung sehr ausgeprägt war und die auch strukturelle Veränderungen im Schläfenbereich aufwiesen.

Außer Auffälligkeiten in sprachrelevanten Hirnregionen wurden immer wieder minimale morphologische Veränderungen in weiteren Hirnarealen beobachtet. In Einzelfällen waren sowohl Bereiche der grauen und der weißen Substanz als auch basale Hirnstrukturen betroffen (Plante et al. 1991, Tallal et al. 1994, Preis et al. 1998a, Trauner et al. 2000).

Ähnliche strukturelle Veränderungen wie bei den sprachentwicklungsgestörten Kindern selbst wurden auch bei deren Angehörigen ersten Grades beschrieben. Dies gilt sowohl für Veränderungen in sprachrelevanten Regionen des Schläfenhirns (Jackson & Plante 1996) als auch für die des Stirnhirns (Clark & Plante 1998).

Insgesamt kann – bei aller Widersprüchlichkeit der Einzelergebnisse – als gesichert gelten, dass bei vielen Kindern mit umschriebenen Sprachentwicklungsstörungen minimale Auffälligkeiten in der Morphologie des Gehirns bestehen. Vorwiegend handelt es sich um eine Verkleinerung sprachrelevanter Hirnareale, insbesondere der linken Hemisphäre. Zum anderen wurden durch mehrere Arbeitsgruppen minimale Fehlbildungen beschrieben, wie atypische Furchungen der Hirnrinde mit zusätzlichen Hirnwindungen, versprengte Nervenzellgruppen in der weißen und kleinere Defekte in der grauen Substanz. Über vergleichbare Hirnbefunde wurde bei Kindern mit einer Lese-Rechtschreibstörung berichtet. Welche der morphologischen Hirnveränderungen mit der umschriebenen Störung des Erwerbs der Lautsprache in unmittelbarem kausalen Zusammenhang steht, ist offen. Auch kann beim gegenwärtigen Wissensstand nicht entschieden werden, ob Verkleinerungen im Bereich sprachrelevanter Hirnareale primärer oder sekundärer Natur sind.

### 2.3.7 Ergebnisse funktioneller bildgebender Verfahren

Mit funktionellen bildgebenden Verfahren lassen sich Durchblutungs- bzw. Stoffwechseländerungen in Hirnarealen, die bei geistigen Anforderungen aktiviert werden, darstellen. Zu den funktionellen bildgebenden Verfahren zählen die Single-Photon-Emissionscomputertomographie (SPECT), die Positronen-Emissionstomographie (PET), die funktionelle Magnetresonanztomographie (fMRT) und die Magnetresonanzspektroskopie (MRS). PET und fMRT haben ein hohes räumliches Auflösungsvermögen. Die MRS ermöglicht eine topographische Darstellung der Verteilung biochemischer Substanzen. Dabei finden Neurotransmitter besonderes Interesse.

So eindrucksvoll die Untersuchungsergebnisse mit diesen neueren Verfahren bei gesunden Probanden und erwachsenen Patienten auch sind, zur Untersuchung sprachentwicklungsgestörter Kinder sind die genannten Methoden nur bedingt geeignet. Sie bedeuten einen erheblichen technischen Aufwand, Mitarbeit der Kinder, längeres Stillliegen und sie sind zum Teil mit der Inhalation bzw. Injektion radioaktiver Substanzen verbunden. Es ist deshalb kaum verwunderlich, dass mit funktionellen bildgebenden Verfahren bislang nur einzelne Studien bei sprachentwicklungsgestörten Kindern durchgeführt wurden. Diese erfolgten ausschließlich mit der technisch am wenigsten anspruchsvollen Single-Photon-Emissions-Computertomographie. Eine Vereinfachung und Verbesserung der differenzierteren Techniken lässt jedoch für die nächste Zukunft auch bei Kindern mit Sprachentwicklungsstörungen interessante Ergebnisse erwarten.

Mit der **Single-Photon-Emissionscomputertomographie (SPECT)** wird die regionale Hirndurchblutung erfasst. Es werden Substanzen, die mit Photonenstrahlern ($^{131}$J, $^{99}$TC u. a.) markiert wurden, injiziert. Die radioaktiven Substanzen diffundieren aus dem Blut ins umliegende Gewebe und werden dort angereichert. Die Stärke der radioaktiven Markierung ist ein Maß für die Höhe des Blutdurchflusses und damit indirekt für die Aktivität von Hirnarealen. Die Untersuchung ist in Ruhe und während der Lösung spezifischer Aufgaben möglich. Werden z. B. sprachliche Anforderungen gestellt, dann werden die radioaktiven Substanzen verstärkt in den Sprachzentren angereichert. Aktivierte Hirnregionen werden damit im SPECT-Bild sichtbar. Die zeitliche und räumliche Auflösung der SPECT ist allerdings im Vergleich zu den anderen erwähnten Verfahren gering.

Bisher wurden erst kleine Kindergruppen mit der Single-Photon-Emissionscomputertomographie untersucht (**Tab. 4**). Die bisherigen Ergebnisse sprechen dafür, dass bei sprachentwicklungsgestörten Kindern schon unter Ruhebedingungen Auffälligkeiten hinsichtlich des Verteilungsmusters der Durchblutung bestehen. Bei unauffällig entwickelten Kindern ist der Blutfluss der linken gegenüber der rechten Hemisphäre höher (Chiron et al. 1997). Bei Kindern mit Sprachentwicklungsstörungen wurden umgekehrte Verhältnisse beschrieben (Chiron et al. 1999). Dabei scheint die Durchblutung insbesondere in sprachrelevanten Hirnregionen der linken Hemisphäre erniedrigt (Denays et al. 1989, Lou et al. 1990). Ein verminderter Blutfluss wurde aber auch in anderen Hirnregionen beobachtet. So berichteten Billard et al. (1988) über eine Minderdurchblutung im Scheitel- und Stirnhirn bei einigen sprachentwicklungsgestörten Kindern und Lou et al. (1990) über eine Region verminderten Blutflusses im mittleren und oberen rechten Stirnhirn. Die Minderdurchblutung in den letztgenannten Hirnarealen wird von den Autoren mit Störungen der Prosodie und Konzentrationsfähigkeit in Verbindung gebracht.

**Tabelle 4:** Untersuchungsergebnisse mit funktionellen bildgebenden Verfahren (SPECT) bei Kindern mit Sprachentwicklungsstörungen

| | Zahl der Kinder | Veränderungen |
|---|---|---|
| Expressive Sprachentwicklungsstörung | | |
| Billard et al. 1988 | 11 | in Ruhe: Minderdurchblutung im Schläfenlappen ein- oder beidseits |
| Denays et al. 1989 | 2 | in Ruhe: Minderdurchblutung in der linken Broca-Region |
| Lou et al. 1990 | 3 | in Ruhe: Minderdurchblutung im linken vorderen Stirnlappen |
| Tzourio et al. 1994 | 14 | bei auditiven und verbalen Aufgaben: abnormer Durchblutungsanstieg im ganzen Hirn Phonemdiskriminationsaufgabe: fehlende Aktivierung in der linken Hemisphäre |
| Chiron et al. 1999 | 8 | in Ruhe: umgekehrte Asymmetrie (Durchblutung rechts höher als links) Stimulation der linken Hemisphäre: Durchblutungsanstieg rechts statt links Stimulation der rechten Hemisphäre: Durchblutungsanstieg beidseits statt rechts |
| Rezeptive Sprachentwicklungsstörung | | |
| Denays et al. 1989 | 12 | in Ruhe: Minderdurchblutung im oberen Schläfenlappen links (Wernicke Region) und mittleren Stirnlappen rechts |
| Lou et al. 1990 | 7 | in Ruhe: Minderdurchblutung im oberen Schläfenlappen links (Wernicke Region) |

Auditive bzw. verbale Anforderungen bewirken bei Kindern mit Sprachentwicklungsstörungen eine Erhöhung des Blutflusses im ganzen Gehirn, die signifikant höher als bei altersgerecht entwickelten Kindern ausfällt (Tzourio et al. 1994). Auch bei Aufgabenstellungen, die physiologisch zu einer lokalisierten Aktivierung einer Hemisphäre führen, werden bei sprachentwicklungsgestörten Kindern normabweichende Durchblutungssteigerungen beobachtet. So ruft z. B. dichotisches Hören von Silben anstelle einer Aktivierung der linken Hemisphäre eine Durchblutungserhöhung im Bereich der rechten Hirnhälfte hervor und taktile Reize (beidseitiges Ertasten der Form von Figuren) gehen mit einem verstärkten Blutfluss in beiden Hirnhälften einher, während bei sprachunauffälligen Kindern nur die rechte Hemisphäre aktiviert wird (Chiron et al. 1999).

Ein Vergleich der regionalen Hirndurchblutung bei Kindern mit expressiven gegenüber Kindern mit rezeptiven Sprachentwicklungsstörungen zeigt, dass bei Sprachproduktionsstörungen vordere Hirnregionen (insbesondere Broca-Areal) und bei ausgeprägten Sprachverständnisstörungen Regionen um die sylvische Furche (akustische Hirnrinde und Wernicke-Areal) stärker betroffen sind. Die Lokalisation von Abweichungen des Blutflusses scheint syndromspezifisch zu sein. Kinder mit Sprachentwicklungsstörungen zeigen in SPECT-Untersuchungen ganz anders verteilte Veränderungen als z. B. Kinder mit einem hyperkinetischen Syndrom (Lou et al. 1990).

In Anbetracht der kleinen Zahl von Kindern, die mit funktionellen bildgebenden Verfahren untersucht wurden, sind die bisherigen Ergebnisse als vorläufig anzusehen. Eine abschließende Beurteilung von Auffälligkeiten des regionalen Blutflusses bei Sprachentwicklungsstörungen ist gegenwärtig nicht möglich. Die vorliegenden Befunde deuten darauf hin, dass schon in Ruhe der Blutfluss in sprachrelevanten Hirnregionen geringer als bei unauffällig entwickelten Kindern ist. Bei auditiv-verbalen Anforderungen scheint keine umschriebene Aktivierung der Sprachregionen der linken Hemisphäre aufzutreten, sondern eine Erhöhung des Blutflusses in größeren Hirnbereichen. Diese Befunde könnten Ausdruck einer verminderten funktionellen Spezialisierung sprachrelevanter Hirnareale sein.

## 2.4 Sprachentwicklung von Kindern mit früher Schädigung der Sprachregionen

### 2.4.1 Sprachentwicklung nach links- versus rechtshemisphärieller Schädigung

Die Beobachtung der Sprachentwicklung von Kindern mit umschriebenen frühkindlichen Hirnschädigungen kann Hinweise darauf geben, ob lokalisierte Hirnläsionen während Schwangerschaft, Geburt oder in den ersten Lebensjahren das neurobiologische Korrelat isolierter Sprachentwicklungsstörungen darstellen. Ausgehend von Erfahrungen im Erwachsenenalter ist zu erwarten, dass Kinder mit einer linkshirnigen Läsion ausgeprägtere Sprachstörungen entwickeln als Kinder mit rechtshirnigen Erkrankungen und dass bei Läsionen in vorderen Hirnbereichen die Sprachproduktion und bei weiter hinten lokalisierten Defekten das Sprachverständnis vordergründig betroffen ist.

In einigen gut dokumentierten Studien wurde die Sprachentwicklung von Kindern mit Hirnerkrankungen unterschiedlicher Lokalisation genauer verfolgt (**Tab. 5**). So untersuchten Woods et al. (1979) 27 Kinder mit lokalisierten Hirnschädigungen unterschiedlicher Ätiologie. Nach linksseitigen Läsionen wurden leichte kognitive, aber keine spezifisch sprachlichen Defizite festgestellt. Nur bei einem Erkrankungsbeginn nach dem ersten Lebensjahr und wenn die Kinder in der akuten Krankheitsphase erhebliche Sprachstörungen aufwiesen, zeigten sich ausgeprägtere Einschränkungen des Wortschatzes und der grammatischen Fähigkeiten. Diese Ausfälle wurden von den Autoren als Restsymptomatik einer nicht vollständig abgeklungenen Aphasie gewertet. Die Krankheitsbilder der beschriebenen Kinder (Epilepsie, Frühgeburt u. a.) lassen allerdings Zweifel aufkommen, ob die Hirnläsionen streng fokal begrenzt oder eher weitere Bereiche des Gehirns betroffen waren. Diese Untersuchung lässt somit keine ausreichend sichere Zuordnung von Defiziten in der Sprache zu bestimmten Hirnregionen zu.

**Tabelle 5:** Sprachstörungen nach umschriebenen Läsionen einer Hemisphäre infolge frühkindlicher Hirnschädigungen

| Autoren | Hemisphäre | |
| --- | --- | --- |
| | rechte | linke |
| Woods et al. 1979 | kognitive Defizite, keine spez. Sprachdefizite keine Abhängigkeit von der Seite der Läsion | |
| Lehmkuhl et al. 1981 | Defizite verbaler und exekutiver Funktionen keine Abhängigkeit von der Seite der Läsion | |
| Kiessling et al. 1983 | Wortschatz auditive Merkfähigkeit Satzergänzen Nachsprechen | Wortschatz auditive Merkfähigkeit |
| Thal et al. 1991 | rezeptive und (expressive) Sprachstörung stereotype Phrasen | expressive und (rezeptive) Sprachstörung |
| Aram et al. 1992 | Wortschatz (- -) Sprachverständnis (-) mehr Fehler Verstehen von Text Artikulation Redefluss | Wortschatz (-) Sprachverständnis (- -) kürzere Sätze Verstehen von Negierung Artikulation Redefluss |

Lehmkuhl et al. (1981) beschrieben 24 Kinder mit einer angeborenen Halbseitenlähmung der rechten bzw. linken Körperhälfte und unterteilten die Kinder danach, in welchen Hirnregionen Substanzdefekte im Computertomogramm nachweisbar waren. Ausführliche faktoren- und varianzanalytische Betrachtungen ihrer umfangreichen neuropsychologischen Untersuchungsbefunde erbrachten keine spezifischen Teilleistungsschwächen in Ab-

*Hirnorganische Repräsentation von Sprache und Sprachentwicklungsstörungen*

hängigkeit von der Seite der Hirnschädigung. In Clusteranalysen konnte eine Kindergruppe mit »Sprach- und Handlungsstörungen« abgegrenzt werden. Die Zuordnung zu diesem Cluster korrelierte jedoch nicht mit der Seite bzw. der Lokalisation der zerebralen Läsion.

Eine ähnliche Kindergruppe untersuchten Kiessling et al. (1983). Sie beobachteten Minderleistungen beim Satzergänzen und Nachsprechen bei Kindern mit einer rechtsseitigen Hirnschädigung und unabhängig von der geschädigten Seite Defizite in der akustischen Merkfähigkeit und im aktiven Wortschatz.

Thal et al. (1991) verfolgten in einer prospektiven Längsschnittstudie die Sprachentwicklung von Kindern, bei denen mit bildgebenden Verfahren (Computertomogramm bzw. Magnetresonanztomogramm) eine lokalisierte frühkindliche Hirnschädigung nachgewiesen worden war. Eine Verzögerung der Entwicklung der expressiven und rezeptiven Sprachleistungen wurde sowohl bei rechts- als auch bei linkshirniger Läsion beobachtet. Bei einer Schädigung der hinteren Anteile der linken Hemisphäre war insbesondere die aktive Sprache beeinträchtigt, ohne dass Einschränkungen im Wortschatz zu beobachten waren. Nach rechtshemisphäriellen Läsionen fielen eher Sprachverständnisstörungen auf und die Kinder benutzten häufiger stereotype Phrasen. Zur Größe der Hirndefekte fanden die Autoren keine eindeutige Korrelation. Es deutete sich eher eine U-förmige Verteilung an, d. h. dass sowohl Kinder mit relativ kleinen als auch Kinder mit großen Defekten bessere sprachliche Leistungen erbrachten als Kinder mit mittelgroßen Läsionen. Die relativ positive Sprachentwicklung der Kinder mit ausgedehnten Schädigungen wird damit erklärt, dass eine Kompensation frühzeitig und effektiv über die gesunde Hemisphäre erfolgt und nicht erst der Versuch einer Verlagerung von Sprachfunktionen in andere Areale der geschädigten Hemisphäre unternommen wird.

In einem Übersichtsreferat fasste Aram (1992) ihre über 20-jährigen Beobachtungen von 32 links- und 17 rechtshirnig geschädigten Kindern zusammen. Meist handelte es sich um Kinder mit Herzfehlern, die im Alter zwischen der Geburt und dem 15. Lebensjahr eine Hirnembolie mit einem Funktionsausfall umschriebener Regionen der linken bzw. rechten Hirnhälfte erlitten hatten. Die lokalisierte Hirnschädigung wurde mittels Computertomographie bzw. Magnetresonanztomographie gesichert und verschiedene Dimensionen der Sprachentwicklung detailliert untersucht. Sprachliche Defizite wurden sowohl nach links- als auch nach rechtshirniger Schädigung beobachtet. Die Sprachstörungen unterschieden sich hinsichtlich des Schweregrads und der Art. Die Spontansprache von Kindern mit linkshemisphärieller Läsion war gegenüber den rechtsseitig erkrankten Kindern durch einfachere und kürzere Sätze gekennzeichnet. Kindern mit einer Schädigung der rechten Hemisphäre unterliefen in der Spontansprache etwas mehr Fehler. Der aktive und passive Wortschatz war bei rechtshirniger Schädigung geringfügig stärker eingeschränkt als bei linkshirniger Läsion. Sprachverständnisstörungen wiederum waren nach linkshirniger Erkrankung ausgeprägter, aber auch bei rechtsseitiger Hirnschädigung nachweisbar. Kindern mit linksseitiger Hirnschädigung fiel das Verstehen von Negierungen besonders schwer, während Kinder mit rechtsseitiger Schädigung eher Probleme beim Erfassen von semantischen und pragmatischen Informationen in ganzen Satzpassagen hatten. Leichtere Artikulations- und Redeflussstörungen waren bei den Kindern unabhängig von der geschädigten Seite nachzuweisen.

Einen etwas anderen methodischen Zugang wählten Lou et al. (1989). Sie untersuchten bei zwölf Kindern, die in der Neugeborenenperiode intensivmedizinisch behandelt worden waren, die regionale Hirndurchblutung (SPECT-Untersuchung), als die Kinder zehn Jahre alt waren. Dabei zeigte sich, dass eine Minderdurchblutung der linken Hirnhälfte mit Schwächen im Sprachverständnis, im Verbalteil des HAWIK und der Konzentrationsfähigkeit verbunden war. Ein herabgesetzter Blutfluss in der rechten Hemisphäre hingegen ging mit schlechten Leistungen in der Sprachproduktion, im Handlungsteil des HAWIK und bei der räumlich-visuellen Vorstellung einher.

Extreme Beispiele für Läsionen einer Hemisphäre sind Kinder nach Entfernung einer Hirnhälfte (Hemisphärektomie). Hemisphärektomien können bei schweren, therapieresistenten Epilepsien, bei denen die Anfälle von einer Hirnhälfte ausgehen, erforderlich sein. Wenn durch immer wieder auftretende epileptische Anfälle ein Stillstand in der Entwicklung oder sogar ein Verlust bereits erworbener Fähigkeiten eintritt, hat sich eine Entfernung der erkrankten Hirnrinde oder eine Unterbrechung der Verbindungen epileptogener Herde zu anderen Hirnregionen sowohl hinsichtlich der Beherrschung des Anfallsleidens als auch hinsichtlich der kognitiven Entwicklung als erfolgreich erwiesen. Sind epileptogene Herde über weite Bereiche einer Hemisphäre verteilt, kann eine Hemisphärektomie, d. h. die Ausschaltung einer ganzen Hälfte des Großhirns, notwendig werden. Derartige Operationen werden allerdings nur extrem selten durchgeführt, so dass über die Sprachentwicklung nach Hemisphärektomie im frühen Kindesalter nur geringe Erfahrungen vorliegen. Zudem sind durch die Unterschiedlichkeit der Primärerkrankung und des Alters zum Zeitpunkt der Operation die Ergebnisse nur bedingt miteinander vergleichbar. Trotzdem konnten die publizierten Kasuistiken unser Wissen über Lokalisation und Plastizität von Sprachfunktionen in der frühen Kindheit deutlich erweitern.

Erstaunlicherweise kann die Beeinträchtigung der Sprachentwicklung nach früher Hemisphärektomie relativ gering sein, selbst wenn die linke Hirnhälfte betroffen ist. So wurde über vier Kinder mit angeborenen oder früh erworbenen Erkrankungen und linksseitiger Hemisphärektomie berichtet, deren sprachliche Leistungen postoperativ zwar eingeschränkt waren, aber dem Niveau der nonverbalen Intelligenz entsprachen oder sogar etwas darüber lagen. Bei diesen Kindern bestand eine deutliche Intelligenzminderung, aber keine umschriebene Sprachstörung (Vargha-Khadem et al. 1997). Auch in anderen ähnlich gelagerten Fällen wurden Störungen der allgemeinen kognitiven Entwicklung, nicht aber spezifisch der Sprachentwicklung beobachtet (Byrne & Gates 1987, Mariotti et al. 1998). Stark et al. (1995) berichteten über Kinder, deren Intelligenzentwicklung nicht oder nur gering beeinträchtigt war. Weder nach einer Ausschaltung der rechten noch der linken Hemisphäre traten wesentliche Störungen der Sprachproduktion auf. Hinsichtlich des Sprachverständnisses wurden jedoch Unterschiede zwischen links- und rechtsseitig hemisphärektomierten Kindern beobachtet. War die linke Hirnhälfte betroffen, so waren Einschränkungen des Verstehens syntaktischer Strukturen und die Verarbeitung zeitlicher Beziehungen auditiver Reize stärker beeinträchtigt als nach Hemisphärektomie rechts.

Über eine ungewöhnlich positive Sprachentwicklung wurde bei einem Jungen berichtet, bei dem im Alter von achteinhalb Jahren die Hirnrinde der linken Hemisphäre operativ entfernt wurde (Vargha-Khadem et al. 1997). Der Junge litt an einer angeborenen linksseitigen Fehlbildung (Sturge-Weber-Syndrom). Phasenweise traten Serien von epileptischen Anfällen auf, die medikamentös nicht zu beherrschen waren. Zum Zeitpunkt der Operation entsprach das kognitive Entwicklungsalter dem eines zwei- bis dreijährigen Kindes. Der Junge verstand einzelne Wörter und Aufforderungen, während die Entwicklung der aktiven Sprache vollständig ausgeblieben war. Nach der Operation (Hemidecortikation) und dem Absetzen der antikonvulsiven Medikation verbesserten sich die allgemeinen kognitiven und die sprachlichen Fähigkeiten beträchtlich. Obwohl das Kind bis zur Operation kein Wort gesprochen hatte und die Sprachregionen der linken Hemisphäre vollständig entfernt worden waren, entwickelte sich die Sprache in allen linguistischen Dimensionen einschließlich Phonologie und Prosodie fast gleichmäßig. Im Alter von 15 Jahren war sowohl in der aktiven Sprache (SW 76) als auch im Sprachverständnis (SW 70) ein Entwicklungsstand erreicht, der etwa dem eines achtjährigen Kindes entsprach. Die sprachlichen Fähigkeiten lagen über der nonverbalen Intelligenz (SW 53). Diese Kasuistik zeigt, dass die sensible Phase für das Erlernen von Sprache nicht mit sechs Jahren, wie bisher angenommen, abgeschlossen ist, sondern Sprache auch noch im Alter von acht Jahren neu erworben werden kann. Dabei kann die rechte Hemisphäre sämtliche linguistischen Funktionen übernehmen.

### 2.4.2 Abhängigkeit von der Lokalisation der Läsion innerhalb einer Hemisphäre und vom Erkrankungsalter

Auf die Bedeutung der Lokalisation der Läsionen innerhalb einer Hemisphäre wird in den vorliegenden Untersuchungen nur am Rande eingegangen. Ob die Region des motorischen oder des sensorischen Sprachzentrums betroffen ist, scheint aber eher von untergeordneter Bedeutung zu sein. Lehmkuhl et al. (1981) konnten keine spezifischen Ausfälle in Abhängigkeit von der Lokalisation erkennen. Auch in den Arbeiten von Aram (1988) deuten sich allenfalls diskrete Zusammenhänge zwischen Lokalisation der Läsion und Art der Sprachauffälligkeit an. Sprachverständnisstörungen und Wortschatzmängel scheinen bevorzugt nach einer Schädigung hinter der Zentralfurche aufzutreten. Bei einem Vergleich der Störungsbilder nach Schädigungen vor und hinter der Zentralfurche waren die Differenzen aber gering und sie konnten statistisch nicht abgesichert werden. Längsschnittuntersuchungen von Kindern mit frühen einfachen Partialanfällen und links frontalem epileptogenen Fokus hingegen zeigten deutliche Unterschiede hinsichtlich der Entwicklung expressiver und rezeptiver Sprachfunktionen. Das Sprachverständnis besserte sich deutlich und erreichte im Alter von sieben Jahren fast Normwerte, während Defizite in der Sprachproduktion bestehen blieben (Cohen & le Normand 1998).

In Anbetracht der großen Unterschiede zwischen Sprachstörungen nach Hirnerkrankungen im Erwachsenen- und im Kindesalter ist auch innerhalb des frühen Kindesalters eine Abhängigkeit der Sprachstörung vom Zeitpunkt der zerebralen Schädigung zu erwarten. Um dieser Frage nachzugehen, verglichen Aram et al. (1988) Sprachstörungen von Kindern, die vor oder nach dem ersten Lebensjahr eine einseitige Hirnschädigung erlitten hatten. Entgegen der Erwartung unterschieden sich die Gruppen bei linkshirniger Schädigung nicht hinsichtlich sprachlicher Merkmale, sondern lediglich in Bezug auf allgemeine kognitive Fähigkeiten. Bei rechtshemispärieller Läsion hingegen waren Sprachstörungen etwas ausgeprägter, wenn der Erkrankungszeitpunkt im ersten Lebensjahr lag.

### 2.4.3 Kompensationsmechanismen

Wie die o. g. Längsschnittuntersuchungen belegen, unterscheiden sich sprachliche Defizite bei Kindern mit lokalisierten frühkindlichen Hirnläsionen gravierend von denen bei Hirnschädigung in späteren Altersstufen. Das Gehirn verfügt in frühen Entwicklungsstufen somit über eine erhebliche Kompensationsfähigkeit. Hinsichtlich einer Reorganisation zerebraler Funktionen nach frühen Schädigungen scheinen sprachliche Leistungen besonders variabel.

Über welche Mechanismen eine Kompensation der Funktion geschädigter Sprachzentren erfolgt, ist bislang unzureichend geklärt. Die wenigen empirischen Untersuchungen, die zu dieser Thematik vorliegen, sprechen für die Möglichkeit der Funktionsübernahme sowohl durch benachbarte Hirnregionen als auch durch die Gegenseite. Dass die gesunde Hemisphäre sämtliche Sprachfunktionen vollständig übernehmen kann, ist durch die o. g. Studien zur Sprachentwicklung von Kindern mit ausgedehnten Schädigungen einer Hemisphäre bzw. nach Hemisphärektomie hinlänglich belegt. Auch Beobachtungen von Piccirilli et al. (1988) weisen auf eine Kompensation durch die Gegenseite hin. Danach liegt bei Kindern mit einer benignen fokalen Partialepilepsie und rechtshemisphäriellem epileptogenen Fokus das Sprachzentrum wie üblich linkshemisphäriell. Bei linksseitigem Fokus hingegen war in der Regel die rechte Hemisphäre sprachdominant.

Werden die Sprachzentren langsam und umschrieben geschädigt, dann scheinen benachbarte Hirnareale sprachliche Funktionen zu übernehmen.

*Hirnorganische Repräsentation von Sprache und Sprachentwicklungsstörungen*

Beeinträchtigen im frühen Kindesalter beispielsweise langsam wachsende Hirntumoren die Sprachzentren der linken Hemisphäre, so erfolgt keine Kompensation durch die Gegenseite. In der Regel bleibt die linke Hemisphäre sprachdominant und durch Stimulationen der Hirnrinde sind die Sprachzentren in der Nähe der Tumoren zu lokalisieren (de Vos et al. 1995). Papanicolaou et al. (1990) versuchten der Frage der Kompensationsmechanismen auf neurophysiologischem Wege nachzugehen. Ihre Befunde sprechen für eine Reorganisation sprachlicher Funktionen vorwiegend innerhalb der erkrankten Hemisphäre, wenn die Hirnschädigung im Kindesalter erfolgt. EP-Ergebnisse bei erwachsenen Aphasikern hingegen deuten darauf hin, dass eine Kompensation über die Gegenseite versucht wird (Thomas et al. 1997).

### 2.4.4 Schlussfolgerungen

Insgesamt zeigen Untersuchungen von Kindern mit einer umschriebenen Hirnschädigung, dass kaum einmal isolierte Sprachstörungen auftreten. Sprachliche Auffälligkeiten nach hirnlokalen Läsionen sind in der Regel mit Retardierungen der allgemeinen kognitiven Entwicklung verbunden.

Meistens sind Sprachstörungen nach einseitiger Hirnschädigung überraschend gering ausgeprägt. Selbst nach dem Ausfall einer ganzen Hemisphäre des Großhirns kann sich Sprache relativ unauffällig entwickeln. Hinsichtlich des Ausprägungsgrads sind Sprachstörungen nach hirnorganischen Erkrankungen allenfalls mit der Beeinträchtigung von Kindern mit leichten Sprachentwicklungsstörungen vergleichbar, nicht aber mit der von Kindern, deren sprachliche Auffälligkeiten zu einer erheblichen Kommunikationsstörung führen und die bis ins Schulalter hinein persistieren.

Entgegen der Erwartung sind, wenn der Zeitpunkt der Erkrankung sehr früh liegt, Differenzen zwischen der Sprachentwicklung nach einer Schädigung der linken bzw. der rechten Hemisphäre gering. Nach linkshirnigen Schädigungen scheint die Sprachproduktion etwas stärker betroffen zu sein, während bei rechtshemisphäriellen Defekten das Sprachverständnis für ganze Textpassagen und in pragmatischen Situationen häufiger beeinträchtigt ist. Diese diskreten Unterschiede belegen, dass schon zum Zeitpunkt der Geburt keine Gleichwertigkeit beider Hirnhälften hinsichtlich sprachlicher Fähigkeiten besteht, dass aber eine hochgradige Spezialisierung wie im Erwachsenenalter nicht vorliegt.

Ausdehnung und Lokalisation von Läsionen innerhalb einer Hemisphäre sind für die spätere Sprachentwicklung nur von untergeordneter Bedeutung.

Sprachstörungen infolge hirnorganischer Erkrankungen in der frühen Entwicklung haben ein anderes Störungsmuster als es bei umschriebenen Entwicklungsstörungen des Sprechens und der Sprache im Sinne der ICD-10 anzutreffen ist. Nach hirnorganischen Erkrankungen werden Artikulationsstörungen kaum beobachtet. Grammatische Schwächen stehen mit einer Beeinträchtigung der Merkfähigkeit in engem Zusammenhang. Defizite in der zeitlichen Diskriminationsfähigkeit treten weder nach links- noch nach rechtshemisphäriellen Läsionen auf. Es wurde bislang kein Kind beschrieben, das die typische Symptomatik einer isolierten Sprachentwicklungsstörung infolge einer umschriebenen einseitigen Hirnschädigung entwickelt hätte. Somit kann nicht angenommen werden, dass umschriebene Schädigungen von Sprachregionen einer Hemisphäre die neurobiologische Grundlage von Sprachentwicklungsstörungen bilden. Beidseitige Schädigungen der Sprachzentren hingegen können auch im frühen Kindesalter kaum ausgeglichen werden. Allerdings liegen bislang nur Einzelfallbeschreibungen von Kindern mit eindeutig umschriebener Sprachentwicklungsstörung infolge einer definierten hirnorganischen Erkrankung, die beide Hemisphären betraf, vor. So berichteten Vargha-Khadem et al. (1985) über ein Kind mit einer isolierten, überwiegend expressiven Sprachentwicklungsstörung infolge einer beidseitigen perinatalen Läsion des Frontalhirns.

## 2.5 Zusammenfassung

### Sprachentwicklungsstörungen sind hirnorganisch bedingte Syndrome

Bei sprachentwicklungsgestörten Kindern wurden zahlreiche Auffälligkeiten in Struktur und Funktion des Gehirns nachgewiesen. Kinderneurologische Untersuchungen erbrachten Hinweise auf Defizite der motorischen Koordinationsfähigkeit sowohl im Bereich der Oral- als auch hinsichtlich der Allgemeinmotorik. In elektroenzephalographischen Untersuchungen wurden allgemeine Funktionsstörungen gefunden, die auf eine Verzögerung der bioelektrischen Reifung hinweisen. Ableitungen evozierter Potentiale belegen Defizite bei der automatischen Analyse verbaler Informationen. Untersuchungen der Strukturen des Gehirns mit neuroanatomischen Methoden und bildgebenden Verfahren sprechen für Besonderheiten in der Entwicklung sprachrelevanter Hirnregionen, insbesondere der linken Hemisphäre. Mit den gleichen Methoden wurden geringgradige Strukturveränderungen in unterschiedlichen Hirnarealen beobachtet. Funktionelle bildgebende Verfahren deuten darauf hin, dass auditiv-verbale Hirnareale in Ruhe weniger durchblutet und unter spezifischen Anforderungen geringer aktiviert werden. Wie die Untersuchungsergebnisse insgesamt zeigen, können sehr unterschiedliche Hirnfunktionen und Hirnzentren betroffen sein.

Bei aller Widersprüchlichkeit der Befunde im Detail lassen sich zwei Gemeinsamkeiten der Untersuchungsergebnisse, die mit unterschiedlichen Verfahren gewonnen wurden, aufzeigen:

1. Erhebliche Hirnveränderungen sind bei Kindern mit Sprachentwicklungsstörungen nicht nachweisbar.

2. Geringe Normabweichungen finden sich auf allen Funktions- und Strukturebenen.

Die hirnorganische Basis von Sprachentwicklungsstörungen ist damit ausreichend belegt. Die häufig zu beobachtende Korrelation zwischen der Schwere der Sprachstörung und dem Ausmaß der gefundenen zerebralen Auffälligkeit spricht für einen Zusammenhang zwischen beiden Ebenen. Offen ist jedoch, welche der beschriebenen Normabweichungen für Sprachentwicklungsstörungen spezifisch sind. Auch ist weitgehend unklar, welche der zerebralen Auffälligkeiten mit der Sprachentwicklungsstörung in unmittelbarem kausalen Zusammenhang stehen, welche Ausdruck einer gemeinsamen Grundstörung sind und welche sich als Folge sprachlicher Defizite erst sekundär entwickelt haben.

## Sprachentwicklungsstörungen sind nicht Folge einseitiger Läsionen der Sprachzentren in frühen Entwicklungsphasen

Wenn beim Erwachsenen Sprachzentren geschädigt werden, treten regelhaft spezifische aphasische Syndrome auf, die Rückschlüsse auf den Ort der Läsion zulassen. Das Auftreten von Aphasien beweist, dass Sprachfunktionen nach Abschluss der Reifungsphase an die Funktionstüchtigkeit bestimmter Hirnareale gebunden sind. Sprachprozesse sind somit im Gehirn lokalisierbar und benachbarte Hirnareale sind im Erwachsenenalter nicht in der Lage, Sprachfunktionen in ausreichendem Maße zu übernehmen.

Bei Hirnerkrankungen in frühen Entwicklungsphasen hingegen werden vergleichbare Sprachstörungen nicht beobachtet. Längsschnittstudien an Kindern mit umschriebenen Hirnläsionen zeigen, dass auch bei einer völligen Zerstörung der Sprachzentren einer Hemisphäre keine isolierten verbalen Defizite auftreten. Wenn sprachliche Auffälligkeiten beobachtet werden, so stehen diese in engem Zusammenhang mit Retardierungen der allgemeinen kognitiven Entwicklung. Sie sind weder mit der Symptomatik einer Aphasie des Erwachsenenalters noch mit der einer umschriebenen Entwicklungsstörung des Sprechens und der Sprache im Sinne der ICD-10 vergleichbar.

## Sprachentwicklungsstörungen – suboptimale Varianten der zerebralen Repräsentation von Sprache?

Erfahrungen bei Kindern mit lokalisierten Hirnschädigungen belegen eindrucksvoll, dass Sprache in frühen Entwicklungsphasen nicht an die Intaktheit der als Sprachzentren bekannten Hirnareale der linken Hemisphäre gebunden ist. Das Gehirn besitzt in der Entwicklungsphase eine unglaubliche Plastizität und Sprachfunktionen können mit all ihren linguistischen Dimensionen vollständig in die rechte Hemisphäre verlagert werden. Sprachzentren sind somit nicht genetisch fixiert und entfalten sich nicht nach einem starren angeborenen Entwicklungsplan. Sprachregionen sind eher Funktionsbereiche des Gehirns, die sich dynamisch entwickeln und an vorhandene Gegebenheiten anpassen.

Die Möglichkeiten einer Adaptation sind allerdings begrenzt. Nicht alle Hirnregionen sind in gleicher Weise in der Lage, Sprachaufgaben zu übernehmen. Die architektonische Grundstruktur perisylvischer Bereiche der Hirnrinde scheint für die schnelle Analyse von Informationen, die für Sprachprozesse Voraussetzung ist, besonders geeignet. Dies erklärt, dass diese Hirnareale beim gesunden Gehirn regelhaft Sprachfunktionen übernehmen.

Welche funktionellen und strukturellen Hirnveränderungen Sprachentwicklungsstörungen zugrunde liegen, ist noch weitgehend spekulativ. Einige Befunde sprechen dafür, dass Sprachentwicklungsstörungen Folge von Defiziten im Bereich perisylvischer Hirnareale beider Hemisphären sind. Wie Einzelbeobachtungen zeigen, ist bei beidseitiger Schädigung dieser Hirnregionen die Sprachentwicklung, auch wenn die Läsion in sehr frühem Kindesalter eintritt, nachhaltig beeinträchtigt. Ursachen für beidseitige Defizite perisylvischer Hirnbereiche können unterschiedlich sein. Nach bisherigen Erfahrungen kommen sowohl genetische Faktoren als auch minimale Dysplasien bei Migrationsstörungen infolge pränataler Hirnschädigungen und funktionelle Hemmungen durch epileptische Entladungen infrage. Defizite prädisponierter Sprachregionen zwingen zu abweichenden Organisationsstrukturen, die dann zu weniger optimalen Lösungen führen. Hinweise darauf, wie alternative neuronale Netze zur Realisierung von Sprache aussehen könnten, geben Untersuchungen bei Zweisprachigkeit. Im Gegensatz zur Muttersprache ist die subdominante Sprache weniger stark lateralisiert und bei Sprachanforderungen werden subkortikale Strukturen, die bei der Realisierung automatisierter Prozesse von erheblicher Bedeutung sind, geringer einbezogen. Wenn sich bei Defiziten prädisponierter Sprachzentren alternative Lokalisationen von Sprachmodulen entwickeln, so sind sehr verschiedene Lösungen denkbar. Danach ist zu erwarten, dass sich bei Kindern mit Sprachentwicklungsstörungen die hirnlokalen Korrelate einzelner Sprachmodule von Kind zu Kind unterscheiden. Dass Sprachentwicklungsstörungen kein einheitliches Syndrom darstellen, dafür sprechen auch erhebliche interindividuelle Unterschiede in der Symptomatik. Welche primären Defizite Sprachentwicklungsstörungen tatsächlich zugrunde liegen und welche Adaptations- und Kompensationswege im Einzelnen beschritten werden, kann gegenwärtig nicht entschieden werden. Es ist zu hoffen, dass es mit einer Verbesserung der technischen Möglichkeiten in den nächsten Jahren gelingen wird, die Organisationsstruktur von Sprache bei Kindern mit Sprachentwicklungsstörungen genauer zu untersuchen und damit Einblicke in zugrunde liegende neurobiologische Korrelate von Schwierigkeiten beim Spracherwerb zu gewinnen.

*Hirnorganische Repräsentation von Sprache und Sprachentwicklungsstörungen*

## Literatur

Accardo, P. & Whitman, B. (1989). Toe walking – A marker for language disorders. *Clinical Pediatrics, 28,* 347–350.

Ackermann, H., Wildgruber, D. & Grodd, W. (1997). Neuroradiologische Aktivierungsstudien zur zerebralen Organisation sprachlicher Leistungen. *Fortschritte der Neurologie und Psychiatrie, 65,* 182–194.

Amorosa, H. & Noterdaeme, M. (1992). Analysis of fine motor problems in children with specific developmental disorders of speech and language. In H. M. Emrich, M. Wiegang (Hrsg.), *Integrative Biological Psychiatry.* Springer: Berlin.

Annett, M. & Manning, M. (1989). The disadvantages of dextrality for intelligence. *British Journal of Psychology, 80,* 213–226.

Aram, D. M. (1988). Language sequelae of unilaterale brain lesions in children. In E. Plum (Hg.), *Language, Communication, and the Brain.* New York: Raven Press.

Aram, D. (1992). Brain injury and language impairment in childhood. In P. Fletcher & D. Hall (Hrsg.), *Specific Speech and Language Disorders in Children: Correlates, Characteristics and Outcomes.* San Diego: Singular Publishing Group.

Billard, C., Dulac, O., Raynaud, C., Laisel, M. L., Gillet, P. et al. (1988). Brain spect imaging in developmental childhood dysphasia. *The Journal of Nuclear Medicine, 29,* 792.

Bishop, D. V. M. (1990). Handedness, clumsiness and developmental language disorders. *Neuropsychologia, 28,* 681–690.

Bo, O. O., Marklund, E., Hamsten, P. O., Persson, H. E. & Tonnquist-Uhlen, I. (1992). Relations between neurological aberrations and psychological dysfunctions in children with serious language problems. *Scandinavian Journal of Educational Research, 36,* 49–59.

Broca, P. (1861). Remarques sur le siège de la faculté du language articulé, suivies d'une observation d'amphémie (perte de la parole). *Bulletin Société d'Anatomie, 36,* 330–357.

Bulman-Fleming, M. B., Bryden, M. P. & Wyse, D. M. (1996). Associations among familial sinistrality, allergies, and developmental language disorders. *International Journal of Neuroscience, 87,* 257–265.

Byrne, J. M. & Gates, R. D. (1987). Single-case study of left cerebral hemispherectomy: Development in the first five years of life. *Journal of Clinical and Experimental Neuropsychology, 9,* 423–434.

Castro-Caldas, A., Peterson, K. M., Reis, A., Stone-Elander, S. & Ingvar, M. (1998). The illiterate brain – Learning to read and write during childhood influences the functional organization of the adult brain. *Brain, 121,* 1053–1063.

Cheliout-Heraut, F., Picard, A., Turlan, D. & Lacert, P. (1992). Dysphasies et anomalies paroxystiques. *Approche Neuropsychologique des Apprentissages chez l'Enfants, 4,* 177–184.

Chi, J. C., Dooling, E. C. & Gilles, F. M. (1977). Left, right asymmetries of the temporal speech areas of the human fetus. *Archives of Neurology, 34,* 346–348.

Chiron, C., Jambaque, I., Nabbout, R., Lounes, R., Syrota, A. & Dulac, O. (1997). The right brain hemisphere is dominant in human infants. *Brain, 120,* 1057–1065.

Chiron, C., Pinton, F., Masure, M. C., Duvelleroy-Hommet, C., Leon, F. & Billard, C. (1999). Hemispheric specialization using SPECT and stimulation tasks in children with dysphasia and dystrophia. *Developmental Medicine & Child Neurology, 41,* 512–520.

Clark, M. M. & Plante, E. (1998). Morphology of the inferior frontal gyrus in developmentally language-disordered adults. *Brain and Language*, 61, 288–303.

Cohen, M., Campbell, R. & Yaghmai, F. (1989). Neuropathological abnormalities in developmental dysphasia. *Annals of Neurology*, 25, 567–570.

Cohen, H. & Le-Normand, M. T. (1998). Language development in children with simple-partial left-hemisphere epilepsy. *Brain and Language*, 64, 409–422.

Denays, R., Tondeur, M., Foulon, M., Verstraeten, F., Ham, H. et al. (1989). Regional brain blood flow in congenital dysphasia: Studies with technetium-99m HM-PAO SPECT. *Journal of Nuclear Medicine*, 30, 1825–1829.

DeVos, K. J., Wyllie, E., Geckler, C., Kotagal, P. & Comair, Y. (1995). Language dominance in patients with early childhood tumors near left hemisphere language areas. *Neurology*, 45, 349–356.

Duvelleroy-Hommet, C., Billard, C., Lucas, B., Gillet, P., Barthez, M. A., Santini, J. J., Degiovanni, E., Henry, F., De Toffol, B. & Autret, A. (1995b). Sleep EEG and developmental dysphasia: Lack of a consistent relationship with paroxysmal EEG activity during sleep. *Neuropediatrics*, 26, 14–18.

Duvelleroy-Hommet, C., Gillet, P., Billard, C., Loisel, M. L., Barthez, M. A., Santini, J. J. & Autret, A. (1995a). Study of unilateral hemisphere performance in children with developmental dysphasia. *Neuropsychologia*, 33, 823–834.

Echenne, B., Cheminal, R., Rivier, F., Negre, C., Touchon, J. & Billiard, M. (1992). Epileptic electroencephalographic abnormalities and developmental dysphasias: A study of 32 patients. *Brain and Development*, 14, 216–225.

Echenne, B., Cheminal, R., Rivier, F., Negre, C., Touchon, J. & Billiard, M. (1997). Physiopathologie des troubles spécifiques du dévelopment du language parlé. *Approche Neuropsychologique des Apprentissages chez l'Enfant*, 42, 52–55.

Esser, G. (1991). Was wird aus Kindern mit Teilleistungsschwächen? Der langfristige Verlauf umschriebener Entwicklungsstörungen. Stuttgart: Ferdinand Enke Verlag.

Fiez, J. A., Raichle, M. E., Balota, D. A., Tallal, P. & Petersen, S. S. (1996). PET activation of posterior temporal regions during auditory word presentation and verb generation. *Cerebral Cortex*, 6, 1–10.

Filipek, P. A., Kennedy, D. N., Caviness, V. S., Klein, S. & Rapin, I. (1987). In vivo magnetic resonance imaging-based volumetric brain analysis in subjects with verbal auditory agnosia. *Abstract Society for Neuroscience*, 13, 1–651.

Fitch, R. H., Tallal, P., Brown, C. P., Galaburda, A. M. & Rosen, G. D. (1994). Induced microgyria and auditory temporal processing in rats: A model for language impairment? *Cerebral Cortex*, 4, 260–270.

Fodor, J. A. (1983). *The modularity of mind*. Cambridge, MA: MIT-Press.

Frazier, L. & Fodor, J. (1978). The sausage machine. A new two-stage parsing model. *Cognition*, 6, 291–325.

Friederici, A. D. & Cramon, Y. v. (1999). Neurobiologische Grundlagen des Sprachverstehens. In A. D. Friederici (Hg.), *Sprachrezeption. Enzyklopädie der Psychologie, Serie III Sprache* (Bd. 2). Göttingen: Hogrefe Verlag für Psychologie.

Galaburda, A. M., Sherman, G. F., Rosen, G. D., Aboitiz, F. & Geschwind, N. (1985). Developmental dyslexia: Four consecutive patients with cortical anomalies. *Annals of Neurology*, 18, 222–233.

Gauger, L. M., Lombardino, L. J. & Leonard, Ch. M. (1997). Brain morphology in children with specific language impairment. *Journal of Speech, Language, and Hearing Research*, 40, 1272–1284.

Grigonis, A. M. & Murphey, E. H. (1994). Effects of epileptic cortical activity on the development of collosal projections. *Brain Research Development, 77,* 251–255.

Hafen, G. (1980). Elektroenzephalographische Probleme von Sprachstörung aus neuropädiatrischer Sicht. In K.-P. Becker & W. Elstner (Hrsg.), *Störungen des Redeflusses.* Berlin: Volk und Gesundheit.

Herschkowitz, N., Kagan, J. & Zilles, K. (1999). Neurobiological bases of behavioral development in the second year. *Neuropediatrics, 30,* 221–230.

Humphreys, P., Kaufmann, W. E. & Galaburda, A. M. (1990). Developmental dyslexia in women: Neuropathological findings in three patients. *Annals of Neurology, 28,* 727–738.

Ingram, T. T. S. (1959). Specific developmental disorders of speech in childhood. *Brain, 82,* 450–467.

Jackson, T. & Plante, E. (1996). Gyral morphology in the posterior Sylvian region in families affected by developmental language disorder. *Neuropsychology Review, 6,* 81–94.

Jernigan, T. L., Hesselink, J. R., Sowell, E. & Tallal, P. A. (1991). Cerebral structure on magnetic resonance imaging in language- and learning-impaired children. *Archives of Neurology, 48,* 539–545.

Kee, D. W., Gottfried, A. & Bathurst, K. (1991). Consistency of hand preference: Predictions to intelligence and school achievement. *Brain and Cognition, 16,* 1–10.

Kiese, C. & Henze, K.-H. (1988). Umfassende Lateralitätsbestimmung in der phoniatrischen Klinik. *Praxis für Kinderpsychologie und Kinderpsychiatrie, 37,* 11–16.

Kiessling, L., Denckla, M. & Carlton, M. (1983). Evidence for differential hemispheric function in children with hemiplegic cerebral palsy. *Developmental Medicine & Child Neurology, 25,* 727–734.

Krombholz, H. (1993). Händigkeit, Körperschema und kognitive und motorische Leistungen im Kindesalter – eine Literaturübersicht. *Schweizerische Zeitschrift für Psychologie, 52,* 271–286.

Lehmkuhl, G., Kotlarek, F. & Schieber, P. M. (1981). Neurologische und neuropsychologische Befunde bei Kindern mit angeborenen umschriebenen Hirnläsionen. *Zeitschrift für Kinder- und Jugendpsychiatrie und Psychotherapie, 9,* 126–138.

Lesigang, C. (1984). Häufigkeit minimaler Zerebralparesen unter Volks- und Sprachheilschülern. *Fortschritte der Medizin, 102,* 62–64.

Liberman, A. M., Cooper, F. S., Shankweiler, D. P. & Studden-Kennedy, M. (1967). Perception of the speech code. *Psychological Review, 74,* 431–461.

Lou, H. C., Hendriksen, L. & Bruhn, P. (1990). Focal cerebral dysfunction in developmental learning disabilities. *The Lancet, 335,* 8–11.

Lou, H. C., Skov, H. & Henriksen, L. (1989). Intellectual impairment with regional cerebral dysfunction after low neonatal cerebral blood flow. *Acta Paediatrica Scandinavia, Suppl. 360,* 72–82.

Mariotti, P., Iuvone, L., Torrioli, M. G. & Silveri, M. C. (1998). Linguistic and non-linguistic abilities in a patient with early left hemispherectomy. *Neuropsychologia, 36,* 1303–1312

Martins, I. P., Antunes, N. L., Castro-Caldas, A. & Antunes, J. L. (1995). Atypical dominance for language in developmental dysphasia. *Developmental Medicine & Child Neurology, 37,* 85–90.

Morley, M. E. (1972). *The development and disorders of speech in childhood.* Edinburgh: Churchill Livingstone.

Morrell, F., Whisler, N. W. W., Smith, M. C., Hoeppner, T. J., de Toledo-Morell, L., Pierre-Luois, S. J., Kanner, A. M., Buelow, J. M., Ristanovic, R., Bergen, D. et al.

(1995). Landau-Kleffner syndrome. Treatment with subpial intracortical transection. *Brain, 118,* 1529–1546.

Neville, H. J. & Bavelier, D. (1998). Neural organization and plasticity of language. *Current Opinion in Neurobiology, 8,* 254–258.

Orton, S. T. (1925). »Word-blindness« in school children. *Archives of Neurology and Psychiatry, 14,* 581–615.

Papanicolaou, A. C., Baumann, S., Rogers, R. L., Saydjari, C., Amparo, E. G. & Eisenberg, H. M. (1990). Localization of auditory response sources using magnetoencephalography and magnetic resonance imaging. *Archieves of Neurology, 47,* 33–37.

Picard, A., Cheliout Heraut, F., Bouskraoui, M., Lemoine, M., Lacert, P. & Delattre, J. (1998). Sleep EEG and developmental dysphasia. *Developmental Medicine & Child Neurology, 40,* 587–594.

Piccirilli, M., D'Alessandro, P., Tiacci, C. & Ferroni, A. (1988). Language lateralization in children with benign partial epilepsy. *Epilepsia, 29,* 19–25.

Plante, E., Swisher, L., Vance, R. & Rapcsak, S. (1991). MRI findings in boys with specific language impairment. *Brain and Language, 41,* 52–66.

Powls, A., Botting, N., Cooke, R. W. I. & Marlow, N. (1996). Handedness in very-low birthweight (VLBW) children at 12 years of age: Relation to perinatal and outcome variables. *Developmental Medicine & Child Neurology, 38,* 594–604.

Preis, S., Engelbrecht, V., Huang, Y. & Steinmetz, H. (1998a). Focal grey matter heterotopias in monozygotic twins with developomental language disorder. *European Journal of Pediatrics, 157,* 849–852.

Preis, S., Jäncke, L., Schittler, P., Huang, Y. & Steinmetz, H. (1998b). Normal intrasylvian anatomical asymmetry in children with developmental language disorder. *Neuropsychologia, 36,* 849–855.

Preis, S., Schittler, P. & Lenard, H.-G. (1997). Motor performance and handedness in children with developmental language disorder. *Neuropediatrics, 28,* 324–327.

Pulvermüller, F. (1996). *Neurobiologie der Sprache. Gehirntheoretische und empirische Befunde zur Sprachverarbeitung.* Lengerich: Pabst Science Publishers.

Pulvermüller, F. (1996). Words in the brain's language. *Behavioral and Brain Sciences, 22,* 253–336.

Rosen, G. D., Press, D. M., Sherman, Ph. D. & Galaburda, A. M. (1992). The development of induced cerebrocortical microgyria in the rat. *Journal of Neuropathology and Experimental Neurology, 51,* 601–611.

Rosenberger, P. B. & Hier, D. B. (1980). Cerebral asymmetry and verbal intellectual deficits. *Annals of Neurology, 8,* 300–304.

Sato, S. & Dreifuss, F. E. (1973). Electroencephalographic findings in a patient with developmental expressive aphasia. *Neurology, 23,* 181–185.

Shulman, L. H., Sala, D. A., Chu, M. L. Y., McCaul, P. R. & Sandler, B. J. (1997). Developmental implications of idiopathic toe walking. *The Journal of Pediatrics, 130,* 541–546.

Stark, R. E., Bleile, K., Brandt, J., Freeman, J. & Vining, E. P. (1995). Speech-language outcomes of hemispherectomy in children and young adults. *Brain and Language, 51,* 406–421.

Steinmetz, H., Rademacher, J., Jäncke, L., Huang, Y., Thron, A. & Zilles, K. (1990). Total surface of temporoparietal intrasylvian cortex: Diverging left-right asymmetries. *Brain and Language, 39,* 357–372.

Suchodoletz, W. v. (1992). Landau-Kleffner-Syndrom. *Kinderärztliche Praxis, 60,* 294–296.

Suchodoletz, W. v. & Heiner, A. (1994). Motometrische Untersuchungen bei Kindern mit Sprachentwicklungsstörungen. *Sprache – Stimme – Gehör, 18*, 175–178.

Suchodoletz, W. v. (1991). Primäre Sprachentwicklungsstörungen und Landau-Kleffner-Syndrom. *Zeitschrift für Klinische Medizin, 46*, 1307–1309.

Tallal, P., Jernigan, T. & Trauner, D. (1994). Developmental bilateral damage to the head of the caudate nuclei: Implications for speech-language pathology. *Journal of Speech and Language Pathology, 2*, 23–28.

Thal, D. J., Marchman, V., Stiles, J., Aram, D., Trauner, D., Nass, R. & Bates, E. (1991). Early lexical development in children with focal brain injury. *Brain and Language, 40*, 491–527.

Thomas, Ch., Altenmueller, E., Marckmann, G., Kahrs, J. & Dichgans, J. (1997). Language processing in aphasia: Changes in lateralization patterns during recovery reflect cerebral plasticity in adults. *Electroencephalography and Clinical Neurophysiology, 102*, 86–97.

Trauner, D., Wulfeck, B., Tallal, P. & Hesselink, J. (2000). Neurological and MRI profiles of children with developmental language impairment. *Developmental Medicine & Child Neurology, 42*, 470–475.

Tuchman, R. F., Rapin, I. & Shinnar, S. (1991a). Autistic and dysphasic children. I: Clinical characteristics. *Pediatrics, 88*, 1211–1218.

Tuchman, R. F., Rapin, I. & Shinnar, S. (1991b). Autistic and dysphasic children. II: Epilepsy. *Pediatrics, 88*, 1219–1225.

Tzourio, N., Heim, A., Zilbovicius, M., Gerard, C. & Mazoyer, B. M. (1994). Abnormal regional CBF response in left hemisphere of dysphasic children during a language task. *Pediatric Neurology, 10*, 20–26.

Vargha-Khadem, F., Watters, G. V. & O'Gorman, A. M. (1985). Development of speech and language following bilateral frontal lesions. *Brain and Language, 25*, 167–183.

Vargha-Khadem, F., Carr, L. J., Isaacs, E., Brett, E., Adams, Ch. & Mishkin, M. (1997). Onset of speech after left hemispherectomy in a nine-year-old boy. *Brain, 120*, 159–182.

Wada, J. A., Clarke, R. & Hamm, A. (1975). Cerebral hemispheric asymmetry in humans. *Archives of Neurology, 32*, 239–246.

Wernicke, C. (1874). *Der aphasische Symptomenkomplex: Eine psychologische Studie auf anatomischer Basis*. Breslau: Cohn und Weigert.

Whitehurst, G. J. & Fischel, J. E. (1994). Early developmental language delay: What, if anything, should the clinician do about it? *Journal of Child Psychology and Psychiatry, 35*, 613–648.

Woods, B. & Carey, S. (1979). Language deficits after apparent clinical recovery from childhood aphasia. *Annals of Neurology, 6*, 405–409.

# 3 Elektrophysiologische Befunde

Ruth Uwer

---

3.1 Einleitung
3.2 Was sind evozierte und ereigniskorrelierte Potentiale?
3.3 Akustisch evozierte Potentiale bei Kindern mit Sprachentwicklungsstörungen
3.3.1 Frühe und mittlere akustisch evozierte Potentiale
3.3.2 Späte akustisch evozierte Potentiale
3.3.3 Mismatch Negativity
3.3.4 P3
3.3.5 N400
3.3.6 ELAN, P600
3.4 Zusammenfassung und Ausblick

---

## 3.1 Einleitung

Das Verstehen von Sprache ist ein Vorgang, der normalerweise mühelos und teilweise automatisch abläuft. Wenn wir uns mit Kindern beschäftigen, die unter einer Sprachentwicklungsstörung (SES) leiden, wird deutlich, dass ein guter Teil dieser Kinder damit jedoch erhebliche Schwierigkeiten hat. Genauer besehen handelt es sich beim Sprachverstehen um einen komplexen Prozess, zu dessen erfolgreichem Ablauf eine ganz Reihe von Teilschritten notwendig ist (**Abb. 1**).

Um den pathogenetischen Hintergrund von Sprachentwicklungsstörungen bei Kindern zu verstehen, ist es wichtig zu erfahren, auf welcher Ebene des Sprachprozesses die Schwierigkeiten zu suchen sind und auf welcher Ebene sie beginnen. Falls frühe Ebenen der Sprachverarbeitung beeinträchtigt sind, so gehen wir davon aus, dass sich dies auch auf die komplexeren Verarbeitungsschritte auswirkt. Die klassischen Methoden der Sprachdiagnostik, zu denen standardisierte und informelle Testverfahren gehören, lassen nur darüber ein Urteil zu, ob z. B. ein Satz oder eine Geschichte von einem Kind richtig verstanden wurde. Dies lässt sich daraus ersehen, ob das Kind entsprechend reagiert, sei es, indem es eine Aktion mit Figuren ausführt, ein

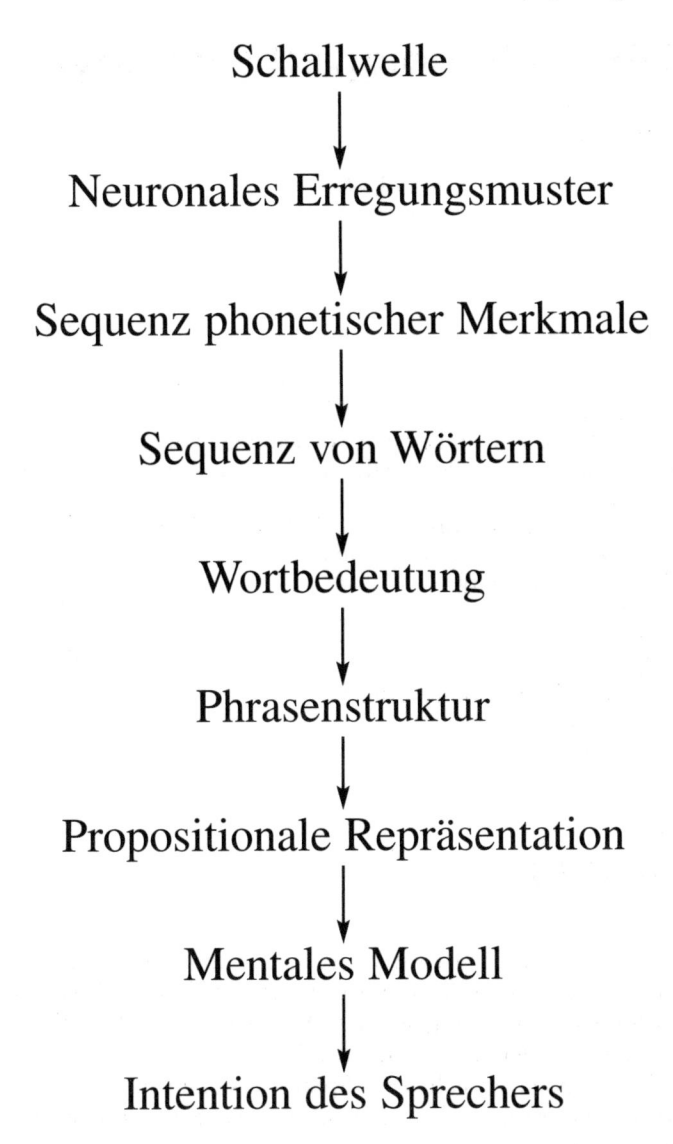

Schallwelle
↓
Neuronales Erregungsmuster
↓
Sequenz phonetischer Merkmale
↓
Sequenz von Wörtern
↓
Wortbedeutung
↓
Phrasenstruktur
↓
Propositionale Repräsentation
↓
Mentales Modell
↓
Intention des Sprechers

**Abbildung 1:** Schritte der Sprachverarbeitung

Bild auswählt oder verbal antwortet. Das bedeutet, dass sich mit Hilfe dieser Methoden nur beurteilen lässt, ob der Gesamtprozess des Sprachverständnisses erfolgreich abgelaufen ist. Über Teilschritte erfahren wir auf diese Weise nichts Genaueres. Um dieser Frage näher zu kommen, bietet die Methode der ereigniskorrelierten Potentiale (EKP) interessante Möglichkeiten. Im Folgenden soll eine kurze Einführung in diese Technik gegeben werden. Im Hauptteil des Kapitels sollen anschließend Forschungsergebnisse, die mit

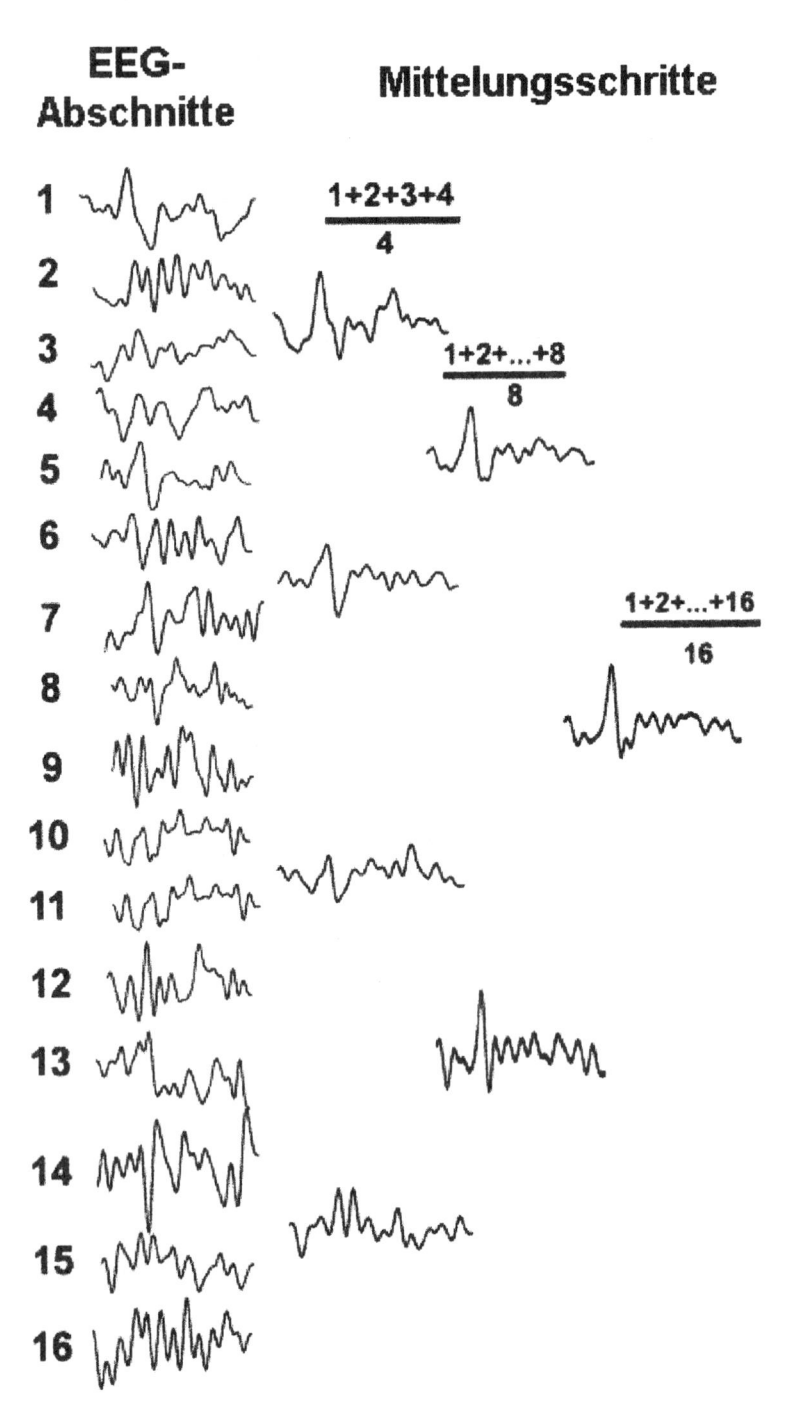

**Abbildung 2:** Prinzip der Mittelungstechnik (Mittelung einzelner EEG-Abschnitte zur Extraktion evozierter Potentiale)

Hilfe dieser Methode bei sprachentwicklungsgestörten Kindern gefunden wurden, dargestellt werden.

## 3.2 Was sind evozierte und ereigniskorrelierte Potentiale?

Als ereigniskorrelierte Potentiale werden Spannungsänderungen im Elektroenzephalogramm (EEG) bezeichnet, die in einem zeitlichen Zusammenhang (d. h. vor, gleichzeitig oder nachfolgend) zu einem Ereignis stehen, das sensorischer, motorischer oder psychischer Art sein kann, (Coles & Rugg 1996). Die Amplituden der EKPs sind geringer (1–30 µV) als die der EEG-Hintergrundaktivität und daher im fortlaufend aufgezeichneten EEG gar nicht sichtbar. Es wird aufgrund dessen eine Mittelungstechnik angewendet: Das gleiche Ereignis oder die gleiche Art von Ereignis wird viele Male dargeboten und die Messwerte der Epochen, also der Zeitabschnitte um das Ereignis herum (z. B. 100 ms vorher bis 1000 ms nachher), werden gemittelt. Dadurch werden die Komponenten, die mit dem Reiz in Zusammenhang stehen – das ereigniskorrelierte Potential – sichtbar, während die Amplituden des Spontan-EEGs – des Rauschens – sich durch die Mittelung verringern und im Idealfall gegen Null gehen (Cooper et al. 1984). Dieser Vorgang wird in **Abbildung 2** verdeutlicht.

Durch die Mittelungstechnik ergibt sich eine Kurve mit positiven und negativen Gipfeln, die als Komponenten bezeichnet werden. Sie lassen sich nach der Richtung ihres Ausschlags (positiv/negativ) sowie nach ihrer Amplitude (in µV) und Latenz (in ms) charakterisieren. Die Latenz, also der Zeitpunkt des Gipfels, lässt sich als Maß der Verarbeitungsgeschwindigkeit ansehen. Die Amplitude ist um so höher, je mehr Nervenzellen an der Generierung der Komponente beteiligt sind, d. h. sie spiegelt das Ausmaß der Aktivierung des Gehirns wider.

Im Folgenden werden wir uns auf Potentiale beschränken, die durch akustische Reize ausgelöst werden, da diese die Basis des Verstehens gesprochener Sprache darstellen. Die akustisch evozierten Potentiale werden je nach dem Zeitbereich, in dem sie auftreten, in frühe, mittlere und späte Komponenten eingeteilt. In **Abbildung 3** werden diese Potentiale dargestellt.

Im Rahmen von Experimenten mit EKPs ist es möglich, einzelne Teilschritte des Prozesses des Sprachverstehens zu untersuchen. Dies kann zum einen durch bestimmte experimentelle Anordnungen geschehen. Das heißt, das Experiment wird so gestaltet, dass der Proband zur Lösung der ihm gestellten Aufgaben nur bestimmte Teilschritte des Sprachverstehens benötigt. Zum Beispiel soll er nur Silben erkennen, unterscheiden oder einzelne Wörter beurteilen. Zum anderen wird die Untersuchung von Teilprozessen durch ein hohes zeitliches Auflösungsvermögen der Methode ermöglicht. Es lassen

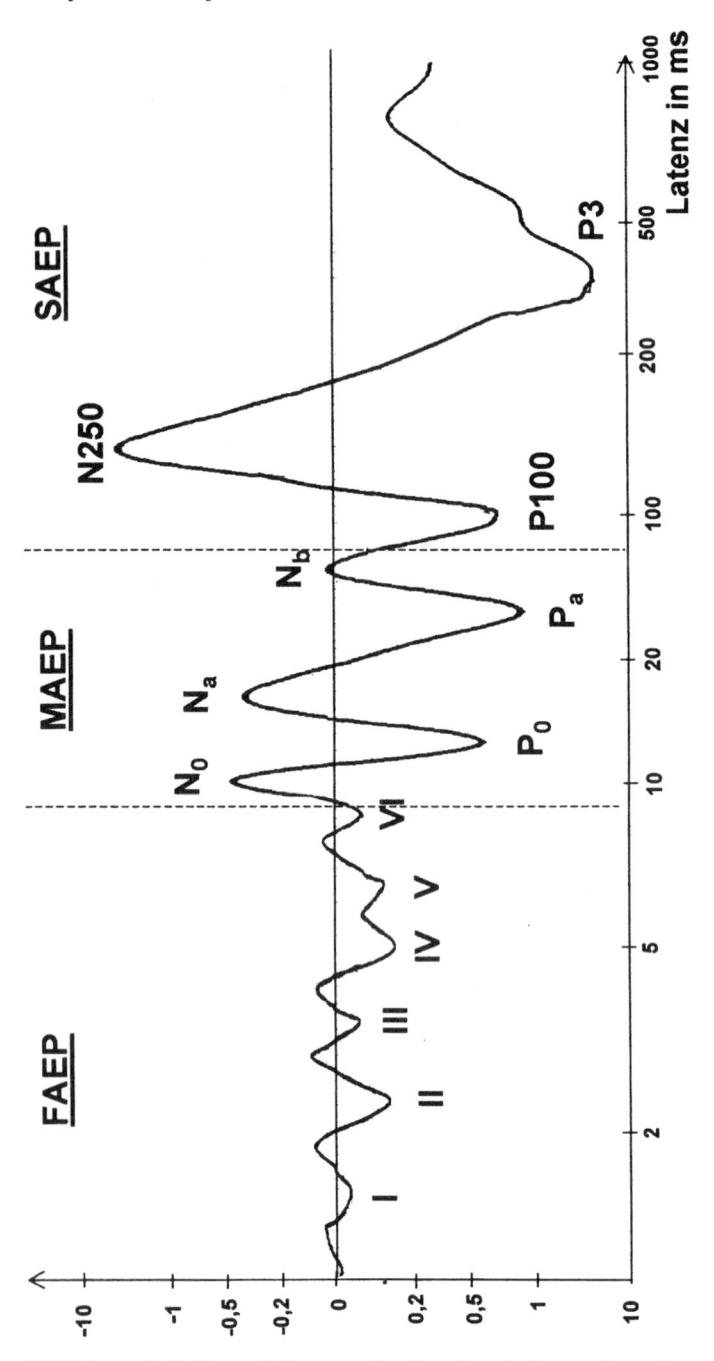

**Abbildung 3:** Frühe, mittlere und späte akustisch evozierte Potentiale

*Elektrophysiologische Befunde*

| Zentrale Verarbeitung | Evozierte Potentiale |
|---|---|
| ↓ | ↓ |
| Schallwelle | Cochleare Summations- und Mikrophonpotentiale |
| ↓ | ↓ |
| Reizaufnahme im Ohr | |
| ↓ | Frühe akustisch evozierte Potentiale |
| Reizweiterleitung im Hirnstamm | |
| ↓ | ↓ |
| Überleitung zum akustischen Kortex | Mittlere akustisch evozierte Potentiale |
| ↓ | |
| Basale Verarbeitung im primären und sekundären Kortex | ↓ |
| | Späte akustisch evozierte Potentiale |
| ↓ | ↓ |
| Sonsorisches Gedächtnis/automatische Vergleichsprozesse | Mismatch Negativity |
| ↓ | ↓ |
| Kontrollierte Verarbeitung | P 300 |

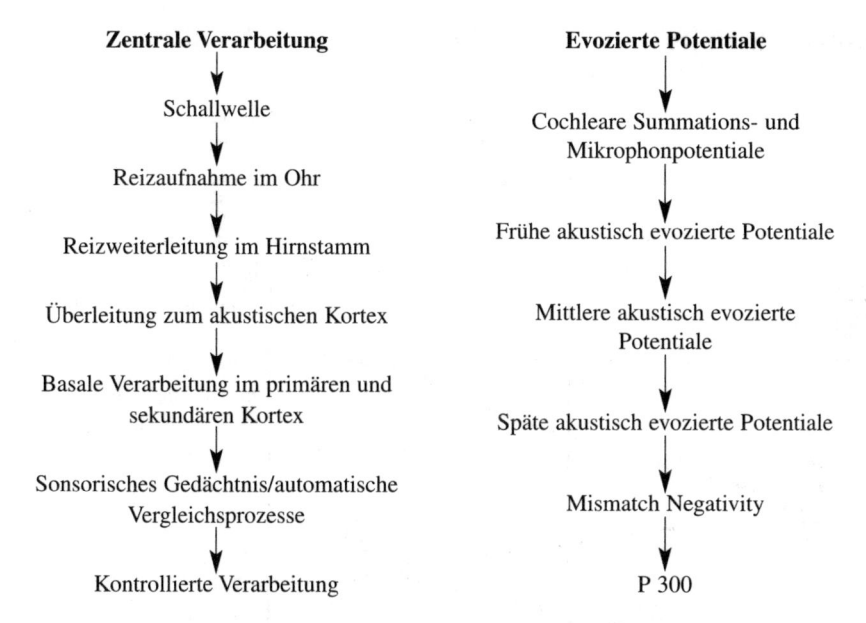

**Abbildung 4:** Schritte der zentralen auditorischen Verarbeitung und entsprechende evozierte Potentiale

sich eine ganze Reihe von Teilschritten unterscheiden, die innerhalb der ersten 1000 ms nach der Darbietung einer Silbe oder eines Wortes stattfinden. Indem diese Potentiale bei beeinträchtigten Personen (zum Beispiel bei sprachentwicklungsgestörten Kindern) und gesunden Kontrollpersonen verglichen werden, kann ersehen werden, zu welchem Zeitpunkt innerhalb des Verarbeitungsprozesses die Auffälligkeiten beginnen. Für die klinische Arbeit erhofft man sich auch Hinweise darauf, auf welcher Verarbeitungsebene die Therapie ansetzen sollte.

**Abbildung 4** gibt eine schematische Übersicht über die Schritte der zentralen Verarbeitung und die ihnen entsprechenden akustisch evozierten Potentiale in einem Zeitbereich bis etwa 300 ms. Im Folgenden werden Befunde dargestellt, die über diese Komponenten bei Kindern mit Sprachentwicklungsstörungen vorliegen.

*Ruth Uwer*

## 3.3 Akustisch evozierte Potentiale bei Kindern mit Sprachentwicklungsstörungen

### 3.3.1 Frühe und mittlere akustisch evozierte Potentiale

Die frühen und mittleren akustisch evozierten Potentiale (FAEP und MAEP) entstehen bei der Weiterleitung eines akustischen Signals vom Innenohr über die verschiedenen Kerne des Hirnstamms und Mittelhirns bis hin zur Hirnrinde. Mit Hilfe der Ableitung der FAEP lassen sich Schädigungen dieser Nervenleitung erfassen. Zudem stellen sie ein objektives Maß der Hörschwelle dar, das sich auch erheben lässt, wenn eine Person nicht motiviert oder nicht fähig ist, bei der üblichen audiometrischen Prüfung des Hörvermögens mitzuarbeiten. Die akustisch evozierten Potentiale mittlerer Latenz (etwa 8 bis 40 ms) sind bei Kindern nicht zuverlässig ableitbar. Da sie interindividuell stark variieren, besitzen die MAEP besonders im Kindesalter nur einen geringen diagnostischen Stellenwert.

Die Entstehungsorte der FAEP sind recht genau bekannt. Sie können bestimmten anatomischen Strukturen vor allem im Hirnstamm zugeordnet werden. Da die FAEP in tief gelegenen Hirnstrukturen entstehen, sind bei Ableitungen an der Kopfoberfläche ihre Amplituden stark abgeschwächt. Für die Ableitung dieser frühen evozierten Potentiale ist es deshalb notwendig, eine Vielzahl von Reizantworten zu mitteln, um ein sichtbares Signal zu erhalten. Da hierbei nur ein Zeitbereich von wenigen Millisekunden bedeutsam ist, können die Tonreize jedoch sehr schnell nacheinander dargeboten werden. So lassen sich in relativ kurzer Zeit mehrere Tausend Reizantworten mitteln.

Bei sprachentwicklungsgestörten Kindern erweisen sich frühe und mittlere akustisch evozierte Potentiale meist als unauffällig (Beagley 1971; Cohen & Rapin 1978; Grillon et al. 1989; Klein et al. 1995) oder zeigten nur geringe Unterschiede. Suchodoletz & Wolfram (1996) berichteten über leichte Latenzverlängerungen der Wellen III bis V. Auch Mason & Mellor (1984) stellten erhöhte Latenzen bei sprachgestörten Kindern fest, diese erreichten jedoch nicht das Signifikanzniveau. Insgesamt kann man also davon ausgehen, dass nur bei einzelnen sprachgestörten Kindern die Reizweiterleitung zwischen Innenohr und Kortex Auffälligkeiten zeigt, wodurch in einzelnen Studien statistisch bedeutsame Unterschiede gefunden wurden. In einem Großteil der Arbeiten wurden jedoch keine Unterschiede zwischen sprachentwicklungsgestörten und Kontrollkindern beobachtet.

### 3.3.2 Späte akustisch evozierte Potentiale

Die späten akustisch evozierten Potentiale (SAEP) treten mit einer Latenz von ca. 50 bis 150 ms auf und spiegeln die Verarbeitung physikalischer

Reizeigenschaften wie Tonhöhe, Lautstärke u. a. in den auditorischen Arealen der Hirnrinde wider. Dementsprechend sind auch die Amplituden und Latenzen dieser Potentiale weitgehend von den physikalischen Merkmalen der Reize bestimmt.

Während die FAEP und MAEP bereits innerhalb des ersten Lebensjahres ausgereift erscheinen, sind die SAEP bis ins Jugendalter erheblichen entwicklungsbedingten Veränderungen unterworfen. Die Latenzen verkürzen sich mit zunehmendem Lebensalter. Es zeigt sich darin eine erhöhte Verarbeitungsgeschwindigkeit, die zum einen durch die zunehmende Myelinisierung der Nervenfasern, die zu einer erhöhten Leitgeschwindigkeit führt, zu erklären ist. Zum anderen kommt es zu einer Zunahme der neuronalen Verschaltungen. Die Amplituden, die ein Maß der Anzahl der aktivierten Nervenzellen darstellen, nehmen während der Kindheit zunächst zu, im frühen Jugendalter gehen sie jedoch wieder zurück. Die Amplitudenreduktion im Jugendalter lässt sich durch eine stärkere Spezialisierung der Neuronenpopulationen für bestimmte Funktionen erklären. Es verändern sich jedoch nicht nur die Amplituden und Latenzen der SAEP, es kommen auch neue Potentiale hinzu, während andere zurücktreten. Dadurch bieten die SAEP bei Kindern ein anderes Bild als bei Erwachsenen.

Bei Kindern sind bis zu einem Alter von etwa elf bis zwölf Jahren meist zwei ausgeprägte Komponenten zu beobachten, ein positiver Gipfel bei etwa 100 ms (P100) und ein negativer Gipfel bei etwa 250 ms (N250) (**Abb. 5**). Die zuletzt genannte Komponente wird teilweise mit der N1, teilweise mit der N2 bei Erwachsenen gleichgesetzt.

Wie bei der Ableitung der FAEP und MAEP wird den Probanden auch bei der Ableitung der SAEP keine bestimmte Aufgabe gestellt, sondern es werden die Reizantworten lediglich beim passiven Zuhören gemittelt.

Bei sprachentwicklungsgestörten Kindern fand bislang die negative Komponente der SAEP die meiste Beachtung. Neben Latenz und Amplitude wurde auch untersucht, ob sich Maße der Hemisphärenasymmetrie (also Differenzen zwischen rechter und linker Seite) bei sprachgestörten und gesunden Kindern unterscheiden (Dawson et al. 1989).

Die Ergebnisse der vorliegenden Studien sind uneinheitlich. Mehrfach wurden verlängerte Latenzen (Tonnquist-Uhlén et al. 1996) festgestellt, oft in Abhängigkeit vom Ableitort und/oder dem Abstand zwischen den Reizen (Lincoln et al. 1995, Klein et al. 1995, Neville et al. 1993). Abweichende N1- bzw. N250-Amplituden fanden sich zwar in einzelnen Untersuchungen, jedoch war die Richtung der Abweichung nicht einheitlich. Während Mason & Mellor (1984) erhöhte Amplituden bei sprachentwicklungsgestörten Kindern fanden, waren die Amplituden in der Arbeit von Korpilahti & Lang (1994) bei den sprachentwicklungsgestörten Kindern reduziert. Andere Autoren wiederum stellten keine Gruppenunterschiede hinsichtlich der Amplituden fest (Dawson et al. 1989). Zusätzlich gibt es Hinweise für eine abweichende Hemisphärenasymmetrie (Mason & Mellor 1984, Dawson et al. 1989) bzw. eine allgemein abweichende Topographie der negativen Komponente (Tonnquist-Uhlén et al. 1996).

# Späte akustisch evozierte Potentiale im Kindesalter

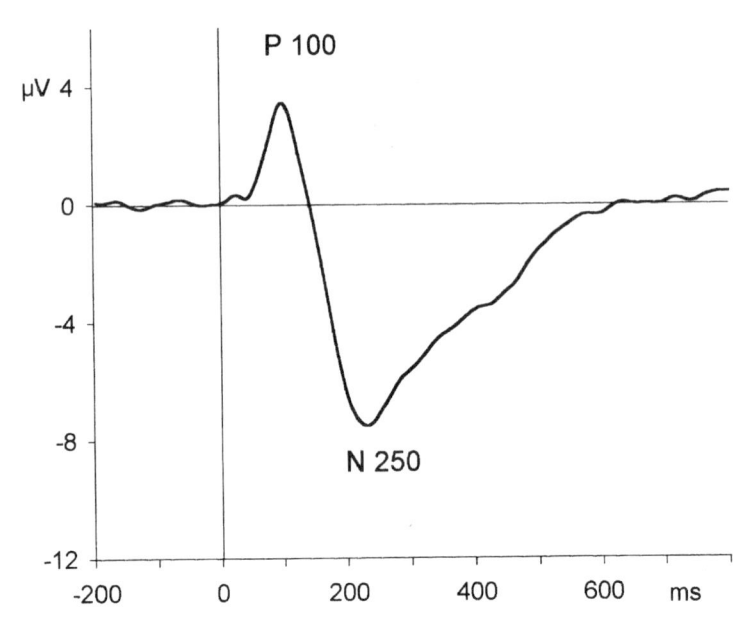

**Abbildung 5:** Späte akustisch evozierte Potentiale im Kindesalter

Wir untersuchten in unserem Labor die Amplituden und Latenzen der Potentiale P100 und N250 auf reine Sinustöne. Die Potentiale wurden dazu mit Elektroden an der Kopfoberfläche abgeleitet und an ihrem Maximum über der Scheitelregion vermessen. Die von der Kopfoberfläche abgeleiteten SAEP entstehen durch eine Überlagerung der Aktivität der primären und sekundären akustischen Hirnrinde. Um die an den Wahrnehmungsprozessen beteiligten kortikalen Strukturen getrennt beurteilen zu können, führten wir zusätzlich eine Dipolquellenanalyse durch, mit der sich die einzelnen Komponenten des komplexen Potentials isolieren lassen. Zur Dipolquellenanalyse setzten wir das Programmpaket BESA (Brain Electrical Source Imaging, Scherg et al. 1989) ein. Dabei wird unter Zuhilfenahme bestimmter Vorannahmen berechnet, in welchen Gehirnregionen die Quellen der an der Oberfläche abgeleiteten Potentiale lokalisiert sind. Jeder Dipol in den berechneten Modellen repräsentiert die bioelektrische Aktivität in einem eng umschriebenen Bereich der Hirnrinde.

Während der Untersuchung hörten die Kinder Sinustöne (1000 Hz, 175 ms Dauer), die in einem Abstand von 1 s dargeboten wurden. Das EEG wurde mit 23 Elektroden abgeleitet und die Reizantworten in der oben be-

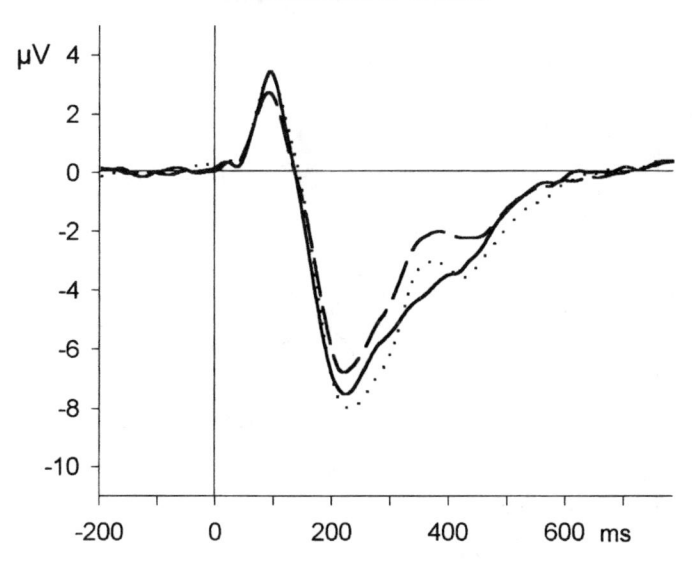

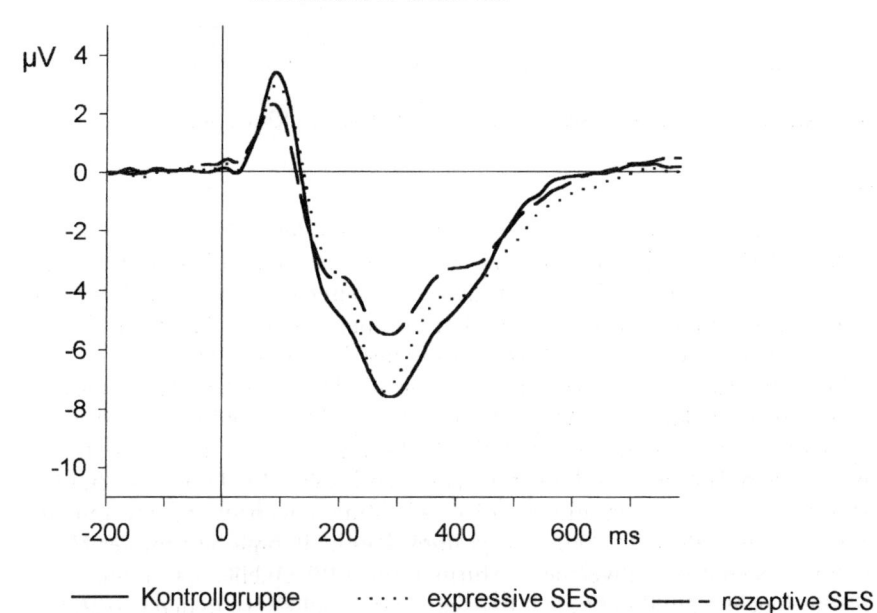

**Abbildung 6:** Späte akustisch evozierte Potentiale auf Töne (1000 Hz) und Silben (»da«) bei sprachentwicklungsgestörten und unauffälligen Kindern

**Vorschulalter** **Erwachsenenalter**

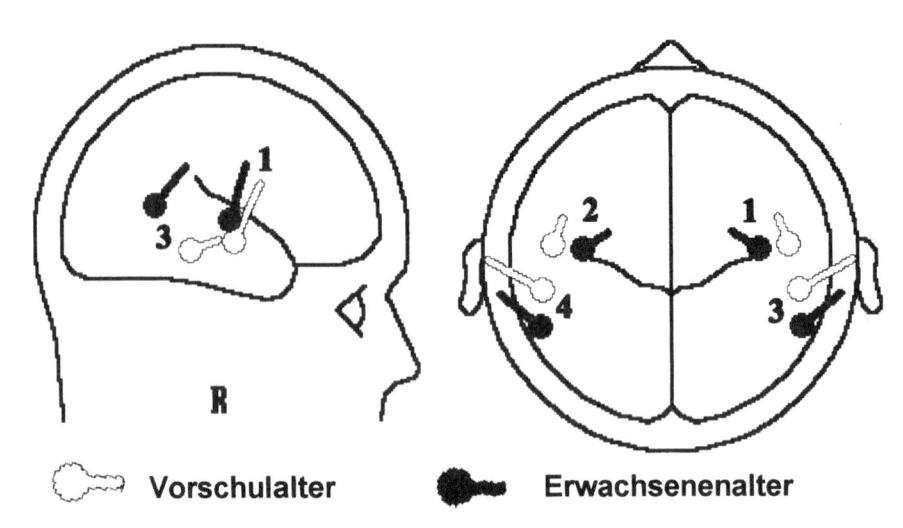

**Abbildung 7:** Generatoren später akustisch evozierter Potentiale im Kindes- und Erwachsenenalter

schriebenen Weise für Zeitabschnitte von 200 ms vor Reizbeginn bis 800 ms danach gemittelt. An der Untersuchung nahmen jeweils 21 Kinder mit einer expressiven bzw. rezeptiven Sprachentwicklungsstörung und 21 nach dem Alter parallelisierte Kontrollkinder teil. Es wurden nun die Parameter der Oberflächenpotentiale und die Ergebnisse der Quellenanalyse für die drei Kindergruppen miteinander verglichen. Der Vergleich der Oberflächenkomponenten mit Hilfe einer Varianzanalyse zeigte keine Gruppenunterschiede (**Abb. 6**).

Die Dipolquellenanalyse ergab, dass die späten akustisch evozierten Potentiale in den gleichen Hirnarealen generiert werden wie im Erwachsenenalter. Es ließen sich zwei unterschiedliche Dipolquellen nachweisen, die sich auch in ihrer Orientierung unterschieden.

Abbildung 7 zeigt, dass die Generatoren der späten akustisch evozierten Potentiale im Bereich des primären und sekundären akustischen Kortex lokalisiert sind. In allen Untersuchungsgruppen waren dieselben Strukturen an der Verarbeitung der akustischen Reize beteiligt. Wie in **Abbildung 8** deutlich wird, stimmen die Dipolquellen der SAEP bei sprachunauffälligen und sprachgestörten Kindern sowohl hinsichtlich der Lokalisation und Orientierung als auch der Aktivitätsverläufe fast exakt überein. Um einen statistischen Vergleich zu ermöglichen, wurden die Amplituden und Latenzen der Maxima und Minima der kortikalen Aktivierungsverläufe der einzelnen Quellen bestimmt. In der Aktivität des primären akustischen Kortex von Kindern finden sich zwei bedeutsame Peaks, eine Positivität bei ca. 100 ms und eine Negativierung bei ca. 250 ms. Der sekundäre Kortex zeichnet sich durch eine Abfolge von Positivität, Negativität und wiederum Positivität aus. Im Verlauf der elektrischen Aktivität finden sich keine Unterschiede

*Elektrophysiologische Befunde*

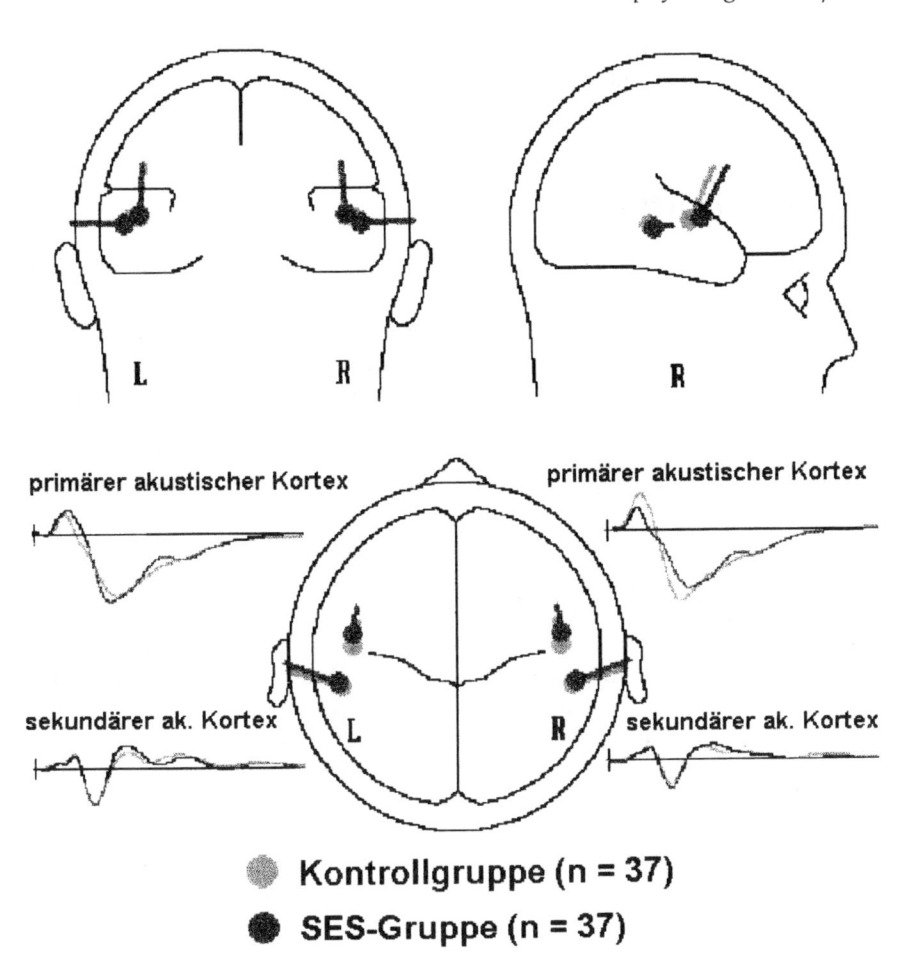

**Abbildung 8:** Quellen der späten akustisch evozierten Potentiale im primären und sekundären auditorischen Kortex bei sprachentwicklungsgestörten und unauffälligen Kindern

zwischen sprachunauffälligen und sprachentwicklungsgestörten Kindern. Zwischen den Subgruppen der vornehmlich rezeptiv bzw. expressiv gestörten Kinder sind ebenfalls keine Unterschiede feststellbar. Insgesamt ließen sich auch mit der Varianzanalyse weder hinsichtlich der an der Oberfläche abgeleiteten Potentiale noch der Dipolquellen Unterschiede zwischen den Gruppen nachweisen.

Zusammenfassend lässt sich also sagen, dass die späten akustisch evozierten Potentiale bei sprachentwicklungsgestörten Kindern weitgehend unauffällig sind. Allenfalls kann eine gewisse Verlangsamung der Reizverarbeitung angenommen werden. Insgesamt spricht dies für eine regelrechte Verarbeitung nonverbaler akustischer Informationen in der primären und sekundären akustischen Hirnrinde.

### 3.3.3 Mismatch Negativity

Die Mismatch Negativity (MMN) ist eine Komponente des späten akustisch evozierten Potentials, die bei Erwachsenen üblicherweise in einem Zeitbereich von 150 bis 200 ms – bei Kindern etwas später – auftritt. Sie stellt das Ergebnis eines automatischen Vergleichsprozesses zwischen akustischen Reizen dar. Die MMN lässt sich hervorrufen, indem in eine Reihe von zahlreichen identischen Reizen einzelne, abweichende Töne in zufälliger Reihenfolge eingestreut werden. Diese Versuchsanordnung wird auch als Oddball-Paradigma bezeichnet. Die abweichenden Töne (deviants) können sich hinsichtlich Tonhöhe, -dauer, -intensität usw. unterscheiden. Es können auch verschiedene Reizmuster oder sprachliche Reize wie Vokale oder Konsonant-Vokal-Silben verwendet werden. Im Vergleich zu der Antwortkurve auf den Standardreiz kommt es zu einer stärkeren Negativierung der Antwortkurve auf den Deviantreiz. Die MMN wird am besten durch Bildung einer Differenzkurve zwischen Standard- und Deviantreiz dargestellt (**Abb. 9:** untere Kurve). Der Vergleichsprozess ist weitgehend unabhängig von der Aufmerksamkeit der Probanden und kann daher als automatisch bezeichnet werden. Bei der Ableitung ist es deshalb nicht erforderlich, dass die Kinder auf die Töne achten.

Wie mit Hilfe unterschiedlicher Methoden (Dipolquellenanalyse, Magnetenzephalographie, Ableitungen direkt vom Hirn bei Tieren und während Operationen beim Menschen) festgestellt wurde, lässt sich die MMN im Wesentlichen auf zwei Aktivitätsquellen zurückführen. Die eine Quelle liegt im Schläfenlappen im auditorischen Kortex. Eine zweite nur schwach ausgeprägte Quelle befindet sich im Stirnhirn. Diese ist möglicherweise Ausdruck einer unwillkürlichen Aufmerksamkeitszuwendung.

Aufgrund der Tatsache, dass es sich bei der Ableitung der MMN um ein passives Paradigma handelt, kann sie als eine geeignete Methode zur Untersuchung der Diskriminationsfähigkeit bei sprachentwicklungsgestörten Kindern angesehen werden. Diese Kinder leiden häufig auch unter Aufmerksamkeitsproblemen oder haben Schwierigkeiten, Aufgabeninstruktionen auf Anhieb zu erfassen. Es ist damit ein Maß der Diskriminationsfähigkeit gegeben, das unabhängig vom Faktor Aufmerksamkeit ist. Die Vermischung der eigentlichen Unterscheidungsfähigkeit akustischer Reize mit dem Effekt der Aufmerksamkeit stellt ein schwerwiegendes Problem bei der Untersuchung der auditiven Diskriminationsfähigkeit mit Hilfe üblicher neuropsychologischer Testverfahren dar.

Aus der Literatur liegen Hinweise aus der finnischen Arbeitsgruppe um Korpilahti und Lang (Korpilahti & Lang 1994, Holopainen et al. 1997) vor, dass bei sprachentwicklungsgestörten Kindern ein Defizit bei der automatischen Differenzierung von Tönen besteht. Sie fanden bei diesen Kindern verringerte MMN-Amplituden auf Töne mit abweichender Frequenz. Aus zahlreichen Studien auf der Verhaltensebene (Tallal & Piercy 1974, 1975, Elliott et al. 1989) wissen wir, dass sprachentwicklungsgestörte Kinder Schwierigkeiten haben, Konsonant-Vokal-Silben, die durch einen schnellen spektralen Wechsel vor dem Vokal gekennzeichnet sind, zu unterscheiden. Bisher liegen noch keine Untersuchungen vor, die bei sprachentwicklungsgestörten Kindern die MMN auf solche unterschiedlichen Phoneme abgeleitet hätten. Wir wollten daher prüfen, ob sprachentwicklungsgestörte Kinder auch auf der Ebene der automatischen Verarbeitung von Silben Defizite aufweisen. Dies würde sich in einer verminderten MMN zeigen. Im Folgenden sollen die Ergebnisse eines MMN-Experimentes dargestellt werden, das in unserem Labor durchgeführt wurde.

Als Stimulusmaterial dienten in dieser Studie Sinustöne mit einer Frequenz- und einer Dauerabweichung (Standard: 1000 Hz, 175 ms; Frequenzdeviant: 1200 Hz; Dauerdeviant: 100 ms) und digitalisierte Konsonant-Vokal-Silben. In der Tonbedingung waren 15 % der Reize 200 Hz höher als der Standardton, jedoch ebenso lang, 15 % waren ebenso hoch, jedoch 75 ms kürzer als der Standard. In der Silbenbedingung stellte die Silbe »da« den Standardreiz (70 %) dar, die Silben »ba« und »ga« bildeten die Deviantreize (je 15 %). Diese Silben weisen vor Beginn des Vokals einen schnellen Wechsel des Frequenzspektrums auf (Formantentransition). Sie unterscheiden sich durch den Artikulationsort des Verschlusslautes voneinander. Die Kinder wurden vor der Ableitung instruiert, die Reize zu ignorieren. Zur Ablenkung konnten sie sich einen Videofilm (ohne Ton) ansehen.

An der Untersuchung nahmen drei Gruppen von je 21 Kindern im Alter von fünf bis zehn Jahren teil. Neben der altersparallelisierten gesunden Kontrollgruppe leiteten wir die MMN bei je einer Gruppe von Kindern mit einer expressiven und einer rezeptiven Sprachentwicklungsstörung ab. Expressiv sprachentwicklungsgestörte Kinder zeichnen sich vor allem durch Dysgrammatismus und einen eingeschränkten Wortschatz aus, während ihr Sprachverständnis höchstens leicht beeinträchtigt ist. Von einer rezeptiven SES wird gesprochen, wenn ausgeprägte Sprachverständnisschwierigkeiten vorliegen, die aktive Sprache ist bei diesen Kindern üblicherweise ebenfalls eingeschränkt. Die Diagnosen wurden nach den Kriterien der ICD 10 (Diagnosegruppen F80.1 und F80.2) gestellt. Die Kinder der expressiven Gruppe hatten im Untertest IS (*Imitieren grammatischer Strukturformen*) des Heidelberger Sprachentwicklungstests (Grimm & Schöler 1991), den wir als Maß der aktiven Sprachfähigkeit verwendeten, einen Wert, der mindestens 1,5 Standardabweichungen unter dem Altersmittel lag, jedoch einen unauffälligen Wert im Subtest VS (*Verstehen grammatischer Strukturformen*). Dieser Untertest diente als Maß des Sprachverständnisses. Die rezeptiv sprachgestörten Kinder zeigten entsprechend eine Abweichung von mindestens 1,5 Standardabweichungen vom Mittel im Subtest VS. Alle Kinder verfügten über einen normalen nonverbalen IQ. Das bedeutet, sie erreichten mindestens einen Wert von 85 auf der nonverbalen Skala des K-ABC (Mel-

## Reizantwort auf Standard- und Deviantreiz mit Differenzkurve

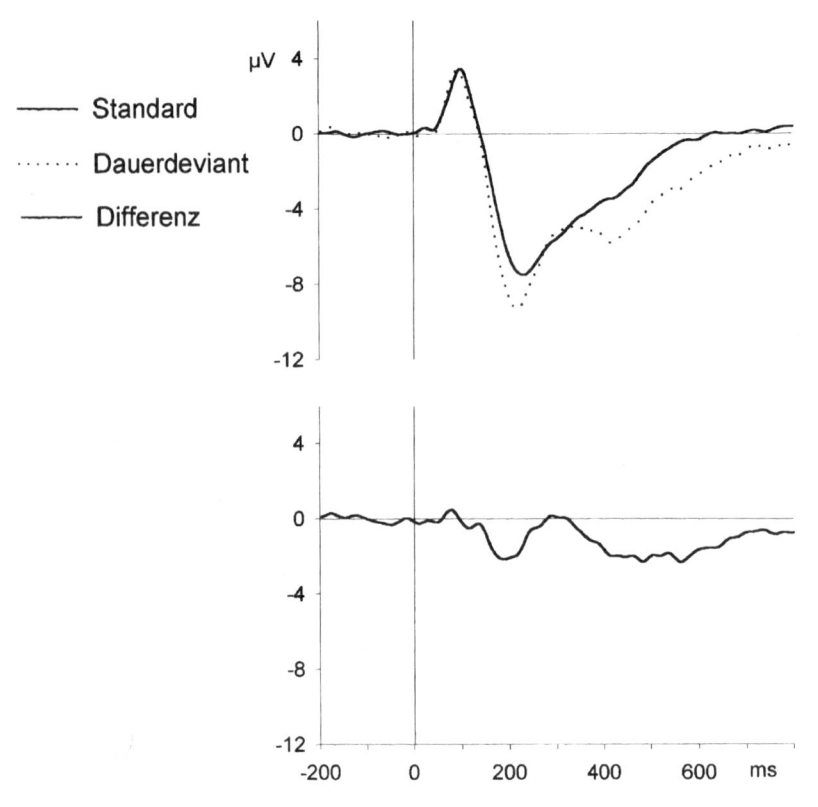

**Abbildung 9:** Reizantworten auf einen Standardreiz und einen abweichenden Tonreiz (oben) mit Differenzkurve (unten) bei altersgerecht entwickelten Kindern

chers & Preuß 1991). Außerdem zeigten alle Kinder ein normales Hörvermögen. Neurologisch erkrankte Kinder sowie Kontrollkinder mit ausgeprägten psychischen Problemen oder Verhaltensauffälligkeiten (erfasst mit Hilfe des CBCL, Arbeitsgruppe Deutsche Child Behavior Checklist 1993) wurden ebenfalls ausgeschlossen.

Bei den Kindern wurde das EEG von 23 Elektroden abgeleitet und mit Hilfe der oben skizzierten Mittelungstechnik ausgewertet (Uwer, Albrecht & v. Suchodoletz in Vorbereitung). Es werden hier nur die Ergebnisse der frontal-zentralen Ableitelektrode, an der die MMN meist am deutlichsten sichtbar wird, beschrieben. **Abbildung 9** zeigt im oberen Teil die Reizantworten auf den Standard- und Deviantreiz mit einer Frequenzabweichung für die Kinder der Kontrollgruppe. Beide Kurven zeigen die oben beschriebenen charakteristischen Komponenten P100 und N250. Im negativen Gipfel der

*Elektrophysiologische Befunde*

## MMN auf Tonabweichungen

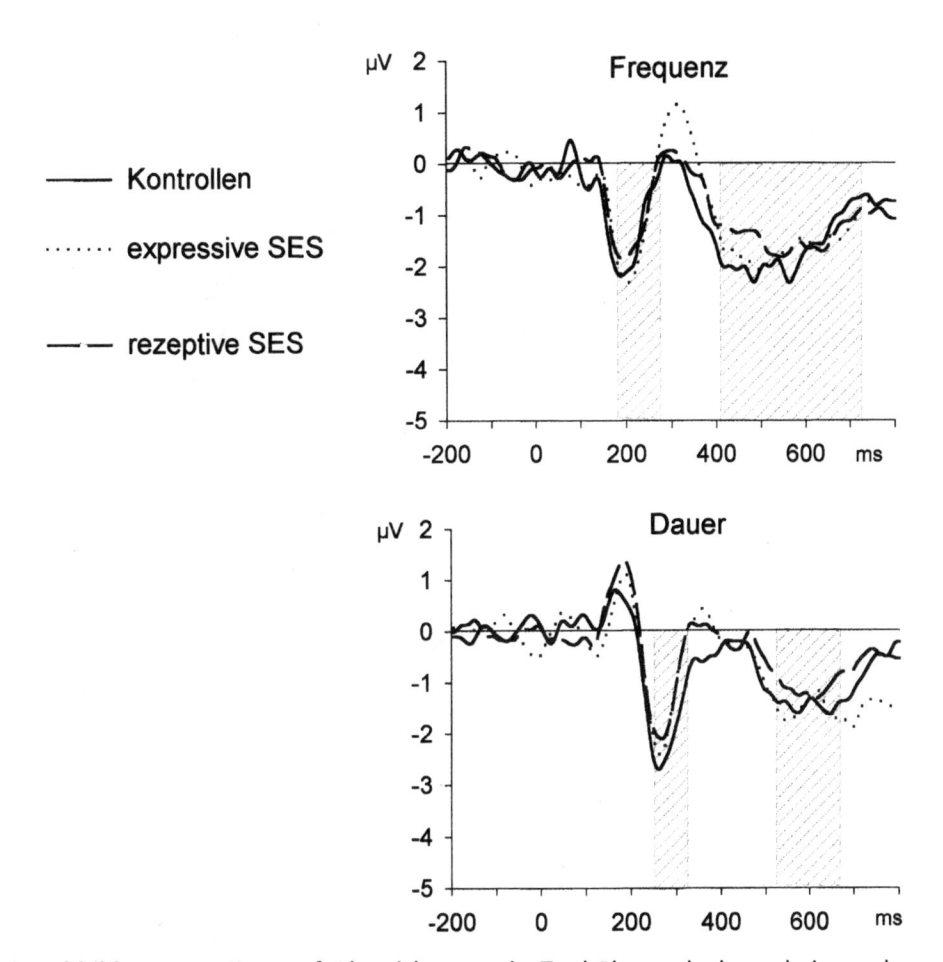

**Abbildung 10:** MMN auf Abweichungen in Tonhöhe und -dauer bei sprachentwicklungsgestörten und unauffälligen Kindern

Deviantkurve überlagern sich die Komponente N250 des SAEP, die die Analyse der physikalischen Reizeigenschaften widerspiegelt, und die MMN, die die Reaktion auf die Reizabweichung darstellt. Darunter ist die MMN allein, wie sie anhand der Differenzbildung deutlich wird, dargestellt. An dieser Kurve sind zwei Gipfel der Negativierung festzustellen: eine Negativierung mit klarem Gipfel zwischen 200 und 300 ms gefolgt von einer breiteren Negativierung. Während der erste Gipfel die »klassische« MMN darstellt, ist die psychophysiologische Bedeutung der zweiten Komponente, die sich insbesondere bei Untersuchungen an Kindern regelmäßig beobachten lässt, noch umstritten.

## MMN auf unterschiedliche Silben

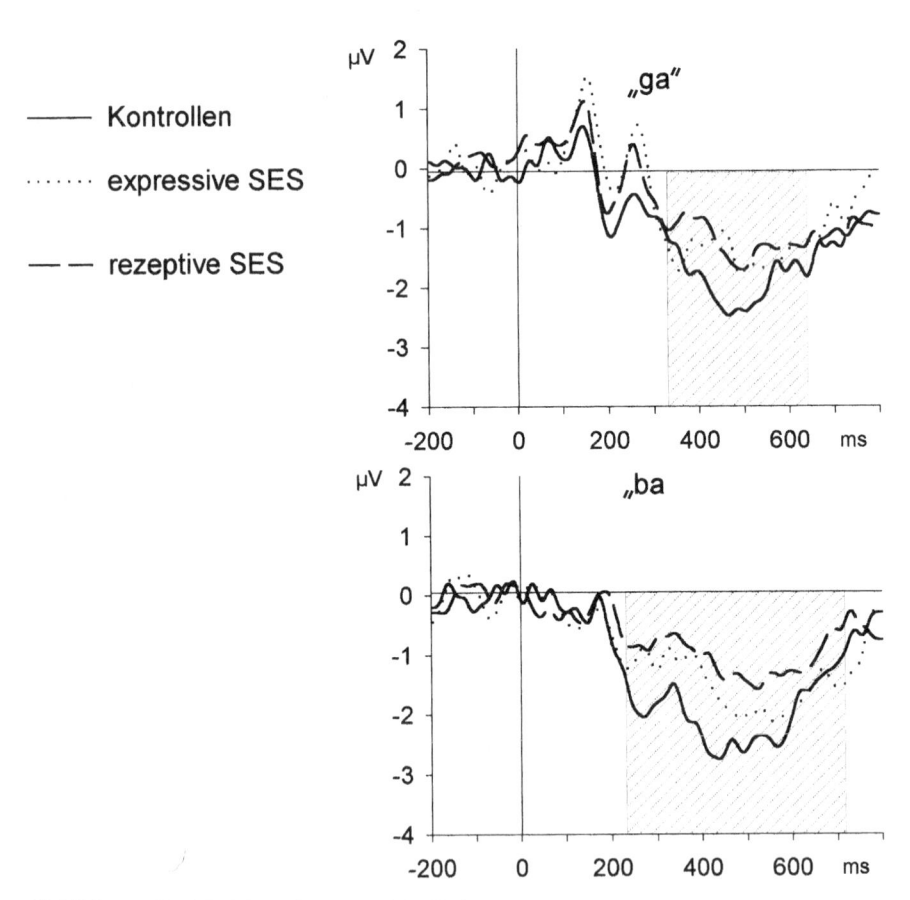

**Abbildung 11:** MMN auf unterschiedliche Konsonant-Vokalsilben bei sprachentwicklungsgestörten und unauffälligen Kindern

In **Abbildung 10** ist der Vergleich der MMN-Kurven (Differenzkurven) der Kontrollgruppe mit den beiden Patientengruppen für die Tonbedingung zu sehen. Es fallen hierbei keine wesentlichen Unterschiede ins Auge.

Die MMN-Antworten in der Silbenbedingung zeigen insgesamt eine breitere Negativierung (**Abb. 11**), die genannten zwei MMN-Komponenten deuten sich nur in der Antwort auf die Silbe »ga« an, während sie in den Antworten auf die Silbe »ba« zu einer einzigen lang gezogenen Komponente verschmolzen sind. Diese Unterschiede sind wohl durch die höhere Komplexität des sprachlichen Reizmaterials zu erklären.

Vergleicht man die MMN-Kurven in der Silbenbedingung zwischen den

*Elektrophysiologische Befunde*

drei Kindergruppen, so werden Differenzen zwischen diesen Gruppen deutlich. Die Kontrollgruppe zeigt jeweils die höchsten MMN-Amplituden, während die »flachsten« Kurven in der Gruppe der rezeptiv sprachgestörten Kinder zu finden sind. Für die statistische Auswertung dienten die Mittelwerte der Amplituden über bestimmte Zeitabschnitte als Maß der MMN. Dazu wurde zunächst mit Hilfe von t-Tests geprüft, in welchen Zeitbereichen die MMN-Kurven (über alle Kinder gemittelt) signifikant von Null abweichen. Das bedeutet, dass in diesen Zeitabschnitten, die in den Abbildungen 10 und 11 schraffiert dargestellt sind, ein signifikanter Unterschied zwischen Standard- und Deviantkurve besteht. Daraus ergaben sich in der Tonbedingung jeweils zwei Zeitfenster, in der Silbenbedingung jeweils ein größeres Zeitintervall. Die statistische Auswertung wurde mit Hilfe von Varianzanalysen für die beiden Reizbedingungen vorgenommen. Dabei ergaben sich keine signifikanten Gruppenunterschiede in der Tonbedingung, während in der Silbenbedingung ein signifikanter Einfluss des Faktors Diagnosegruppe auftrat ($p = .028$). Dieser Unterschied war vor allem auf die Differenz zwischen der Kontrollgruppe und den beiden Gruppen von sprachentwicklungsgestörten Kindern (zusammengenommen) zurückzuführen. Die rezeptiv und expressiv sprachgestörten Kinder unterschieden sich nicht signifikant voneinander, auch wenn die rezeptiv sprachgestörten Kinder numerisch die geringsten MMN-Amplituden zeigten. Somit konnte die statistische Analyse den visuellen Eindruck der Abbildungen weitgehend bestätigen.

Aus den Ergebnissen dieses Experimentes lässt sich schlussfolgern, dass Kinder mit einer Sprachentwicklungsstörung unter einem spezifischen Defizit bei der automatischen Diskrimination bestimmter sprachlicher Reize leiden. Hingegen scheinen sie in der automatischen Unterscheidung einfacher Töne hinsichtlich Tonhöhe bzw. Tondauer nicht beeinträchtigt zu sein. Dabei sind expressiv und rezeptiv sprachgestörte Kinder von ähnlichen Wahrnehmungsdefiziten betroffen.

### 3.3.4 P3

Die P3 ist ein endogenes Potential. Endogene Potentiale spiegeln subjektive Reaktionen auf einen Reiz wider. Exogene Potentiale hingegen, wie die weiter oben besprochenen frühen bis späten akustisch evozierten Potentiale, werden überwiegend durch physikalische Reizeigenschaften beeinflusst. Eine P3 tritt nach jedem Reiz auf, dem subjektiv eine Bedeutung beigemessen wird. Die psychischen Prozesse, die der P3 zugrunde liegen, sind im Detail ungeklärt. Es wird vermutet, dass die P3 Ausdruck ist für das Erkennen einer Information (Rösler 1982) bzw. eine Integration neuer Informationen in den Kontext ermöglicht (Donchin 1981). In letzter Zeit wird die Hypothese diskutiert, dass das neurophysiologische Korrelat der P3 in einer Vorbereitung von Gedächtnisprozessen besteht (Verleger 1998). Demnach wird mit der P3 die Aktivität von neuronalen Netzen gemessen, die Informationen so vorbereiten, dass sie im Hippocampus verarbeitet und damit im Gedächtnis ablegt werden können.

Die P3 besteht aus mindestens zwei Komponenten, der P3a und P3b, die an unterschiedlichen Stellen im Gehirn entstehen. Die Generatoren der P3 sind im Vergleich zu den Quellen der vorher besprochenen Potentiale weniger eng begrenzt. Eine P3a ist ableitbar, wenn ein Reiz überraschend auftritt und nicht gut kategorisiert werden kann. Sie scheint Ausdruck der Aktivierung neuronaler Strukturen zu sein, die bei Orientierungsreaktionen anspringen. Stirnhirn und Hippocampus werden als Ursprungsort angesehen. Die P3b wird häufig als die eigentliche P3 angesehen. Dipolquellenanalysen haben Generatoren im Scheitelhirn und im Bereich des Wernicke-Sprachzentrums isolieren können. Bei Patienten mit einer Wernicke-Aphasie ist eine P3b nicht mehr auszulösen. Das Auftreten einer P3b scheint demzufolge mit Verbalisierungsprozessen in Verbindung zu stehen.

Eine Auswertung der P3 erfolgt, wie bei anderen Potentialen auch, indem Latenz und Amplitude des Maximums vermessen werden. Die Latenz gibt an wie viel Zeit benötigt wird, um einen Reiz zu erkennen und zu kategorisieren. Sie spiegelt die Anzahl der Strukturebenen, die durchlaufen werden müssen, wider. Die Amplitude ist mehr ein Maß dafür wie ausgeprägt die kognitive Anstrengung zur Verarbeitung des Reizes ist.

Die Ableitung der P3 erfolgt ähnlich wie die der MMN in einem Oddball-Paradigma mit zwei unterschiedlichen Reizen. Im Gegensatz zur MMN-Ableitung, bei der die Kinder auf die Reize nicht zu achten brauchen und während der Untersuchung abgelenkt werden (z. B. mit einem Videofilm), sollen sie sich bei der P3-Ableitung auf den seltener auftretenden Reiz konzentrieren und so schnell wie möglich reagieren (z. B. mit Knopfdruck). Man spricht daher von kontrollierter Reizverarbeitung, die der automatischen Verarbeitung folgt (**Abb. 4**). Wenn der zu beachtende Reiz erkannt wird, kommt es zu einer Positivierung in der EKP-Antwortkurve, die in der Regel 300 bis 600 ms nach dem Reiz ihr Maximum erreicht (**Abb. 12**).

Die Ableitung einer P3 kann mit akustischen und mit visuellen Reizen erfolgen. Von sprachentwicklungsgestörten Kindern ist bekannt, dass sie Schwierigkeiten bei kognitiven Prozessen haben, die zur Generierung der P3 beitragen, wie z. B. Verbalisierungsprozessen, auditiver Merkfähigkeit und selektiver Aufmerksamkeit. Eine Untersuchung der P3 lässt somit Hinweise auf zugrunde liegende Schwächen erwarten. Wenn sowohl die akustisch als auch die visuell evozierte P3 beurteilt werden, ist zu ersehen, ob sprachgestörte Kinder spezifische Defizite bei der Verarbeitung akustischer Signale haben oder ob es sich eher um eine generelle Wahrnehmungsschwäche handelt. In Kombination mit der Ableitung früherer, automatischer Komponenten kann eingeschätzt werden, ob bei sprachentwicklungsgestörten Kindern besondere Probleme bei der kontrollierten Reizverarbeitung bestehen oder ob Defizite bereits auf früheren Analyseebenen anzusiedeln sind.

Courchesne et al. (1989) beschrieben bei sprachentwicklungsgestörten Kindern eine vergrößerte P3-Komponente. Erhöhte P3-Amplituden traten jedoch nur bei einem Reizabstand von 1 s auf. Bei einer schnelleren Präsen-

*Elektrophysiologische Befunde*

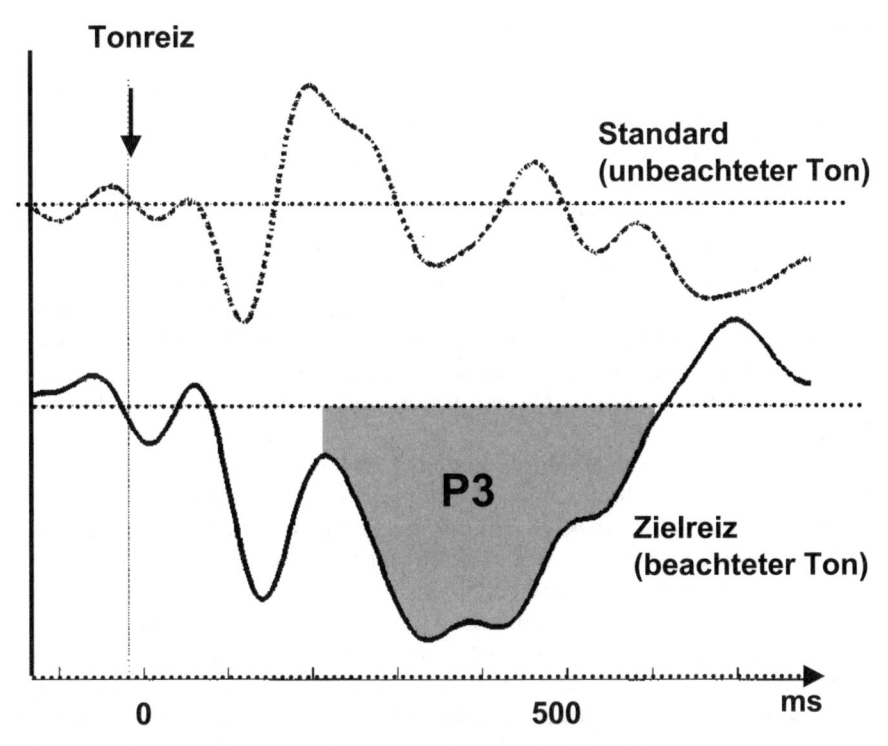

**Abbildung 12:** Akustisch evozierte P3 eines achtjährigen Jungen mit einer expressiven Sprachentwicklungsstörung

tationsrate nahmen die Amplituden ab. Dieses Ergebnis könnte in dem Sinne interpretiert werden, dass sprachentwicklungsgestörte Kinder besondere Mühe zur Bewältigung einer akustischen Aufgabe aufbringen müssen und daher die höhere Anzahl aktivierter Neuronen zu einer höheren Amplitude führt. Dafür spricht, dass sprachentwicklungsgestörte Kinder sich hinsichtlich der Verhaltensmaße (z. B. Fehlerzahl) nicht von unauffällig entwickelten Kindern unterschieden. Wenn jedoch die Präsentationsrate erhöht wurde, also eine schnellere Reizverarbeitung erforderlich war, brach dieser Kompensationsmechanismus zusammen und es kam zu einer Abnahme der Amplitude. Allerdings waren die Ergebnisse späterer Studien widersprüchlich. Lincoln et al. (1993) beobachteten gleichfalls eine Erhöhung der Amplitude, während Neville et al. (1993) keine Veränderung sahen und Dawson et al. (1989) eine Amplitudenreduktion. Die Widersprüchlichkeit der Ergebnisse ist möglicherweise durch die unterschiedliche Zusammensetzung der Kindergruppen und durch verschiedene Untersuchungsbedingungen hervorgerufen. Während Arbeitsgruppen, die eine Vergrößerung der Amplituden beobachteten, ältere Kinder untersuchten, waren die sprachgestörten Kinder, die von der Arbeitsgruppe um Dawson in die Studie einbezogen worden waren, wesentlich jünger. Dies spricht für eine Altersabhängigkeit der Befunde und dafür, dass Kompensationsmechanismen zu einer Veränderung der zerebralen Verarbeitungsstrategien führen.

Neuropsychologische Befunde zeigen, dass sprachentwicklungsgestörte Kinder Schwächen bei der akustischen Merk- und Konzentrationsfähigkeit haben, nicht jedoch bei der visuellen. Um zu klären, ob sich die umschriebenen kognitiven Einschränkungen durch eine P3-Untersuchung objektivieren lassen, wurden in unserem Labor die akustische und die visuelle P3 bei Kindern mit einer Sprachentwicklungsstörung abgeleitet. Die Untersuchung wurde als Spiel gestaltet, das »Schweinchen jagen« genannt wurde. Auf dem Bildschirm erschien als häufiger Reiz (80 %) ein Känguruh. Immer wenn ein Schweinchen – der seltene Reiz (20 %) – eingeblendet wurde, sollten die Kinder möglichst schnell mit Knopfdruck reagieren. Vergleichbar wurde die akustische Untersuchung mit einem hohen und einem tiefen Ton durchgeführt.

Hinsichtlich der Fehlerzahlen unterschieden sich die Gruppen in keiner der beiden Versuchsbedingungen. Die Latenz und Amplitude der P3 stimmten in der visuellen Aufgabe gemäß unserer Hypothesen überein. Unterschiede erwarteten wir vor allem bei Kindern mit Sprachverständnisstörungen in der akustischen Aufgabe. Tatsächlich wird in **Abbildung 13** eine ausgeprägtere Positivierung in der Gruppe der sprachentwicklungsgestörten Kinder deutlich. In Anbetracht der hohen Varianz der Werte erreichte die Differenz jedoch nicht das statistische Signifikanzniveau. Zwischen der Kindergruppe mit expressiver und rezeptiver Sprachentwicklungsstörung wurden hingegen keine Differenzen beobachtet. Die gefundenen Ergebnisse weisen in die Richtung der von Courchesne et al. (1989) berichteten Befunde und unterstützen die Hypothese, dass sprachentwicklungsgestörte Kinder bei relativ einfachen akustischen Aufgaben mit ausreichendem Reizabstand (in unserer Studie 0,5 bis 2 s) und mit einer erhöhten Aktivität eine bestehende Schwäche kompensieren können, so dass sich in den Verhaltensmaßen keine Unterschiede zwischen den Gruppen zeigen.

### 3.1.1 N400

Das ereigniskorrelierte Potential N400 (**Abb. 14**) tritt im Zusammenhang mit semantischen Analyseprozessen auf. Erstmals wurde diese Komponente von Kutas & Hillyard (1980) beschrieben. Mit intrazerebralen Messungen, bei denen die EEG-Ableitung mit Nadelelektroden innerhalb des Gehirns erfolgte, konnten N400-Generatoren in vorderen Bereichen des Schläfenhirns lokalisiert werden (Nobre et al. 1994). Als psycholinguistisches Korrelat werden einerseits Prozesse beim lexikalischen Zugriff und andererseits Verarbeitungsschritte bei der Integration in den lexikalischen Kontext diskutiert.

Die N400 kann im Rahmen unterschiedlicher experimenteller Anordnungen hervorgerufen werden, z. B. bei der Präsentation einzelner Wörter oder

*Elektrophysiologische Befunde*

**altersgerecht entwickelte Kinder (n = 30)** **sprachentwicklungsgestörte Kinder (n = 30)**

**visuell evozierte P3**

**akustisch evozierte P3**

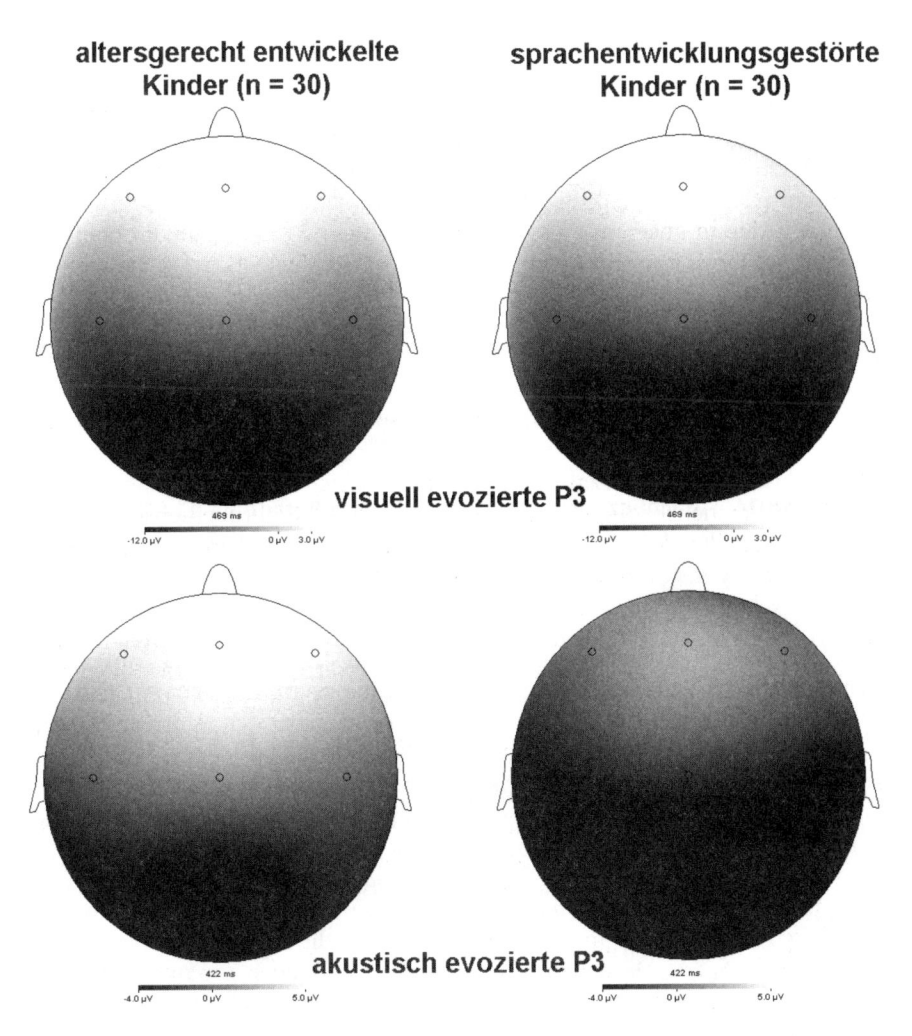

**Abbildung 13**: Visuell und akustisch evozierte P3 bei sprachentwicklungsgestörten und unauffälligen Kindern

ganzer Sätze, die sowohl visuell als auch akustisch erfolgen kann. Die Ausprägung der Komponente hängt davon ab, ob ein starker Zusammenhang zwischen dem Wort, das den Zielreiz darstellt, und dem vorhergehenden Kontext besteht. Je stärker also ein Wort semantisch vom Kontext – z. B. des vorangehenden Satzes – abweicht, eine desto größere N400 wird evoziert (Rugg & Coles 1996).

Bei Aphasiepatienten wurde in Abhängigkeit von der Schwere der Sprachstörung eine Veränderung der topographischen Verteilung der N400 beschrieben (Reuter et al. 1994). Dies spricht für eine Verlagerung der Generatoren in andere Hirnstrukturen. Im Kindesalter eignet sich die N400 zur Ob-

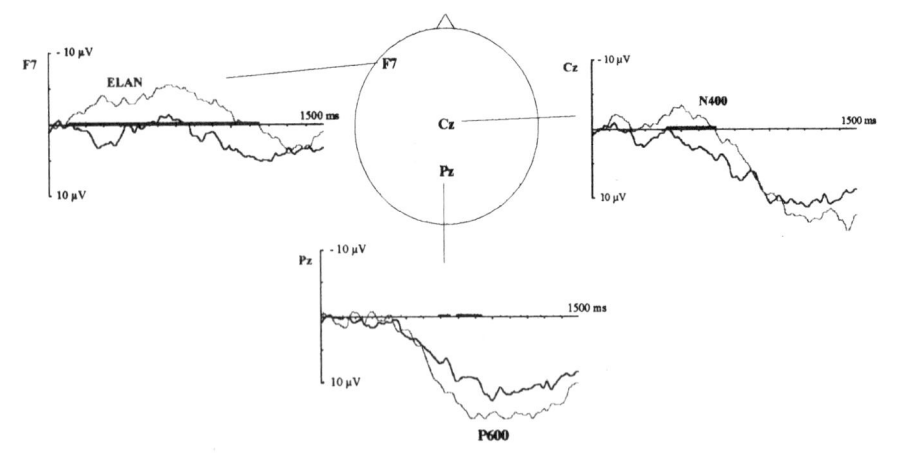

**Abbildung 14:** Sprachbezogene ereigniskorrelierte Potentiale (ELAN, P600 und N400)

jektivierung des rezeptiven Wortschatzes. In Untersuchungen von Byrne et al. (1999) wurden fünf- bis zwölfjährigen gesunden Kindern auf einem Computerbildschirm Gegenstände gezeigt, die gleichzeitig benannt wurden. Stimmten Bild und Benennung nicht überein, trat bei den Wörtern, die die Kinder kannten, eine Erhöhung der N400-Amplitude auf. Die N400-Untersuchungen könnten also bei sprachentwicklungsgestörten Kindern möglicherweise geeignet sein, deren Wortschatzprobleme widerzuspiegeln. Meines Wissens wurde bisher jedoch nur eine Studie veröffentlicht, die die N400 bei sprachentwicklungsgestörten Kindern berücksichtigte. Neville et al. (1993) untersuchten 22 sprachentwicklungsgestörte Kinder, die im Alter von durchschnittlich neun Jahren an einer Längsschnittstudie teilnahmen. Sie präsentierten ihnen Sätze, bei denen das letzte Wort entweder semantisch korrekt war (z. B. »The boys ate all their chocolate cookies«) oder nicht in den semantischen Kontext passte (z. B. »Giraffes have long scissors«). Da die Sätze visuell präsentiert wurden, lässt sich allerdings ein Einfluss der Lesefertigkeit, die bei einem großen Teil der sprachentwicklungsgestörten Kinder ebenfalls eingeschränkt ist, nicht ausschließen. Die EKP-Anworten der sprachentwicklungsgestörten Kinder zeigten in diesem Experiment erhöhte N400-Amplituden. Dieses Ergebnis wurde von den Autoren so interpretiert, dass sprachentwicklungsgestörte Kinder mehr Mühe darauf verwenden müssen, Wörter in den semantischen Kontext zu integrieren bzw. sich stärker auf den semantischen Kontext verlassen, als dies sprachlich unauffällige Kinder tun.

## 3.1.2 ELAN, P600

In einem von Friederici (1995) vorgelegten seriellen Modell des auditiven Sprachverständnisses werden drei EKP-Komponenten beschrieben, die einzelnen Schritten des Verarbeitungsprozesses auf der Ebene von Sätzen entsprechen (**Abb. 15**). Im ersten Schritt erfolgt eine initiale syntaktische Analyse. Dabei wird ein Entwurf der Phrasenstruktur erstellt, indem die einzelnen Bausteine eines Satzes als Inhalts- bzw. Funktionswort identifiziert werden. Diesem automatisch ablaufenden Prozess entspricht eine ELAN (early left anterior negativity) genannte Komponente. Es handelt sich dabei um ein negatives Potential, das bei Erwachsenen innerhalb von 100 bis 200 ms auftritt und seinen Schwerpunkt über der linken vorderen Schädelregion zeigt (**Abb. 14**). Im nächsten Schritt erfolgt eine semantische Analyse. Wenn hierbei Erwartungsverletzungen auftreten, wird eine akzentuierte N400 evoziert. Im dritten Schritt schließlich wird, falls eine Verletzung der Phrasenstruktur vorliegt, in einem Reanalyseprozess geprüft, ob sich das Gehörte nicht doch noch zu einem sinnvollen Ganzen integrieren lässt. Im Komplex der ereigniskorrelierten Potentiale entspricht die P600 – eine späte positive Komponente bei etwa 600 ms – diesem Verarbeitungsschritt. Die P600 zeigt ihren Aktivitätsschwerpunkt über parietalen Hirnregionen (**Abb. 14**).

In unserem Zusammenhang könnte die Untersuchung dieser sprachrelevanten EKP-Komponenten Aufschluss über Schwierigkeiten bei der syntaktischen Analyse bei sprachentwicklungsgestörten Kindern geben. Ein besonders interessantes Untersuchungsparadigma wurde von Hahne (1998) vorgelegt. Dabei werden die evozierten Antworten auf akustisch präsentierte Sätze mit einer semantischen (z. B. »Das Lineal wurde gefüttert«) oder einer syntaktischen Regelverletzung (z. B. »Die Gans wurde im gefüttert«) mit denen auf korrekte Kontrollsätze (z. B. »Die Gans wurde im Stall gefüttert«) verglichen. Bisher wurden mit diesem Paradigma unterschiedliche Fragestellungen der Sprachverarbeitung bei Erwachsenen bearbeitet, während für das Kindesalter kaum Erfahrungen vorliegen. Das Kindesalter wurde in einer Studie von Hahne (1998) berücksichtigt, in der sich zeigte, dass nur bei der Hälfte der untersuchten achtjährigen Kinder eine ELAN ableitbar war, während bei fast allen Kindern sowohl eine P600 als auch eine N400 beobachtet wurde. Eine Replikationsstudie an unserem Institut (Sabisch et al. 2000) ergab, dass bei gesunden Kindern die ELAN verzögert und über größeren Hirnbereichen auftritt. Die frühe syntaktische Analyse erfolgt somit bei Kindern im Vergleich zu Erwachsenen weniger schnell und beansprucht weitere Hirnareale der linken Hemisphäre. Auch syntaktische Korrekturprozesse scheinen bei Kindern später einzusetzen und länger anzuhalten (P600). Hinsichtlich der N400 (semantische Analyse) fanden sich im Kindes- und Erwachsenenalter keine wesentlichen Differenzen.

Bei sprachentwicklungsgestörten Kindern erscheint die kombinierte Untersuchung syntaktischer und semantischer Verarbeitungsprozesse mit Hilfe

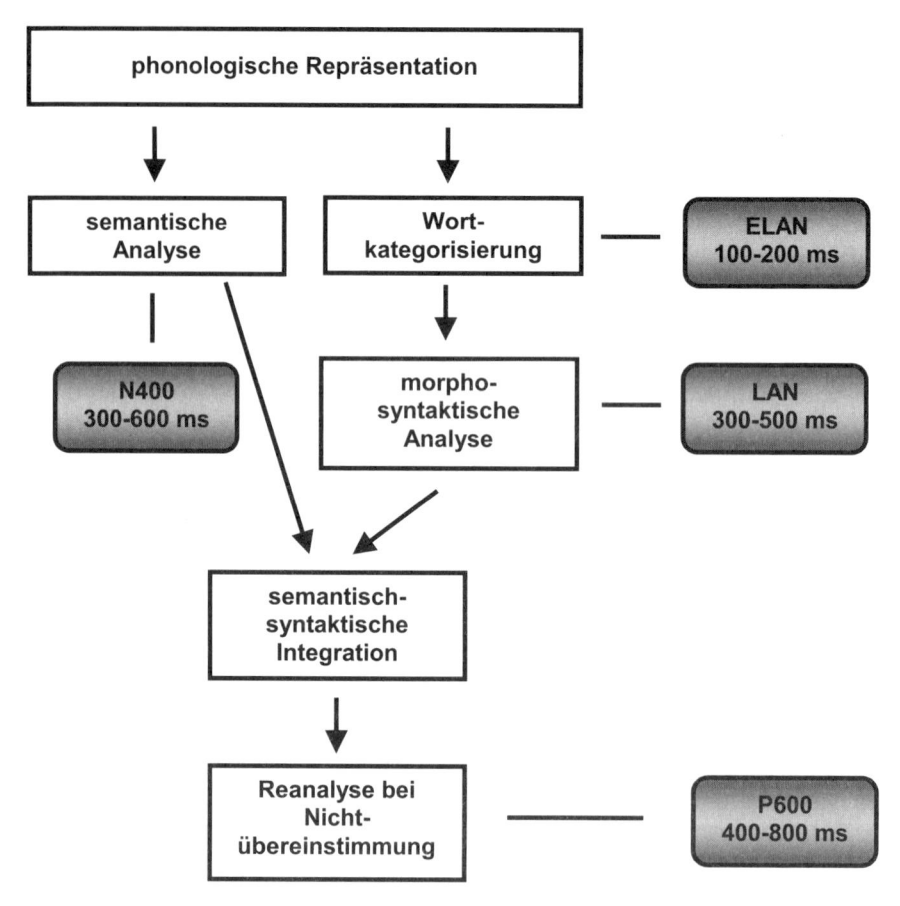

```
┌─────────────────────────────────┐
│   phonologische Repräsentation  │
└─────────────────────────────────┘
        ↓                ↓
┌──────────────┐  ┌──────────────┐     ┌──────────────┐
│ semantische  │  │    Wort-     │ ─── │    ELAN      │
│   Analyse    │  │kategorisierung│    │  100-200 ms  │
└──────────────┘  └──────────────┘     └──────────────┘
        │                ↓
┌──────────────┐  ┌──────────────┐     ┌──────────────┐
│    N400      │  │   morpho-    │     │     LAN      │
│  300-600 ms  │  │ syntaktische │ ─── │  300-500 ms  │
└──────────────┘  │   Analyse    │     └──────────────┘
                  └──────────────┘
            ↘          ↙
         ┌──────────────┐
         │ semantisch-  │
         │ syntaktische │
         │  Integration │
         └──────────────┘
                 ↓
         ┌──────────────┐     ┌──────────────┐
         │ Reanalyse bei│     │     P600     │
         │    Nicht-    │ ─── │  400-800 ms  │
         │übereinstimmung│    └──────────────┘
         └──────────────┘
```

**Abbildung 15:** Schritte der Sprachverarbeitung und entsprechende kognitive ereigniskorrelierte Potentiale (in Anlehnung an Friederici & v. Cramon, 1999)

ereigniskorrelierter Potentiale insofern besonders interessant, als damit einzelne Stufen der Sprachverarbeitung voneinander abgrenzbar werden und damit ein Vergleich syntaktischer und semantischer Analyseprozesse vorgenommen werden kann. Möglicherweise lässt sich dadurch Aufschluss darüber gewinnen, in welchem Bereich die sprachentwicklungsgestörten Kinder besondere Schwierigkeiten zeigen. Da die genannten Verarbeitungsprozesse in dem für uns interessanten Altersbereich jedoch auch bei gesunden Kindern noch erheblichen Veränderungen unterworfen sind, muss bei einer solchen Untersuchung der Entwicklungsaspekt sorgfältig berücksichtigt werden. In unserem Labor laufen derzeit in Zusammenarbeit mit Friederici und Hahne (Max-Planck-Institut für neuropsychologische Forschung in Leipzig) Untersuchungen von Kindern mit Störungen der Laut- und Schriftsprache, um zu klären, welche Schritte der Sprachverarbeitung besondere Defizite aufweisen.

## 3.4 Zusammenfassung und Ausblick

Akustisch evozierte ereigniskorrelierte Potentiale spiegeln einzelne Schritte der auditiven Analyse und der Sprachverarbeitung wider. Sie stellen damit eine viel versprechende Methode zur Untersuchung neurophysiologischer Grundlagen von Sprachentwicklungsstörungen dar. Bisher liegen jedoch für die meisten Verarbeitungsschritte, die am Sprachverstehensprozess beteiligt sind, nur wenige empirisch begründete Erkenntnisse vor. Die bislang publizierten Befunde sind noch sehr lückenhaft und zum Teil uneindeutig oder widersprüchlich.

Als weitgehend gesichert kann angesehen werden, dass frühe Schritte der Weiterleitung und Verarbeitung akustischer Informationen bei sprachentwicklungsgestörten Kindern im Allgemeinen nicht beeinträchtigt sind. Basale Prozesse der Reizanalyse in den primären akustischen Arealen der Hirnrinde, wie sie sich in den späten akustisch evozierten Potentialen widerspiegeln, scheinen ebenfalls ungestört abzulaufen. Allenfalls besteht eine etwas reduzierte Verarbeitungsgeschwindigkeit. Auch die automatische Diskrimination nichtsprachlicher Reize (MMN) kann als intakt angesehen werden.

Die oben dargestellten Befunde zur MMN belegen, dass bei sprachentwicklungsgestörten Kindern ein spezifisches Defizit bei der automatischen Diskrimination sprachlicher Reize besteht.

Zudem gibt es Belege dafür, dass die bewusste Verarbeitung akustischer Informationen bei sprachentwicklungsgestörten Kindern mit einer erhöhten kognitiven Beanspruchung einher geht (P3).

Hinsichtlich komplexerer Sprachverarbeitungsschritte liegen bisher nur vereinzelte Studien vor. So weist z. B. die Arbeit von Neville et al. (1993) darauf hin, dass sich sprachentwicklungsgestörte Kinder beim Sprachverständnis stärker als sprachlich unauffällige Kinder auf den semantischen Kontext verlassen. Untersuchungen zu EKP-Komponenten, die syntaktischen Analyseprozessen entsprechen, stehen bisher noch aus. Gerade hier besteht ein spannender Ansatzpunkt für zukünftige Untersuchungen.

### Literatur

Arbeitsgruppe Deutsche Child Behavior Checklist (1993). *Elternfragebogen über das Verhalten von Kindern und Jugendlichen; deutsche Bearbeitung der Child Behavior Checklist (CBCL/4–18). Einführung und Anleitung zur Handauswertung, bearbeitet von P. Melchers & M. Döpfner*. Köln: Arbeitsgruppe Kinder, Jugend- und Familiendiagnostik.

Beagley, H. A. (1971). The role of ERA in the diagnosis of receptive aphasia in children. *Archiv für Ohren-, Nasen- und Kehlkopfheilkunde, 198*, 152–153.
Byrne, J. M., Connolly, J. F., McLean, S. E., Dooley, J. M., Gordon, K. E. & Beattie, T. L. (1999). Brain activity and language assessment using event related potentials: Development of a clinical protocol. *Developmental Medicine & Child Neurology, 41*, 740-747.
Cohen, M. & Rapin, I. (1978). Evoked potential audiometry in neurologically impaired children. In R. Naunton & C. Fernandez (Hrsg.), *Evoked Electrical Activity in the Auditory Nervous System* (S. 551–572). Orlando, Florida: Academic Press.
Coles, M. G. H. & Rugg, M. D. (1996). Event-related brain potentials: An introduction. In M. D. Rugg & M. G. H. Coles (Hrsg.), *Electrophysiology of mind. Event-related brain potentials and cognition, Oxford Psychology Series Vol. 25.* Oxford: Oxford University Press.
Cooper, R., Osselton, J. W. & Shaw, J. C. (1984). *Elektroenzephalographie* (3. Auflage). Stuttgart: Gustav Fischer Verlag.
Courchesne, E., Lincoln, A. J., Yeung-Courchesne, R., Elmasian, R. & Grillon, C. (1989). Pathophysiologic findings in social and language disorders: Autism and receptive developmental language disorder. *Journal of Autism and Developmental Disorders, 19*, 1–17.
Dawson, G., Finley, C., Phillips, S. & Lewy, A. (1989). A comparison of hemispheric asymmetries in speech-related brain potentials of autistic and dysphasic children. *Brain and Language, 37*, 26–41.
Donchin, E. (1981). Surprise! ... Surprise? *Psychophysiology, 18*, 493–513.
Elliott, L. L., Hammer, M. A. & Scholl, M. E. (1989). Fine-grained auditory discrimination in normal children and children with language-learning problems. *Journal of Speech and Hearing Research, 32*, 112–119.
Friederici, A. D. (1995). The time course of syntactic activation during language processing: A model based on neuropsychological and neurophysiological data. *Brain and Language, 50,* 259–281.
Friederici, A. D. & Hahne, A. (im Druck). Developmental patterns of brain activity reflecting semantic and syntactic processes. In B. Höhle & J. Weissenborn (Hrsg.), *Approaches to bootstrapping: Phonological syntactic and neurophysiological aspects of early language acquisition (From Signal to Syntax, Vol. II).* Amsterdam: Benjamins.
Friederici, A. D. & Cramon, Y. v. (1999). Neurobiologische Grundlagen des Sprachverstehens. In: A. D. Friederici (Hrsg.), *Sprachrezeption. Enzyklopädie der Psychologie, Serie III Sprache* (Bd. 2). Göttingen: Hogrefe Verlag für Psychologie.
Grillon, C., Courchesne, E. & Akshoomoff, N. (1989). Brainstem and middle latency auditory evoked potentials in autism and developmental language disorder. *Journal of Autism and Developmental Disorders, 19*, 255–69.
Grimm, H. & Schöler, H. (1991). *Heidelberger Sprachentwicklungstest* (2. Auflage). Göttingen: Hogrefe.
Hahne, A. (1998). *Charakteristika syntaktischer und semantischer Prozesse bei der auditiven Sprachverarbeitung.* In MPI Series in cognitive Neurosciences, Leipzig: MPI.
Holopainen, I. E., Korpilahti, P., Juottonen, K., Lang, H. & Sillanpää, M. (1997). Attenuated auditory event-related potential (mismatch negativity) in children with developmental dysphasia. *Neuropediatrics, 28*, 253–256.

Klein, S., Kurtzberg, D., Brattson, A., Kreuzer, J., Stapells, D., Dunn, M., Rapin, I. & Vaughan, H. G. Jr. (1995). Electrophysiologic manifestations of imaired temporal lobe auditory processing in verbal auditory agnosia. *Brain and Language, 51,* 383–405.

Korpilahti, P. & Lang, A. H. (1994). Auditory ERP Components and MMN in dysphasic children. *Electroencephalography and Clinical Neurophysiology, 91,* 256–264.

Kutas, M. & Hillyard, S. A. (1980). Reading senseless sentences: Brain potentials reflect semantic incongruity. *Science, 207,* 203–205.

Lincoln, A. J., Courchesne, E., Harms, L. & Allen, M. (1993). Contextual probability evaluation in autistic, receptive delelopmental language disorder, and control children: Event-related potential evidence. *Journal of Autism and Developmental Disorders, 23,* 37–58.

Lincoln, A. J., Courchesne, E., Harms, L. & Allen, M. (1995). Sensory modulation of auditory stimuli in children with autism and receptive developmental language disorder: Event-related brain potential evidence. *Journal of Autism and Developmental Disorders, 25,* 521–539.

Mason, S. M. & Mellor, D. H. (1984). Brain-stem, middle latency and late cortical evoked potentials in children with speech and language disorders. *Electroencephalography and Clinical Neurophysiology, 59,* 297–309.

Melchers, P. & Preuß, U. (1991). *Kaufman Assessment Battery for Children von A. S. Kaufman und N. L. Kaufman. Deutschsprachige Fassung.* Amsterdam: Swets & Zeitlinger.

Neville, H., Coffey, S., Holcomb, P. & Tallal, P. (1993). The neurobiology of sensory and language processing in language-impaired children. *Journal of Cognitive Neuroscience, 5,* 235–253.

Nobre, A. C., Allison, T. & McCarthy, G. (1994). Word recognition in the human inferior temporal lobe. *Nature, 372,* 260–263.

Reuter, B. M., Schönle, P. W. & Kurthen, M. (1994). Ereigniskorrelierte Potentiale bei aphasischen Patienten: Eine N400-Studie. *EEG-EMG, 25,* 180–189.

Rösler, F. (1982). *Hirnelektrische Korrelate kognitiver Prozesse.* Berlin: Springer.

Rugg, M. D. & Coles, M. G. H. (1996). The ERP and cognitive psychology: Conceptual issues. In M. D. Rugg & M. G. H. Coles (Hrsg.), *Electrophysiology of mind. Event-related brain potentials and cognition. Oxford Psychology Series Vol. 25.* Oxford: Oxford University Press.

Sabisch, B., Hahne, A., Thurisch, S., Suchodoletz, W. v. & Friederici, A. D. (2000). Auditive Sprachverstehensprozesse bei Erwachsenen und Kindern: Ein Vergleich mittels ereigniskorrelierter Hirnpotentiale. *Interdisziplinäre Tagung über Sprachentwicklungsstörungen.* Abstractband, 53.

Scherg, M., Vajsar, J. & Picton, T. (1989). A source analysis of the human auditory evoked potentials. *Journal of Cognitive Neuroscience, 1,* 336–355.

Suchodoletz, W. v. & Wolfram, I. (1996). Frühe akustisch evozierte Potentiale (FAEP) bei Kindern mit Sprachentwicklungsstörungen. *Klinische Pädiatrie, 208,* 290–293.

Tallal, P. & Piercy, M.(1974). Developmental dysphasia: Rate of auditory processing and selective impairment of consonant perception. *Neuropsychologia, 12,* 83–93.

Tallal, P. & Piercy, M. (1975). Developmental dysphasia: The perception of brief vowels and extended stop-consonants. *Neuropsychologia, 13,* 69–74.

Tonquist-Uhlén, I., Borg, E., Persson, H. E. & Spens, K. E. (1996). Topography of auditory evoked cortical potentials in children with severe language impairment: The N1 component. *Electroencephalography and Clinical Neurophysiology, 100*, 250–260.

Verleger, R. (1998). Towards an integration of P3 research with cognitive neuroscience. *Behavioral and Brain Sciences, 21*, 150–154.

WHO (1991). *Internationale Klassifikation psychischer Störungen. ICD-10* Kapitel V (F). Klinisch-diagnostische Leitlinien. Herausgegeben von *H. Dilling, W. Mombour & M. H. Schmidt*. Bern: Huber.

# 4 Auffälligkeiten in der Sprechmotorik

Hedwig Amorosa

---

4.1   Einleitung
4.2   Entwicklung der Sprechmotorik
4.2.1 Sprechatmung
4.2.2 Stimmgebung
4.2.3 Artikulation
4.3   Zerebrale Kontrolle
4.3.1 Normale Entwicklung
4.3.2 Gestörte Entwicklung
4.4   Schlussfolgerungen
4.5   Zusammenfassung

---

## 4.1 Einleitung

Bei dem Begriff »Sprechmotorik« denken viele nur an die Artikulation und übersehen, dass die Sprechatmung und die Stimmgebung wesentliche Teile der Sprechens sind, die sehr genau und gut kontrolliert und mit den Artikulationsbewegungen koordiniert werden müssen.

**Abbildung 1** zeigt die drei Systeme, die für das Sprechen von Bedeutung sind: Die Sprechatmung, die Phonation und die Artikulation.

Diese Systeme bestehen ihrerseits aus komplexen Subsystemen, die für das Sprechen miteinander koordiniert werden. Zudem ist es wesentlich, dass kinästhetische Informationen vom Mund- und Rachenbereich sowie auditive Informationen mit den Rückmeldungen über die Bewegung verbunden werden. Für das Sprechen müssen sie mit dem gekoppelt werden, was der Sprecher inhaltlich gerade äußern will.

Im Folgenden sollen die normale Entwicklung der Sprechmotorik, die Störungen dieser Entwicklung und mögliche Ursachen diskutiert werden. Der Übersichtlichkeit halber wird jedes System zunächst für sich betrachtet.

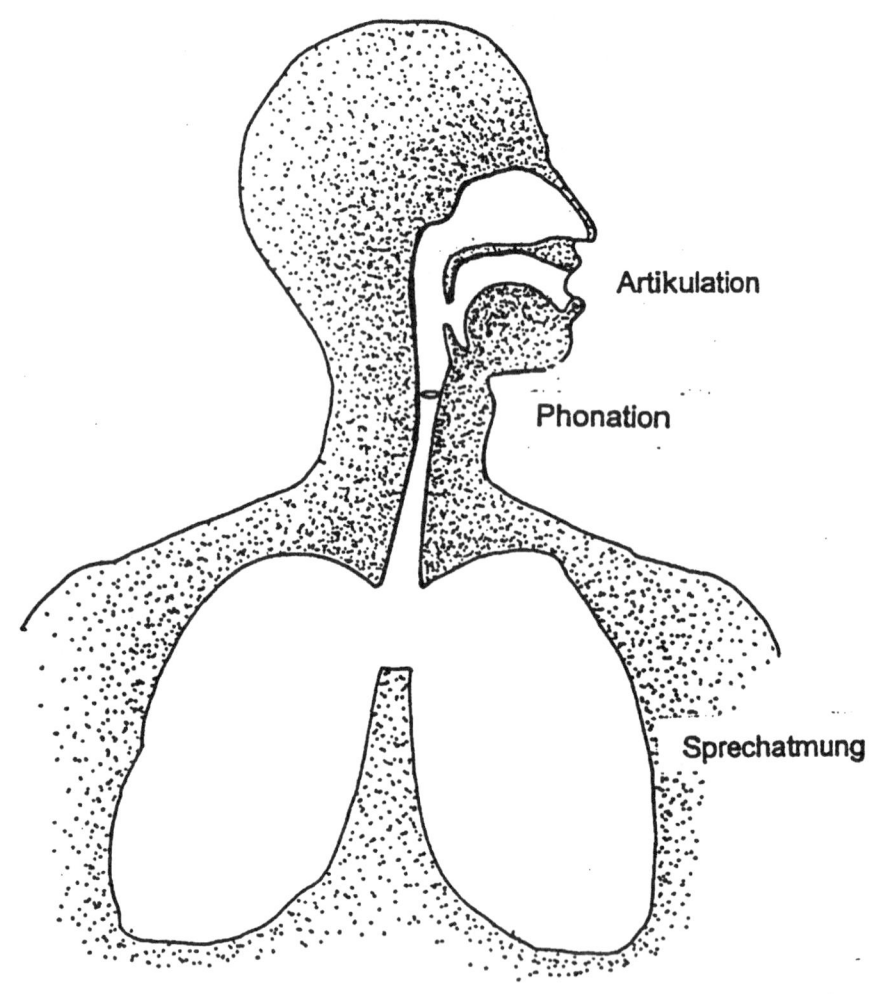

**Abbildung 1:** Die drei an der Sprechmotorik beteiligten Systeme – Sprechatmung, Phonation und Artikulation (nach Lieberman 1977)

## 4.2 Entwicklung der Sprechmotorik

Während des ersten Lebensjahres verändern sich viele Organe, die für die sich entwickelnde Sprechmotorik von Bedeutung sind. Die Verbindungen der Nervenzellen werden den funktionalen Gegebenheiten angepasst. Die Form des Mund- und Rachenraumes verändert sich grundlegend. Mit zwei bis vier Monaten beginnt sich der Kehlkopf (Larynx) zu senken und es kommt zu einer Abwinkelung des Vokaltraktes von etwa 90 Grad im Rachenraum (Vorperian et al. 1999). Dadurch erreicht die Zunge eine größere Bewegungsfreiheit und es können zunehmend mehr Laute produziert werden.

Zusätzlich verändern sich in den ersten Lebensjahren die Größenverhältnisse und damit die Länge der Muskeln in erheblichem Maße. Diese biodynamischen Gegebenheiten und Veränderungen sind für das akustische Signal, das produziert wird, entscheidend und müssen daher bei der Planung und Ausführung des Plapperns und Sprechens berücksichtigt werden (Kent 1992).

Gleichzeitig mit den beschriebenen strukturellen Veränderungen entwickelt sich die Fähigkeit, gezielt Laute und Lautfolgen der Umgebungssprache zu produzieren (Nittrouer 1995, Kuhl 1996).

### 4.2.1 Sprechatmung

Die Atmung dient zwei völlig verschiedenen Zwecken: dem Gasaustausch (Sauerstoffaufnahme, Kohlendioxidabgabe) und der Lauterzeugung. Die Anforderungen an diese Funktionen sind sehr unterschiedlich. Dementsprechend kann auch zwischen zwei unterschiedlichen Atemtypen differenziert werden: der vegetativen Atmung und der Sprechatmung.

Bei der Atmung zur Sauerstoffversorgung ist die Einatmungsphase nur wenig kürzer als die Ausatmungsphase. Die Einatmung (Inspiration) ist ein aktiver Vorgang, während die Ausatmung (Exspiration) weitgehend auf der Elastizität der Lunge beruht und ein passiver Vorgang ist, der durch die Entspannung der inspiratorischen Muskeln möglich wird. Der bei der Ausatmung entstehende Luftdruck ist hier niedrig, er entspricht etwa einer zwei Zentimeter Wassersäule.

Bei der Sprechatmung ist die Inspirationsphase sehr verkürzt auf etwa eine halbe Sekunde, die Exspirationsphase ist dagegen deutlich verlängert auf mindestens 3,5 Sekunden; sie ist abhängig von der Länge dessen, was wir »in einem Atemzug« sagen wollen.

In der Abbildung Gutzmanns von 1909 (**Abb. 2**) kann man diesen Unterschied sehr deutlich sehen. Der Anstieg der Kurve zeigt die Tiefe der Einatmung, auf der Horizontalen ist die Zeit aufgetragen. Man sieht deutlich die kürzere Einatmungsphase und die verlängerte Ausatmungsphase bei der Sprechatmung.

Wir erwarten, dass ein Erwachsener einen Ton für mindestens 14 Sekunden halten kann. Schäferskupper und Cramon (1985) wenden in ihrem Untersuchungsbogen den folgenden Satz zur Überprüfung der Atemkontrolle an: »Die Sonne scheint heute heller und wärmer als gestern«. Dieser Satz kann normalerweise in einer Ausatmungsphase gesprochen werden. Die Tiefe der Einatmung verändert sich, je nachdem ob eine kürzere oder längere Äußerung folgt.

Der Ausatmungsdruck für einen hörbaren Ton muss mindestens bei acht bis zehn cm Wassersäule liegen. Dieser erhöhte Druck muss über die ganze Ausatmungsphase aufrechterhalten werden. An Atembewegungen sind sowohl das Zwerchfell als auch die Interkostalmuskeln (Muskulatur des Brust-

Hedwig Amorosa

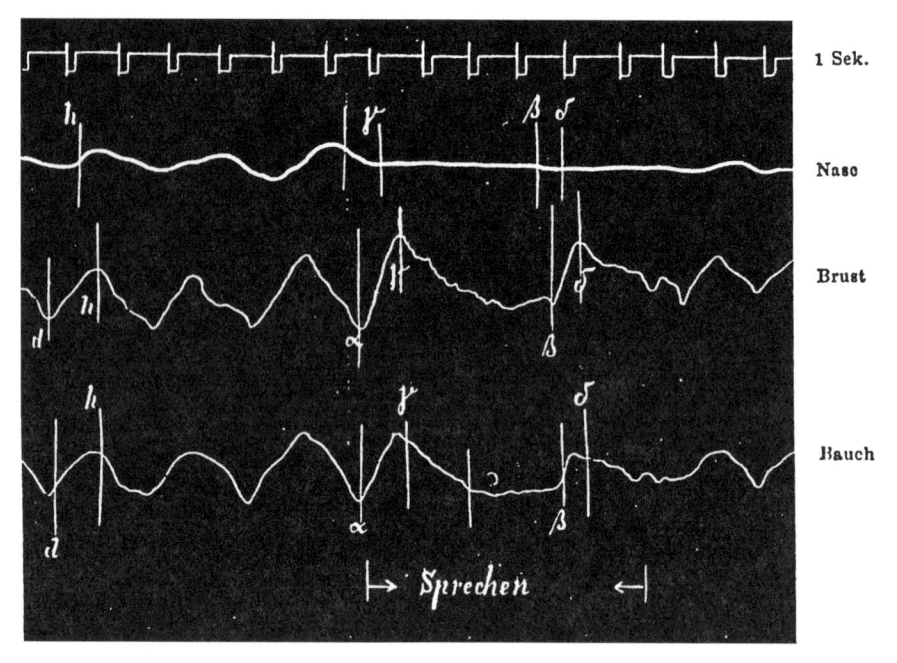

**Abbildung 2:** Aufzeichnung der Atembewegungen eines vierjährigen Mädchens. Es sind der Luftstrom durch die Nase und die Bewegung von Brustkorb und Bauchraum dargestellt (aus Gutzmann 1909)

korbes zwischen den Rippen) als auch die Elastizität der Lunge beteiligt. Würde bei der Ausatmung beim Sprechen fast ausschließlich die Elastizität der Lunge eine Rolle spielen, wie es bei der vegetativen Atmung der Fall ist, dann würde der subglottale Druck (Luftdruck unterhalb des Kehlkopfes) sehr schnell abfallen und eine hörbare Äußerung wäre nicht möglich. Beim Sprechen bleiben daher am Anfang der Ausatmung die inspiratorischen Muskeln aktiv und verhindern, dass die Luft durch die Elastizität der Lunge zu schnell entweicht. Erst wenn die Elastizität der Lunge keinen Einfluss mehr hat, treten die Ausatmungsmuskeln in Aktion. Dies führt zu einem ausreichend hohen und kontinuierlichen Luftdruck an den Stimmlippen während der gesamten Äußerung.

Bei der Ausatmung sind typischerweise erst das Zwerchfell und die Bauchmuskeln und später die Muskeln des Brustkorbes aktiv. Die Aktivität der einzelnen Muskeln ist abhängig von vielen Faktoren, u. a. von der augenblicklichen Körperhaltung (Sitzen, Stehen, Liegen), von der Tiefe der Einatmung und der Länge der zu sprechenden Äußerung. Wie dieses wechselnde Zusammenspiel der Muskeln sein muss, um einen gleichmäßigen subglottalen Druck über die ganze Länge einer Äußerung zu erreichen, wird erst allmählich gelernt. Vom älteren Schulkind erwarten wir Leistungen wie beim Erwachsenen.

## Normale Entwicklung

Beim Neugeborenen dient fast ausschließlich das Zwerchfell als Atemmuskel, da die Interkostalmuskeln durch einen Ansatz von 90 Grad an der Wirbelsäule nur einen geringen Einfluss auf die Erweiterung des Brustkorbes haben. Dies ändert sich mit der Veränderung des Ansatzwinkels der Rippen im Laufe des ersten Lebensjahres.

Das Verhältnis von Ein- und Ausatmungsphase bei der vegetativen Atmung verändert sich im Laufe der Entwicklung nicht. Die Atmung beim Schreien unterscheidet sich dagegen von Anfang an von der vegetativen Atmung. Die Einatmungsphase ist kurz und kräftig (0,2 bis 0,3 Sek.) und die Ausatmungsphase ist auf etwa 1,2 Sek. verlängert. Die Dauer der Ausatmungsphase verlängert sich im Laufe des ersten Lebensjahres, während die Einatmungsphase gleich bleibt. Man sieht zunehmende Unregelmäßigkeiten in der Bewegungsführung, was darauf zurückzuführen ist, dass das Kind übt, den subglottalen Druck zu steuern.

Neben dem Schreien ist die Atmungssteuerung bei den übrigen Lauten im Hinblick auf das Sprechen besonders interessant. Gemeint sind Laute, die nicht zum Schreien zu rechnen sind, die aber auch nicht ausschließlich Nebenprodukte anderer Aktivitäten, wie z. B. des Trinkens sind. Man geht davon aus, dass diese Laute, die mehr und mehr willkürlich produziert werden, die Vorläufer des Sprechens sind (Papousek 1994).

Diese Lautproduktionen verändern sich im Laufe des ersten Lebensjahres. Für sie gilt von Anfang an, dass die Exspirationsphase deutlich länger ist als die Inspirationsphase. Die Exspirationsphase verlängert sich hier im ersten Lebensjahr auf etwa das dreifache, bleibt aber deutlich kürzer als beim Schreien. Die Inspiration ist nicht ganz so kurz und kräftig wie beim Schreien. Diese Lautproduktionen liegen damit, was die Atmung betrifft, zwischen der Atmung beim Schreien und der vegetativen Atmung. Die Länge der Ausatmungsphase liegt am Ende des ersten Lebensjahres bei etwas unter zwei Sekunden. Damit kann das Kind zwei bis drei Silben produzieren. Die Verlängerung der Exspiration nimmt weiter zu, von Vierjährigen erwarten wir bereits eine Tonhaltedauer von neun Sekunden und beim Sechs- bis Achtjährigen von 14 Sekunden. Kinder diesen Alters können längere Äußerungen produzieren, ohne zwischendurch atmen zu müssen (Finnegan 1984).

Charakteristisch für diese Form der Lautproduktion ist, dass beim Säugling die Brustatmung früher eine Rolle spielt als beim Schreien. Bauch- und Brustatmung verlaufen von früh an innerhalb einer Ausatmungsphase nicht synchron. Die Brustatmung setzt im Laufe der Entwicklung zunehmend später ein. Diese Verzögerung ist Voraussetzung für eine genaue Regulation des subglottalen Drucks während des Sprechens.

Ein weiterer Hinweis auf die erst langsam erworbene Kontrolle über den subglottalen Druck ist neben der wachsenden Fähigkeit, längere Äußerungen auf einem Atemzug zu sprechen, auch die bessere Kontrolle über die Lautstärke. Die Laute, die das Baby in den ersten vier Monaten von sich gibt, sind außer beim Schreien sehr leise. Zwischen dem vierten und sechsten

Monat fangen die Kinder an, die Lautstärke zu variieren, sie üben die Veränderung der Lautstärke. Es dauert aber noch bis ins Schulalter, bis Kinder zu einer ausreichenden Kontrolle der Lautstärke beim Sprechen kommen. Jeder, der Tonbandaufnahmen mit Kindern gemacht hat, weiß, wie schwierig hierbei die Aussteuerung der Lautstärke ist.

Neben der Anpassung der Ausatmungsdauer und der Steuerung der Lautstärke lernt ein Kind auch, dass das Sprechen im Deutschen während der Exspirationsphase erfolgt und nicht während der Inspiration. Während der ersten vier Lebensmonate kommen viele inspiratorisch produzierte Laute vor, die dann bis etwa zum zweiten Lebensjahr abnehmen. Inspiratorisches Sprechen in der Spontansprache wurde von uns bis etwa zum Alter von zweieinhalb Jahren beobachtet. Ließen wir Kinder Silben wiederholen oder Reihen aufsagen, dann kam es vereinzelt auch noch bei Vier- bis Fünfjährigen vor.

## Gestörte Entwicklung

Kinder mit Sprachentwicklungsstörungen haben oft Auffälligkeiten, die auf eine unzureichende Steuerung der Sprechatmung hinweisen. Sie atmen häufiger und an ungewöhnlichen Stellen im Satz. Sie sprechen inspiratorisch und können die Lautstärke nicht altersgemäß kontrollieren.

Die Häufigkeit dieser Auffälligkeiten, die in der Literatur nur wenig Beachtung finden, soll an Hand einer Untersuchung verdeutlicht werden, die wir vor einigen Jahren durchführten. Es handelte sich um 24 Kinder im Alter von vier bis acht Jahren mit einem durchschnittlichen IQ und unauffälligem Gehör. Kriterium für die Aufnahme der Kinder in die Untersuchung war, dass die Spontansprache der Kinder von ihren Betreuern in Vorschuleinrichtungen bzw. Schulen für sprachgestörte Kinder als überwiegend unverständlich eingeschätzt wurde. Bei einem Kind diagnostizierten wir eine Artikulationsstörung (F80.0), bei den übrigen Kindern eine expressive (F80.1) oder eine rezeptive (F80.2) Sprachentwicklungsstörung (Zuordnung nach der Internationalen Klassifikation von Erkrankungen der WHO). Als Vergleichsgruppe dienten 24 Kinder, die nach dem Alter parallelisiert und in ihrer Sprachentwicklung unauffällig waren. Tonbandaufnahmen von mindestens 30 Minuten Dauer mit Spontansprache und Nachsprechaufgaben von jedem Kind wurden von zwei erfahrenen Sprachtherapeuten nach den folgenden Kriterien beurteilt: häufige Atempausen, irreguläre Atempausen, inspiratorisches Sprechen und auffallende Lautstärkeänderungen.

**Abbildung 3** zeigt die Häufigkeit des Vorkommens der einzelnen Auffälligkeiten bei den Kindern. Bei den Kindern mit unverständlicher Spontansprache ist mindestens ein Symptom vorhanden, während die Kinder der Kontrollgruppe höchstens ein Symptom zeigen. Bei der Gruppe der sprachunauffälligen Kinder handelt es sich überwiegend um die jüngeren Kinder, die häufig ihre Äußerung zum Atmen unterbrechen. Irreguläre Atempausen treten dabei nicht auf. Bei drei jüngeren Kindern der Kontrollgruppe kam es beim Nachsprechen von Silben zu inspiratorischem Sprechen (Amorosa 1992).

*Auffälligkeiten in der Sprechmotorik*

**Auffälligkeiten der Sprechatmung**

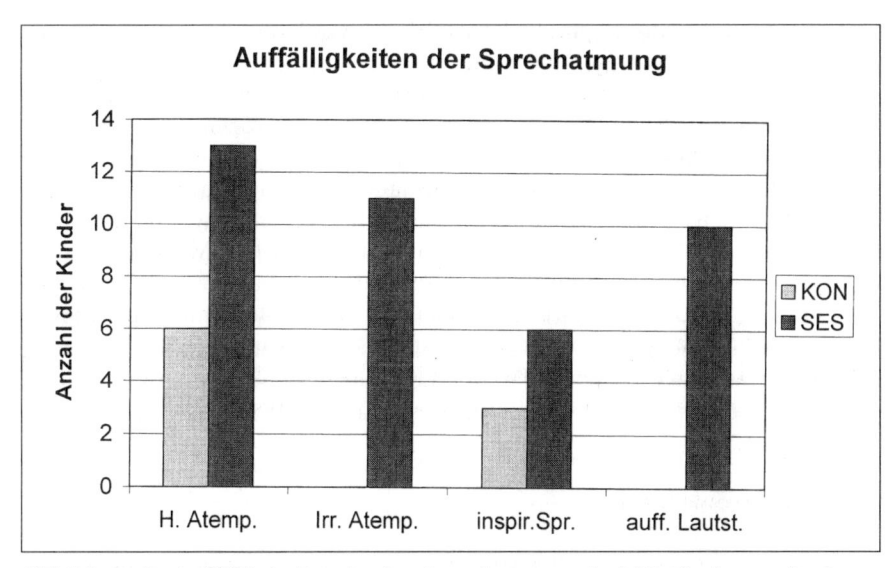

[Balkendiagramm: Anzahl der Kinder (0–14) für KON und SES bei H. Atemp. (KON 6, SES 13), Irr. Atemp. (SES 11), inspir.Spr. (KON 3, SES 6), auff. Lautst. (SES ca. 10)]

**Abbildung 3:** Auffälligkeiten in der Sprechatmung bei 24 Kindern mit unverständlicher Spontansprache (SES) und einer altersparallelisierten Gruppe sprachunauffälliger Kinder (KON). H. Atemp. = häufige Atempausen; Irr. Atemp. = irreguläre Atempausen; inspir. Spr. = inspiratorisches Sprechen; auff. Lautst. = auffällige Lautstärkeveränderungen

### 4.2.2 Stimmgebung

Singen und Sprechen sind ein »unphysiologischer« Gebrauch des Stimmapparates, d. h. es sind sekundäre Funktionen. Die primäre Funktion der Stimmlippen liegt im Schutz der Atemwege vor Fremdkörpern, z. B. beim Schlucken. Außerdem wird durch den Verschluss der Stimmlippen im Thorax ein Druckaufbau ermöglicht als feste Basis bei der Bauchpresse, z. B. beim Heben. Für diesen Gebrauch ist nur eine relativ grobe Regulation von Schließung und Öffnung der Stimmlippen nötig. Beim Sprechen und Singen ist eine weit feinere Kontrolle über die Bewegung erforderlich (Kirchner 1981).

Während der kurzen Einatmungsphase der Sprechatmung ist es nötig, dass die Stimmlippen maximal geöffnet sind, damit keine Geräusche entstehen. Beim Sprechen jedoch müssen die Stimmlippen unterschiedlich weit geöffnet sein, je nachdem ob sie für einen stimmhaften Laut schwingen sollen oder für einen stimmlosen Laut nicht schwingen dürfen. Der Beginn der Schwingung muss zeitlich mit der Artikulationsbewegung koordiniert werden. Der zeitliche Rahmen für eine gelungene Koordination liegt im Bereich von etwa 30 bis 40 ms.

Die Tonhöhe eines gesprochenen Lautes hängt von der Frequenz ab, mit der die Stimmlippen schwingen. Diese wiederum ist abhängig von der Länge und Spannung der Stimmlippen, deren Steuerung sowohl über intrinsische (innere) wie auch extrinsische (äußere) Muskeln des Larynx erfolgt. Die Spannung der Stimmlippen wird aber auch vom subglottalen Druck beeinflusst (Kirchner 1981). Wird während einer Äußerung ein Wort durch Änderung der Tonhöhe betont, dann muss die Spannung der Stimmlippen erhöht werden. Bei einer Betonung durch die Lautstärke wird der subglottale Druck erhöht. Damit dies nicht zu einer Erhöhung der Schwingungsfrequenz und damit der Tonhöhe führt, muss die Spannung der Stimmlippen erniedrigt werden.

Es zeigt sich also, dass es nicht ausreichend ist, die Einstellung der Stimmlippen für die verschiedenen Laute zu verändern, die Spannung muss laufend an die erwünschte Sprechmelodie und die Lautstärke angepasst werden und diese Anpassungen müssen erlernt werden (Hirano 1981).

## Normale Entwicklung

Die Kontrolle über die Stimmbänder bedarf eines komplexen Lernprozesses. Dabei müssen sich die bereits erworbenen Innervationsmuster der sich verändernden Größe und Form des Vokaltraktes anpassen. Die Stimmlippen verlängern sich im ersten Lebensjahr von 2,5 auf 5,5 mm, d. h. die Länge verdoppelt sich. Die Stimmlippen bestehen aus einem membranösen und einem knorpeligen Anteil. Kontrollieren lässt sich die Länge und Spannung der Stimmlippen aber nur im membranösen Anteil, der beim Neugeborenen verhältnismäßig klein ist. Dieser Anteil wächst in den ersten Lebensjahren auf das fünffache und diese Verlängerung ist die Voraussetzung für eine feine Kontrolle der Stimmlippen. Dies zeigt sich im Verhalten deutlich. Beim Neugeborenen werden regelmäßige Stimmlippenschwingungen während des Schreiens beobachtet, wenn sich der Tonus der Stimmlippen zusammen mit dem allgemeinen Muskeltonus erhöht. Das Baby produziert aber sonst keine längeren stimmhaften Töne. Der Stimmton wird als rau und knarrend beschrieben. Fourcin (1978) erklärt die Unregelmäßigkeiten damit, dass die beiden Stimmlippen unterschiedlich schwingen, weil der Tonus der Muskeln verschieden ist. Mit dem Beginn der Gurrlaute ab der sechsten Lebenswoche kommt es zu einer besseren Kontrolle über die Stimmlippen. Der Stimmton innerhalb eines Lautes kann fallen oder steigen und der Stimmumfang nimmt zu. Die ersten Imitationen von Intonationskonturen werden im zweiten Lebensmonat beobachtet. Mit etwa vier Monaten beginnen die Babies mit der Tonhöhe bei Lautproduktionen zu spielen. Sie gehen nach oben und nach unten und produzieren viele Quietschlaute. Erst zwischen dem sechsten und neunten Monat ist die Kontrolle so weit ausgebildet, dass das Baby während einer Ausatmungsphase die Stimmlippen mehrmals öffnen und schließen kann. Damit setzt das Plappern ein. Mit etwa acht bis neun Monaten, wenn Silbenwiederholungen auftreten, ist eine gewisse Kontrolle über die Stimmlippenspannung und die Koordination der Öffnung mit Artikulationsbewegungen erreicht.

*Auffälligkeiten in der Sprechmotorik*

Das Erlernen der sehr feinen automatisierten Kontrolle über die Stimmlippen, wie sie Erwachsene zur Verfügung haben, braucht länger. So zeigt sich, dass bei Kindern verschiedenen Alters, die den gleichen Satz wiederholen, die Variabilität der Grundfrequenz zwar mit dem Alter abnimmt, aber erst im Alter von zehn bis zwölf Jahren Erwachsenenwerte erreicht. Auch bei der Anpassung der Stimmlippenspannung an den Atemdruck werden Erwachsenenwerte erst am Ende des Grundschulalters erreicht. Vorher wird die Stimme deutlich höher, wenn die Lautstärke gesteigert wird.

**Gestörte Entwicklung**

Bei der gleichen Gruppe von Kindern mit unverständlicher Spontansprache, die im Zusammenhang mit der Atmung beschrieben wurde, haben wir eine Beurteilung von auffälligen Stimmphänomenen vorgenommen. Es wurde einerseits die präphonatorische Einstellung der Stimmlippen betrachtet, andererseits die Modulation während des Sprechens.

Zur präphonatorischen Einstellung haben wir untersucht, wie häufig unwillkürliche Vokalisationen vor Beginn einer Äußerung sind, die dadurch zustande kommen, dass die Stimmlippen nicht ausreichend geöffnet sind, wenn die Einatmung beginnt. Als Zweites haben wir auffällige Stimmeinsätze, wie einen zu harten Stimmeinsatz, einen auffallend behauchten Stimmeinsatz oder ähnliches beurteilt. Bei diesen Phänomenen wird die Anspannung der Stimmlippen nicht ausreichend an den subglottalen Druck angepasst. Beide Phänomene sind bei den sprachgestörten Kindern signifikant häufiger als in der Kontrollgruppe.

Die beurteilten Kategorien für die Modulation der Phonation während des Sprechens sind eine raue bzw. gespannte Stimme, Stimmzittern, Stimmabbruch oder Tonsprung. Mit »Stimmzittern« wird ein Tremor der Stimmlippen bezeichnet, Stimmabbruch kommt dadurch zustande, dass die Glottis (Stimmritze) während eines stimmhaften Lautes plötzlich verschlossen wird. Statt »Bank« hört man z. B. »Ba–ank«. Beim Tonsprung kommt es durch eine unangemessene Verkürzung der Stimmlippen zu einer plötzlichen ausgeprägten Erhöhung des Stimmtones. Die **Abbildung 4** zeigt, dass diese Phänomene weit häufiger bei den sprachgestörten Kindern auftreten als bei den Kindern der Kontrollgruppe (Amorosa et al. 1986)

**4.2.3 Artikulation**

Für die Produktion von Sprache setzen wir etwa 25 Bewegungsmuster, von Studdert-Kennedy (1985) Gesten genannt, ein, wie das Runden der Lippen für /o/ oder /sch/, die Hebung der Zungenspitze für /t/ oder /s/ oder die Öffnung der Verbindung von Nasen- und Mundraum für die nasalen Laute. Diese Gesten werden durch das Zusammenspiel mehrerer Muskeln ausgeführt und sind oft relativ langsam. Durch Überlappen solcher Gesten gelingt

**Auffälligkeiten der Phonation**

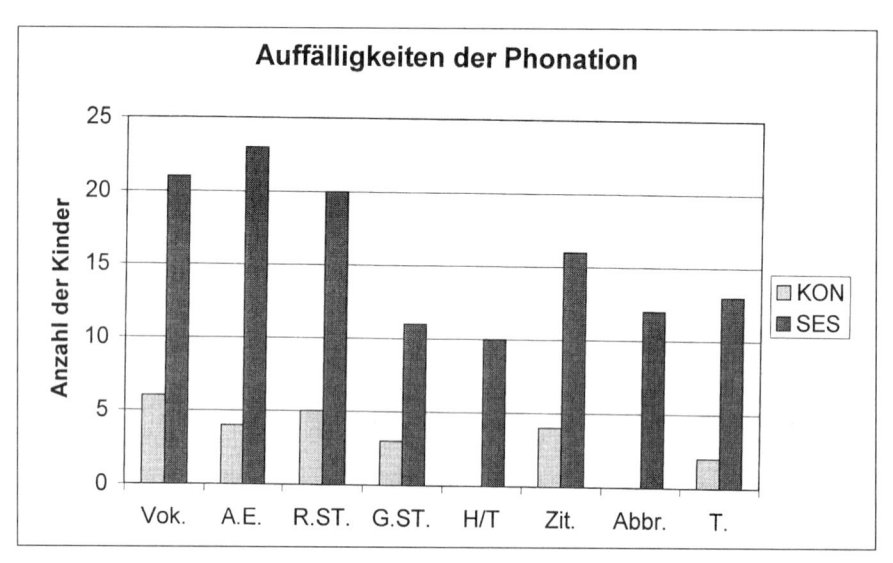

**Abbildung 4:** Häufigkeit von Stimmstörungen bei 24 Kindern mit unverständlicher Spontansprache (SES) und einer altersparallelisierten Gruppe sprachunauffälliger Kinder (KON). Vok = unwillkürliche Vokalisationen; A. E. = auffälliger Stimmeinsatz; R. St. = raue Stimme, G. St. = gespannte Stimme; H/T = Stimme zu hoch oder zu tief; Zit. = Stimmzittern; Abbr. = Stimmabbruch; T. = Tonsprung

es uns aber etwa 12 bis 15 Laute in der Sekunde zu produzieren, d. h. auf ein ausreichendes Sprechtempo zu kommen. Dabei ist es wichtig, dass die Gesten sich nur dann überlappen, wenn dadurch der akustische Eindruck des gerade produzierten Lautes nicht überdeckt wird. So kann das Gaumensegel sich während des Vokals /a/ bereits senken, wenn hinterher ein Nasal kommt, wie in »Mama«. Die Gesten können also für einen Laut zeitlich versetzt auftreten, müssen aber ihre Wirksamkeit zur richtigen Zeit entfalten, damit der richtige Laut entsteht. Diese Koordination muss sehr präzise ausfallen, da teilweise Unterschiede von 30 bis 50 ms ausreichen, um Lautunterschiede zu markieren (Studdert-Kennedy 1985).

Erwachsene sind sogar in der Lage, verständlich zu sprechen, wenn sie eine Pfeife im Mund haben oder der übliche Bewegungsablauf durch andere Hindernisse verhindert wird. Das zeigt, dass Erwachsene gelernt haben, das gleiche akustische Signal mit unterschiedlicher Stellung der Artikulatoren zu produzieren (Hale et al. 1992).

## Normale Entwicklung

Bei der Geburt steht der Kehlkopf hoch und die Zunge liegt relativ weit hinten, sie füllt den gesamten Mundraum aus. Wenn das Baby in den ersten

Monaten Laute erzeugt, dann entstehen diese Laute durch Kontakt zwischen Zunge und Rachenwand und ähneln dem /r/ oder /ch/, außer, wenn das Kind schreit und den Mund dabei weit öffnet. Die Zunge kann in sich wenig bewegt werden, sodass sich die Vokale wenig unterscheiden.

Das Velum (Gaumensegel) und die Lippen sind meist geöffnet. Mit etwa neun Wochen beginnen die Babies, das Velum bei der Lautproduktion zu schließen. Mit 10 bis 14 Wochen kommt es zu einzelnen Artikulationsbewegungen während einer Phonation. Bewegungswiederholungen während einer Phonation treten erstmals mit etwa sechs bis sieben Monaten auf. Durch den veränderten Winkel des Vokaltraktes mit Absenkung des Kehlkopfes wird die Zunge beweglicher und füllt nicht mehr den gesamten Mundraum aus. Jetzt können Verschlusslaute auch weiter vorne im Mundraum entstehen und es treten Laute der zweiten Artikulationszone auf. Die Zunge führt feinere Bewegungen aus und kann in einer freien Position gehalten werden, was die Geräuschbildung für Frikative ermöglicht. Immer häufiger beobachtet das Kind den Mund seines Gegenübers und beginnt Lippenlaute zu imitieren.

Damit kann das Kind mit acht bis neun Monaten die einzelnen Gesten ausführen wie das Spitzen von Zunge und Lippen oder die Bewegungen der Zunge und des Velums. Es kann diese Bewegungen wiederholen und mit Atmung und Stimmgebung koordinieren. Es beginnt, gehörte Laute zu imitieren, wiederholt eigene Laute und variiert sie. Diese Fähigkeiten trainiert es in den folgenden Monaten. Sie sind Voraussetzung für die Produktion von Wörtern.

Die Fähigkeit, verschiedenste Lautkombinationen in schneller Folge zu produzieren, nimmt im Laufe der nächsten Jahre zu. Die Kinder lernen, komplexe Bewegungen, wie sie für die Produktion von Konsonantenhäufungen nötig sind, mit ausreichender Geschwindigkeit auszuführen. Das Sprechtempo nimmt zu und die Variabilität bei der Wiederholung gleicher Äußerungen nimmt ab. Diese Abnahme zeigt sich besonders deutlich um das sechste Lebensjahr, erreicht aber erst am Ende des Grundschulalters Erwachsenenwerte (Lee et al. 1999).

## Gestörte Entwicklung

Sprachentwicklungsgestörte Kinder haben oft erhebliche Schwierigkeiten mit dem Tempo von Bewegungen, das für das normale Sprechen notwendig ist. Sie lassen Laute aus und fügen manchmal auch Laute ein. Dies kann dadurch entstehen, dass eine Bewegung nicht schnell und präzise genug ausgeführt wird und das Zwischenstadium hörbar wird. Beispielsweise kann es sein, dass eine Zungenspitzenbewegung für ein /s/ zu grob ist. Die Zunge schlägt am Gaumen an und führt zu einem /t/, erst dann wird sie in den richtigen Abstand zum Gaumen geführt, so dass ein s-Laut entsteht (Gibbion 1999).

Die Bewegungsgeschwindigkeit kann man bei einfachen Silbenwiederholungen messen. **Abbildung 5** zeigt die mittlere Geschwindigkeit der Wieder-

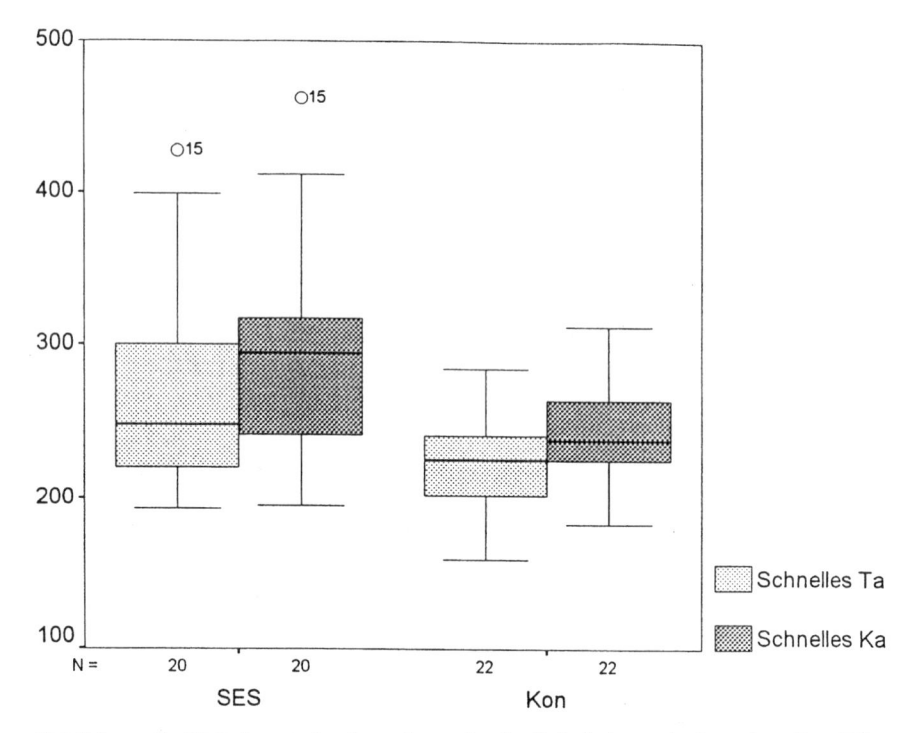

**Abbildung 5:** Mittelwert der Sprechgeschwindigkeit in ms beim schnellen Wiederholen der Silben »ta« bzw. »ka« bei 24 Kindern mit unverständlicher Spontansprache (SES) und einer altersparallelisierten Gruppe sprachunauffälliger Kinder (KON)

holung von /ta/ und /ka/ für die Gruppe von Kindern mit unverständlicher Spontansprache im Vergleich zu einer altersparallelisierten Kontrollgruppe.

Die sprachgestörten Kinder sind wesentlich langsamer als die Kontrollkinder. Nicht dargestellt ist die signifikant höhere intraindividuelle Variabilität der Silbenwiederholung in der Gruppe der Sprachgestörten (Amorosa 1988).

## 4.3 Zerebrale Kontrolle

Wir finden in allen drei Bereichen der Sprechmotorik, der Sprechatmung, der Stimmgebung und der Artikulation Auffälligkeiten bei sprachentwicklungsgestörten Kindern. Die drei Bereiche wurden der Übersichtlichkeit halber einzeln in ihrer Entwicklung und ihren Störungen dargestellt. Natürlich spielt die Integration der drei Systeme beim Sprechen eine wesentliche Rolle.

*Auffälligkeiten in der Sprechmotorik*

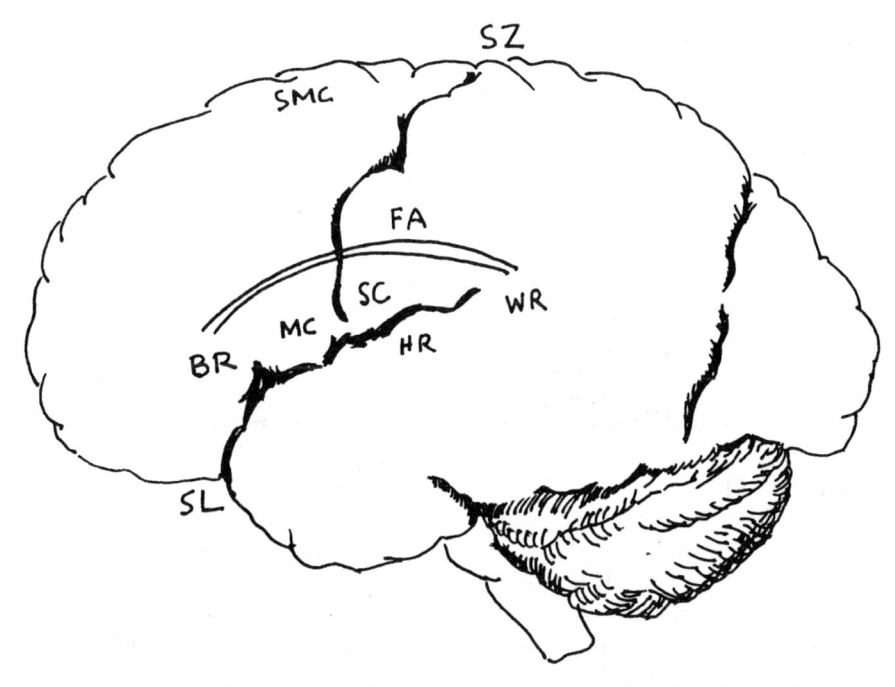

**Abbildung 6:** Die für das Sprechen relevanten Bereiche der Hirnrinde. BR = Brocaregion; FA = Fasciculus arcuatus; HR = Hörrinde; MC = primärer motorischer Gesichtscortex; SC = primärer sensorischer Gesichtscortex; SL = Sulcus lateralis; SMC = supplementär motorische Rinde; SZ = Sulcus zentralis; WR = Wernicke Region

Die Kontrolle und Planung der Sprechbewegungen erfolgt über ein komplexes Netzwerk von motorischen und sensorischen Zentren in der Hirnrinde (Kortex) und in subcortikalen Bereichen (**Abb. 6**). Neben den Kernen der Hirnnerven sind das zentrale Höhlengrau, das Kleinhirn, extrapyramidalmotorische Kerne und Kerne des Thalamus von Bedeutung. Im primären motorischen und sensorischen Kortex sind große Bereiche der Gesichts- und Mundregion zugeordnet. Die praemotorischen Rindenfelder spielen für die Planung von Bewegungsfolgen eine Rolle, während die Broca-Region für die Auswahl der Bewegungen von Bedeutung zu sein scheint (Dronkers 1996). Sie ist mit sehr schnell leitenden Verbindungen im Fasciculus arcuatus, mit den Rindenfeldern im temporalen und parietalen Kortex, die für Sprache bedeutsam sind, verbunden.

Es handelt sich insgesamt um ein sehr komplexes Netzwerk mit vielen parallel arbeitenden Zentren, die eng miteinander verknüpft sind (Ploog 1975, Kirchner 1981, Holstege et al. 1983, Guenther et al. 1998).

*Hedwig Amorosa*

## 4.3.1 Normale Entwicklung

Die anatomischen und funktionellen Veränderungen in den drei am Sprechen beteiligten Systemen sind in den ersten Lebensjahren erheblich. Die Bewegungsmuster, die erlernt werden müssen, sind zum einen abhängig von der zu erlernenden Sprache, zum anderen aber auch von den individuell unterschiedlichen Wachstumsschüben in den einzelnen Bereichen. Eine genetische Festlegung dieses Entwicklungsprozesses erscheint nicht möglich. Man geht daher davon aus, dass es zwar einige genetische Anteile gibt, dass aber das System als Ganzes ein sich selbst organisierendes System ist, welches sich flexibel an die jeweiligen Gegebenheiten anpassen kann.

**Aufbau einer Repräsentation des motorischen Raumes**

Die sprechmotorische Entwicklung ist beeinflusst von Organisationsformen, die das gesamte motorische System betreffen (Ostry & Keller 1983). So geht man davon aus, dass das repetitive Plappern (»dadada«), das mit sechs bis sieben Monaten einsetzt, gleichzeitig mit anderen rhythmischen Körperbewegungen auftritt, z. B. dem Strampeln (Kent & Hodge 1991). Erst mit einer Auflösung dieser festen Bewegungsabläufe kann es zu einer Individuation und Differenzierung von Einzelbewegungen und dem Aufbau neuer Bewegungsfolgen kommen. Es entstehen dann die für die Muttersprache spezifischen Gesten des Sprechens, die durch viel Übung präzisiert und zu komplexen Bewegungsfolgen mit der Möglichkeit der Koartikulation integriert werden. Während des Aufbaus solcher komplexer Bewegungsmuster kommt es zu einer Repräsentation des motorischen Raumes in neuronalen Netzen des Gehirns (Kent 1992, Guenther 1995, Guenther et al. 1998).

**Aufbau einer Repräsentation des Lautrepertoires**

Gleichzeitig mit der Ausbildung der Repräsentation des motorischen Raumes entwickelt sich eine Repräsentation des Lautrepertoires der gehörten Sprache. Einige Lautgruppen sind angeboren und werden bereits sehr früh als kategoriale Klassen wahrgenommen, andere Lautklassen werden im Umgang mit der Umgebungssprache verändert oder neu gelernt (Aslin et al. 1981, Wyke 1983, Jusczyk 1993). Auch dieses System bildet sich in den ersten Jahren heraus (Carpenter & Großberg 1987, Edelman 1987, Shamma & Klein 2000).

**Verknüpfung von Perzeption und Motorik**

Im Laufe der Entwicklung und offenbar sehr stark im ersten Lebensjahr verbinden sich diese beiden Repräsentationen, dabei spielt vermutlich die Verbindung über den Fasciculus arcuatus eine wichtige Rolle. Das Kind stellt

*Auffälligkeiten in der Sprechmotorik*

```
┌─────────────────────────┐     ┌─────────────────────────┐
│  Angeborene kategoriale │ ←→  │  Angeborene motorische  │
│       Wahrnehmung       │     │       Fähigkeiten       │
└─────────────────────────┘     └─────────────────────────┘
```

**Einflussfaktoren im Kind**

Hören
Orientierungsreaktion
Aufmerksamkeit
Gedächtnis

**Einflussfaktoren der Umgebung**

Umgebungssprache
elterliches
didaktisches
Verhalten

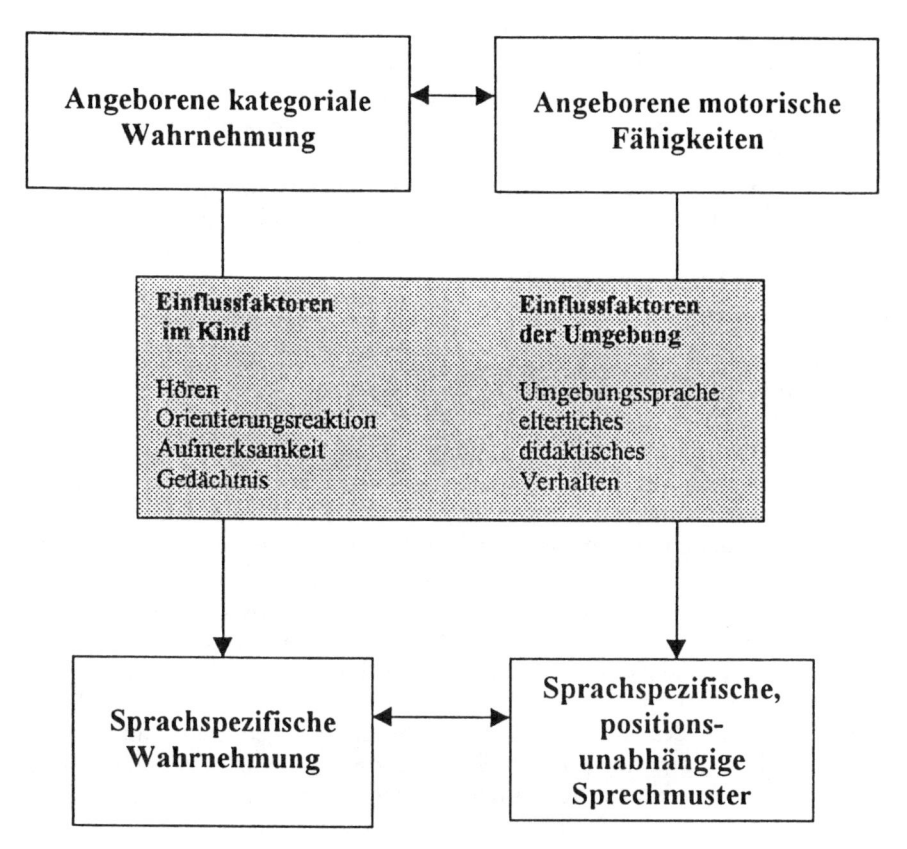

```
┌─────────────────────┐         ┌─────────────────────┐
│   Sprachspezifische │  ←→     │   Sprachspezifische,│
│     Wahrnehmung     │         │     positions-      │
│                     │         │     unabhängige     │
│                     │         │     Sprechmuster    │
└─────────────────────┘         └─────────────────────┘
```

**Abbildung 7:** Faktoren, die für die Entwicklung des Sprachverständnisses und des Sprechens wichtig sind

eine Verbindung her zwischen dem, was es motorisch tut, und dem, was es gleichzeitig taktil-kinästhetisch zurückgemeldet bekommt und hört. Darüber entstehen Verbindungen zwischen den gleichzeitig erregten Zentren in den vorderen und hinteren Rindenbereichen. Dabei spielt die Gleichzeitigkeit der Erregung eine wichtige Rolle (Koller 1991).

An Hand von Computersimulationen konnte gezeigt werden, dass die Besonderheiten der sprechmotorischen Entwicklung in einem Lernprozess nachgeahmt werden konnten, wenn man von Modellen ausging, in denen die auditive Wahrnehmung vorgegeben wurde. Diese Simulationen zeigten, dass die auditive Wahrnehmung bei gut funktionierender motorischer Entwicklung ein wichtiger Faktor im Lernprozess ist (Callan et al. 2000). Welchen Einfluss eine gestörte motorische Entwicklung auf das gesamte System hat, ist dagegen unklar.

Neben der auditiven Wahrnehmung spielt sicher die Fähigkeit des Kindes, Orientierungsreaktionen auszubilden und die Aufmerksamkeit auf die ablaufenden motorischen und Hörprozesse zu richten und im Gedächtnis zu speichern eine wichtige Rolle. Auch das elterliche didaktische Verhalten, welches sich darin zeigt, dass gerade dann sich häufig wiederholende Sprachangebote gemacht werden, wenn das Kind wach und aufnahmebereit ist, darf nicht vernachlässigt werden (**Abb.** 7).

Es zeigt sich, dass die Ausbildung von vernetzten Systemen unter vielen unterschiedlichen Einflüssen dazu führt, dass das Kind lernt, gehörte Äußerungen zu imitieren und in unterschiedlichen Positionen verständliche Äußerungen in der Umgebungssprache zu produzieren.

### 4.3.2 Gestörte Entwicklung

Störungen der skizzierten Entwicklung sind in vielfältiger Weise möglich. Häufig trifft man auf Kinder mit einer gestörten Sprachentwicklung, deren Mundbewegungen beeinträchtigt sind. Dies sind Kinder, die gleichzeitig auch Essprobleme hatten oder haben. Oft haben sie als Babies schlecht getrunken, wenig geplappert und später schlecht gekaut. Manchmal sind diese Störungen eher diskret. Solche Kinder tun sich schwer, eine genügend differenzierte Kontrolle über die Sprechmotorik zu erreichen. Manche scheitern an einer ausreichenden Geschwindigkeit und zeitlichen Koordination von Bewegungen.

Eine zweite Gruppe von Kindern hat Schwierigkeiten mit der Lautunterscheidung oder der kategorialen Zuordnung der gehörten Laute (Kuhl 1993). Solche »auditiven Wahrnehmungsstörungen« gibt es sicher, auch wenn sie zur Zeit viel zu häufig diagnostiziert und damit als vermeintliche Ursache der Sprachentwicklungsstörung – aber auch vieler anderer Lernstörungen – angesehen werden.

Die dritte Gruppe bilden Kinder, bei denen die Motorik nicht massiv gestört sondern eher ungeübt ist. Diese Kinder können auch Laute sehr gut unterscheiden, aber sie sprechen nicht. Manche dieser Kinder lernen das Sprechen über das Lesen. Ihnen hilft offenbar der visuelle Kanal. Möglicherweise ist bei diesen Kindern die Verbindung zwischen hinteren und vorderen Rindenfeldern nicht optimal oder schnell genug, so dass die Vernetzung der verschiedenen Repräsentationen nicht ausreichend gelingt.

Solche Modellvorstellungen ziehen Konsequenzen für die Behandlung der Sprechstörung nach sich. Eine Vertiefung würde aber den Rahmen dieses Artikels sprengen.

## 4.4 Schlussfolgerungen

Die komplexe Entwicklung der an der Sprechmotorik beteiligten Systeme und ihre Integration ist von vielen Faktoren abhängig. Sie ist sicher nicht in der Weise genetisch festgelegt, wie es lange angenommen wurde. Die enge Verknüpfung und gegenseitige Beeinflussung von Hirnentwicklung und Funktion lassen Raum für ein hilfreiches Eingreifen bei nicht optimaler Entwicklung. Damit wir aber mit unserem Eingreifen in das sehr komplexe System nicht mehr schaden als nützen, ist es unerlässlich, noch detaillierteres Wissen über die normale Entwicklung und deren Störung zu sammeln.

## 4.5 Zusammenfassung

Teile der Sprechmotorik sind neben der Artikulation auch die Sprechatmung und Phonation. Die Entwicklung dieser Systeme ist ein komplexer Vorgang, bei dem die anatomischen und funktionellen Veränderungen immer wieder in die Bewegungskontrolle integriert werden müssen. Die zerebrale Kontrolle der Systeme erfolgt über ein sich selbst organisierendes Netzwerk parallel arbeitender Zentren im kortikalen und subkortikalen Bereich.

Kinder mit Sprachentwicklungsstörungen zeigen häufig Auffälligkeiten nicht nur in der Artikulation, sondern auch in der Sprechatmung und in der Stimmgebung. Ursachen können neben motorischen Störungen auch Störungen der auditiven Wahrnehmung oder Störungen der Integration von auditiver Wahrnehmung und motorischer Information sein.

**Literatur**

Amorosa, H. (1988). *Die Untersuchung kindlicher Sprechbewegungsstörungen mit Hilfe der akustischen Analyse.* Habilitationsschrift; München: Ludwig-Maximilians-Universität.
Amorosa, H. (1992). Disorders of vocal signalling. In H. Papousek, U. Jürgens & M. Papousek (Hrsg.), *Nonverbal Vocal Communication.* New York: Cambridge University Press.
Amorosa, H., Benda, U. v., Dames, M. & Schäferskupper, P. (1986). Deficits in fine motor coordination in children with unintelligible speech. *European Archives of Psychiatry and Neurological Science, 236,* 26–30.
Aslin, R. N., Pisoni, D. P., Hennessy, B. L. & Perey, A. J. (1981). Discrimination of voice onset time by human infants: New findings and implications for the effects of early experience. *Child Development, 52,* 1135–1145.
Callan, D., Kent, R., Guenther F. & Vorperian, H. (2000). An auditory-feedback-based neural network model of speech production that is robust to developmental changes in the size and shape of the articulatory system. *Journal of Speech, Language, and Hearing Research, 43,* 721–736.
Carpenter, G. & Großberg, S. (1987). Discovering order in chaos: Stable self-organization of neural recognition codes. In S. Koslow, A. Mandell, M. Schlesinger (Hrsg.), *Perspectives in Biological Dynamics and Theoretical Medicine.* Annals of the New York Academy of Sciences, 504, 33–50.

Dronkers, N. (1996). A new brain region for coordinating speech articulation. *Nature, 384*, 159–161.

Edelman, G. (1987). *Neural Darwinism: The theory of neuronal group selection.* New York: Basic Books.

Finnegan, D. E. (1984). Maximum phonation time for children with normal voices. *Journal of Communication Disorders, 17*, 309–317.

Fourcin, A. (1978). Acoustic pattern and speech acquisition. In N. Waterson & E. Snow (Hrsg.), *The Development of Communication.* Chichester: Wiley.

Gibbion, F. (1999). Undifferentiated lingual gestures in children with articulation/phonological disorders. *Journal of Speech, Language, and Hearing Research, 42*, 382–97.

Guenther, F. (1995). Speech sound acquisition, coarticulation, and rate effects in a neural network model of speech production. *Psychological Review, 102*, 594–621.

Guenther, F., Hampson, M. & Johnson, D. (1998). A theoretical investigation of reference frames for the planning of speech movements. *Psychological Review, 105*, 611–32.

Gutzmann, H. (1909). *Physiologie der Stimme und Sprache.* Braunschweig: Vieweg.

Hale, S., Kellum, G., Richardson, J., Messer, S., Gross, A. & Sisakun, S. (1992). Oral motor control, posturing, and myofunctional variables in 8-year-olds. *Journal of Speech, Language, and Hearing Research, 35*, 1203–08.

Hirano, M. (1981). Structure of the vocal fold in normal and desease states – anatomical and physical studies. *ASHA Reports, 11*, 11–30.

Holstege, G., Graveland, G., Bijker-Biemond, C. & Schuddeboom, I. (1983). Location of motoneurons innervating soft palate, pharynx and upper esophagus. Anatomical evidence for a possible swallowing center in the pontine reticular formation. *Brain Behavior and Evolution, 23*, 47–62.

Jusczyk, P. (1993). From general to language-specific capacities: The WRAPSA Model of how speech perception develops. *Journal of Phonetics, 21*, 3–28.

Keller, E. (1989). Predictors of subsyllabic durations in speech motor control. *Journal of the Acustical Society of America, 85*, 322–25.

Kent, R. (1992). The biology of phonological development. In C. Ferguson, L. Menn, C. Stoel-Gammon (Hrsg.), *Phonological Development: Models, Research, Implications.* Timonium: York Press.

Kent, R. & Hodge, M. (1991). The biogenesis of speech: Continuity as process in early speech and language development. In J. Miller (Hg.), *Research in Child Language Development: A Decade of Progress.* Austin: Pro-ed.

Kirchner, J. (1981). Laryngeal afferent systems in phonatory control. *ASHA Reports, 11*, 33–47.

Koller, S. (1991). Das Gehirn als Statistik-Organ. *Deutsches Ärzteblatt, 88*, 2014–2019.

Kuhl, P. (1993). Developmental speech perception: Implications for models of language impairment. In P. Tallal, A. Galaburda, R. Llinás, & C. von Euler (Hrsg.), *Temporal Information Processing in the Nervous System.* New York: The New York Academy of Sciences.

Kuhl, P. & Meltzoff, A. (1996) Infant vocalizations in response to speech: Vocal imitation and developmental change. *Journal of the Acoustical Society, 100*, 2425–2438.

Lee, S., Potamianos, A. & Narayanan, S. (1999). Acoustics of children's speech: Developmental changes of temporal and spectral parameters. *Journal of the Acoustical Society of America, 105,* 1455–1468.

Lieberman, P. (1977). *Speech Physiology and Acoustic Phonetics.* New York: Mac Millan.

Nittrouer, S. (1995). Children learn separate aspects of speech production at different rates: Evidence from spectral moments. *Journal of the Acoustical Society of America, 97,* 520–30.

Ostry, D. & Keller, E. (1983). Similarities in the control of the speech articulators and the limbs: Kinematics of the tongue dorsum movement in speech. *Journal of Experimental Psychology: Human Perception and Performance, 9,* 622–636.

Papousek, M. (1994). *Vom ersten Schrei zum ersten Wort.* Göttingen: Huber Verlag.

Ploog, D. (1975). Vocal behavior and its »localization« as a prerequisite for speech. In K. Zülch, O. Creutzfeld & G. Galbraith (Hrsg.), *Cerebral Localization.* Berlin: Springer.

Schäferskümper, P. & Cramon v., D. (1985). Untersuchung und Beurteilung zentraler Störungen der Stimme und des Sprechens – Teil II: Phonation, Prosodie und Atmung. *Die Sprachheilarbeit, 30,* 153–158.

Shamma, S. & Klein, D. (2000). The case of the missing pitch templates: How harmonic templates emerge in the early auditory system. *Journal of the Acoustical Society of America, 107,* 2631–2644.

Studdert-Kennedy, M. (1985). *On learning to speak.* Haskins Laboratories: Status Report on Speech Research, SR–82/83, 53–61.

Vorperian, H., Kent, R., Gentry, L. & Yandell, B. (1999). Magnetic resonance imaging procedures to study the concurrent anatomic development of vocal tract structures: Preliminary results. *International Journal of Pediatric Otorhinolaryngology, 49,* 198–206.

Wyke, B. (1983). Neuromuscular control systems in voice production. In D. M. Bless, & J. H. Abbs (Hrsg.), *Vocal Fold Physiology.* San Diego: College Hill Press.

# 5 Sprachentwicklungsstörung und Zeitverarbeitung

Dagmar Berwanger

---

5.1　Einleitung
5.2　Das Phänomen »Zeit«
5.3　Modelle der Zeitverarbeitung in Bezug zur Sprachverarbeitung
5.4　Empirische Befunde zum Zusammenhang von Sprach- und Zeitverarbeitung
5.5　Eigene Untersuchungen zur Zeitverarbeitung
5.5.1　Auditive und visuelle Ordnungs- und Fusionsschwelle
5.5.2　Phonologische Bewusstheit und Ordnungsschwelle
5.5.3　Phonemdiskriminationsfähigkeit und Ordnungsschwelle
5.5.4　Schlussfolgerungen
5.6　Zusammenfassung und Ausblick

---

## 5.1 Einleitung

Gesprochene Sprache besteht aus einer Aneinanderreihung sich hinsichtlich Intensität und Frequenz schnell ändernder Schallereignisse. Während das Auge im Allgemeinen ein Bild mehrfach abtasten kann, muss das Gehör die innerhalb kurzer Zeitabschnitte ablaufenden Intensitäts- und Frequenzmodulationen von Schallenergie auf Anhieb erfassen (Spreng 1994). Sowohl das Verschlüsseln als auch das Entschlüsseln menschlicher Sprache setzt somit eine hochentwickelte zeitliche Organisation und Kontrolle voraus (Fraser 1993), mit anderen Worten: Wahrnehmung und Produktion gesprochener Sprache ist durch ihre Organisation im zeitlichen Ablauf geprägt. Veit (1992) betont, dass neben Verarbeitung und Analyse sprachlicher Informationen ebenso eine Auflösung der zeitlichen Strukturierung erfolgen muss. So wie der Raum als Dimension des visuellen Systems gilt, bildet die Zeit nach Hirsh (1959) die »patterning dimension« für Sprache.

Die Fähigkeit zur zeitlichen Verarbeitung kann beeinträchtigt sein. Bei Patienten mit einer Aphasie nach Verletzungen der linken Hemisphäre (Efron

1963, Swisher & Hirsh 1972, von Steinbüchel et al. 1999) konnte ein Defizit in der zeitlichen Sequenzierungsfähigkeit nachgewiesen werden. Gerade in den letzten Jahren wird aufgrund zahlreicher Untersuchungen an sprachentwicklungsgestörten Kindern (Tallal & Piercy 1973a, Fitch et al. 1997, Wright et al. 1997) und an Kindern wie auch Erwachsenen mit Lese-Rechtschreibstörung (Watson 1992, Tallal 1980, Reed 1989, Hari & Kiesilä 1996, Helenius et al. 1999) der ursächliche Zusammenhang zwischen Zeitverarbeitungsdefiziten und Störungen der Laut- und Schriftsprache diskutiert. Basierend auf diesen empirischen Beobachtungen wurden Trainingsmethoden zur Verbesserung der zeitlichen Diskriminationsfähigkeit entwickelt mit dem Ziel, die sprachlichen Leistungen von Kindern mit Störungen der Laut- und Schriftsprache (Merzenich et al. 1996, Warnke 1993, von Steinbüchel et al. 1997) und von Patienten mit Aphasie (von Steinbüchel 1987, von Steinbüchel et al. 1996) zu erhöhen.

Ziel des vorliegenden Beitrages ist es, Zeitverarbeitung im Allgemeinen und im Zusammenhang mit der Organisation von Sprache zu skizzieren. Neben theoretischen Überlegungen zum Phänomen Zeit sollen Ansätze zur Klassifikation subjektiven Zeiterlebens dargestellt werden. Der mögliche Zusammenhang zwischen Sprach- und Zeitverarbeitung wird anhand empirischer Befunde aufgezeigt.

## 5.2 Das Phänomen »Zeit«

Zeit ist uns im täglichen Leben meist nicht bewusst und bei dem Versuch, sie zu definieren, gibt sie uns Rätsel auf. Im Verlauf ihrer Geschichte stellten sich die Menschen immer wieder die Frage nach dem Wesen des Phänomens »Zeit«, das bis zum heutigen Tag bei Vertretern unterschiedlichster Fachrichtungen Gegenstand anhaltender und kontroverser Diskussionen ist.

Durch das Postulat einer absoluten, gleich bleibenden Zeit, die unabhängig vom Raum existiere, wurde von Newton die Grundlage zu einer modernen Naturwissenschaft geschaffen. So schreibt er in seiner Principia Mathematica: »Die absolute, wahre und mathematische Zeit verfließt an sich und vermöge ihrer Natur gleichförmig, und ohne Beziehung auf irgendeinen äußeren Gegenstand« (zitiert nach Fraser 1993). Das Konzept einer absoluten, physikalischen Zeit, geprägt durch einen gleichförmigen und fließenden Ablauf, ermöglichte erst die Formulierung wissenschaftlicher Gesetze und besitzt daher aus pragmatischen Gründen im täglichen Leben sowie in Physik und Technik Gültigkeit. Ohne präzise Zeitmessung wären viele technischwissenschaftliche Aufgaben nicht zu bewältigen. Zu einer grundsätzlichen Änderung der menschlichen Vorstellung von Raum und Zeit führte Einsteins Relativitätstheorie, die Zeit nicht mehr losgelöst vom Raum, sondern vielmehr mit diesem verbunden in Form einer so genannten »Raumzeit« betrachtet (in Hawking 2000). Anstelle der absoluten Zeit der klassischen Physik rückt eine relative Zeit, abhängig von der relativen Geschwindigkeit des Bezugssystems. Die jeweilige Ortszeit eines bewegten Systems wird in Abhängigkeit von dessen Geschwindigkeit »gedehnt« (so genannte »Zeitdilatation«) und kommt im Extremfall, bei annähernder Lichtgeschwindigkeit, beinahe zum Stillstand.

Obwohl Zeit mittels objektiver Methoden messbar gemacht wird, stellt sie doch im persönlichen Empfinden des Menschen eine relative Größe dar, die durch eine Vielzahl von Faktoren beeinflusst wird. Nach Kant handelt es sich bei der Dimension Zeit um eine »Form des inneren Sinnes«, um eine »innere Anschauung«, die als Grundlage unserer Wahrnehmungsurteile diene (zitiert nach: Nakajima 1986). Zeit war demnach für Kant als solche nicht existent, sondern stellte vielmehr ein Produkt menschlichen Denkens dar.

Subjektive Zeitverarbeitung und Zeitwahrnehmung waren bereits Mitte des 19. Jahrhunderts Gegenstand psychologischer Forschung sowie theoretischer Überlegungen (Übersicht in: Rammsayer 1992). Der Beginn der Erforschung des individuellen Erlebens der Dimension Zeit geht nach Pöppel (1978, 1997b) auf das Jahr 1860 zurück, als Karl Ernst van Baer in einem Vortrag erstmals die Annahme vertrat, dass die Verarbeitung von Reizen nicht kontinuierlich, sondern vielmehr gebündelt in Form so genannter Zeitquanten verlaufe. Die Zeit an sich wahrzunehmen ist nicht möglich, ein Sinnesorgan für Zeit, vergleichbar mit dem Hör-, Seh- oder Tastsinn, existiert nicht. Vielmehr wird Zeit über Veränderungen und Erlebnisse erschlossen und kann somit als Ausdruck der Verarbeitung von Ereignissen verstanden werden. Bereits im 4. Jahrhundert hat Aurelius Augustinus, Bischof von Hippo in Nordafrika, in seinem 11. Buch der Confessiones die Zeitwahrnehmung mit der Wahrnehmung von Ereignissen in Verbindung gebracht und somit kann er als einer der bedeutendsten Pioniere auf diesem Gebiet bezeichnet werden. Zeit blieb allerdings auch für ihn ein Rätsel, was in seiner Antwort auf die Frage nach dem Wesen der Zeit deutlich wird: »Werde ich danach gefragt, so weiß ich es. Will ich es aber dem Frager erklären, so weiß ich es nicht« (zitiert nach Karamanolis 1989). Nicht also die »Zeit« ist wahrnehmbar, sondern lediglich die stattfindenden Ereignisse sind es.

Wahrnehmung und Verarbeitung von Ereignissen sind an zeitliche Verarbeitungsleistungen des Gehirns geknüpft. Entsprechend dieser neuronalen Grundlagen erfolgt das subjektive Erleben von Zeit in Form unterschiedlicher Zeitkategorien. In verschiedenen Modellen zur Zeitverarbeitung werden unterschiedliche Bereiche zeitlichen Erlebens dargestellt.

## 5.3 Modelle der Zeitverarbeitung in Bezug zur Sprachverarbeitung

Nach Fraisse (1984) ist für das zeitliche Erleben grundsätzlich, neben der Wahrnehmung von Folge, die Wahrnehmung von Dauer von Bedeutung. Eine detailliertere Unterteilung wurde von Hirsh (1959) vorgenommen. Danach können folgende Zeitverarbeitungsebenen bei der Wahrnehmung akustischer Stimuli definiert werden: Die Wahrnehmung der Veränderung der Dauer eines einzelnen Tones, das Getrenntwahrnehmen zweier schnell hintereinander dargebotener Töne, der Wechsel zweier gleicher Töne in ein ungleiches Tonpaar und die Erfassung der zeitlichen Reihenfolge zweier Töne.

Basierend auf Befunden zu den unterschiedlichen Zeitverarbeitungsebenen entwirft Pöppel (1978, 1997b) eine umfassende Taxonomie zeitlichen Erlebens. Danach können mindestens vier aufeinander aufbauende und sich wechselseitig beeinflussende Zeiterlebnisse voneinander unterschieden werden:

- das Erleben von *Gleichzeitigkeit* gegenüber *Ungleichzeitigkeit*
- das Erleben der *Aufeinanderfolge* oder der *zeitlichen Ordnung*
- das Erleben der *Gegenwart* oder des *Jetzt*
- das Erleben von *Dauer*.

### Das Erleben von Gleichzeitigkeit gegenüber Ungleichzeitigkeit

Die Fähigkeit zur Erkennung von Ungleichzeitigkeit gegenüber Gleichzeitigkeit wird mit Hilfe der Bestimmung der Fusionsschwelle beurteilt. Die Fusionsschwelle entspricht dem minimalen zeitlichen Abstand (Interstimulusintervall), bei dem zwei aufeinander folgende Reize gerade noch als getrennt wahrgenommen werden. Aufgrund unterschiedlicher peripherer und zentraler Verarbeitungsmechanismen hängt die Höhe der Fusionsschwelle von der sensorischen Modalität ab. Verglichen mit dem visuellen System, ermöglicht so der akustische Analysator eine wesentlich feinere Zeitauflösung. Zwei binaural präsentierte akustische Stimuli werden von gesunden Erwachsenen bereits bei einem Interstimulusintervall von 2 bis 3 ms (Hirsh 1959, Lackner & Teuber 1973, Moore 1993) nicht mehr als ein einziger Reiz wahrgenommen, während zwei räumlich einheitliche, visuelle Stimuli erst bei einem zeitlichen Abstand von etwa 20 ms (Pöppel 1987, Hirsh & Sherrick 1961, Artieda & Pastor 1996) subjektiv als zwei getrennte Reize identifiziert werden können.

Die untere Grenze, bei welcher das Gehör Schallereignisse noch voneinander zu trennen vermag, liegt also bei gesunden Erwachsenen bei 2 bis 3 ms. Unterhalb dieser Zeitgrenze werden Schalländerungen zwar registriert, aber nicht mehr als zeitlich getrennt wahrgenommen. Hinsichtlich der Sprachverarbeitung beschreibt die Fusionsschwelle folglich jenen zeitlichen Bereich, in welchem die Differenzierung zweier artikulatorischer Sprachimpulse gerade noch möglich ist.

## Das Erlebnis der Aufeinanderfolge oder der zeitlichen Ordnung

Das Erkennen der zeitlichen Ordnung zweier Reize wird anhand der Ordnungsschwelle gemessen. Die Ordnungsschwelle entspricht dem minimalen Zeitintervall, das gegeben sein muss, damit die richtige Reihenfolge zweier Reize angegeben werden kann. Im Gegensatz zur Fusionsschwelle ist die Ordnungsschwelle modalitätenunabhängig und liegt bei gesunden Erwachsenen im Bereich von 20 bis 40 ms (Hirsh 1959, Kegel & Tramitz 1993, Ilmberger 1986, Lotze et al. 1999, Wittmann & Pöppel 1999), wobei die leicht abweichenden Angaben in der Literatur zum Teil durch unterschiedliche Bestimmungsmethoden zustande kommen. Die grundlegenden Unterschiede zwischen den Methoden bestehen zum einen in der Art der Berechnung und zum anderen in der Reizdarbietung – monaural mittels ungleicher versus binaural mittels gleicher Stimuli.

Zur Identifikation von Reihenfolge wird ein für alle Sinnesmodalitäten gemeinsames zentral geregeltes Organisationssystem angenommen. Pöppel geht von einem neuronalen 30 bis 40 Hertz Oszillator aus, welcher Reize abschnittsweise in Perioden von ungefähr 30 ms verarbeitet und dadurch ein Urteil über die zeitliche Folge ermöglicht. Die zeitliche Ordnung zweier Reize kann demnach nur dann identifiziert werden, wenn diese in unterschiedlichen Abschnitten verarbeitet werden. Fallen zwei Reize in eine Periode solch einer Oszillation, so werden sie zwar als getrennt voneinander wahrgenommen, die Reihenfolge ihres Auftretens kann allerdings nicht identifiziert werden.

Die Annahme einer diskontinuierlichen Reizverarbeitung durch einen elementaren Zeitgeber, der sowohl in der Wahrnehmung als auch in der Motorik zu finden ist, wird durch Experimente mit Wahlreaktionszeiten (Pöppel 1970, Pöppel 1997a, Jokeit 1990) sowie Untersuchungen zu Augenbewegungen (Pöppel & Logothetis 1986) bekräftigt. Dazu wurden die Versuchspersonen aufgefordert, einem Gegenstand, der sich plötzlich zu bewegen beginnt, mit den Augen zu folgen. Der Beginn der Augenbewegungen erfolgte dabei nicht zu jedem beliebigen Zeitpunkt, sondern mit bestimmten Latenzen. Die Häufigkeitsverteilungen sowohl der Reaktions- als auch der Latenzzeiten einzelner Versuchspersonen wiesen mehrere Maxima auf, die durch einen zeitlichen Abstand von etwa 30 ms getrennt waren. Dies weist auf eine durch einen Stimulus angeregte Oszillation hin, welche motorische Reaktionen lediglich in Abständen von ungefähr 30 ms ermöglicht. Solche neuronalen 30 bis 40 Hertz Oszillationen lassen sich auch mit Hilfe unterschiedlicher neurophysiologischer Methoden, wie z. B. durch Messung der hirnelektrischen Aktivität mittels EEG, nachweisen und scheinen allgemein für Wahrnehmungs-, Kognitions- und Handlungsprozesse verantwortlich zu sein (Llinas et al. 1998, Artieda & Pastor 1996).

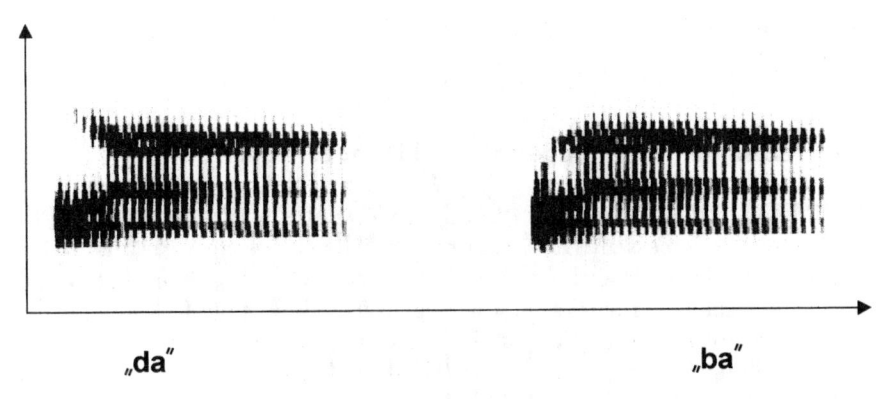

*Sprachentwicklungsstörung und Zeitverarbeitung*

„da"  „ba"

**Abbildung 1:** Spektrogramm für die Silben »da« und »ba« (mit freundlicher Genehmigung von N. Kiss, Institut für Medizinische Psychologie München)

Hinsichtlich der Sprachverarbeitung kommt der Zeitverarbeitung im Bereich der Ordnungsschwelle eine besondere Bedeutung zu, da sie die zeitliche Ordnung artikulatorischer Eigenschaften im Zeitbereich von 20 bis 60 ms ermöglicht. Die Frequenzanalyse innerhalb von 20 bis 30 ms spielt vor allem bei der Unterscheidung von verschiedenen Verschlusslauten eine bedeutende Rolle (Böhme & Welzl-Müller 1993). **Abbildung 1** zeigt die graphische Darstellung für gesprochene Sprache, ein so genanntes Spektrogramm, das die spektrale Zusammensetzung der Stimme aufzeigt. Dabei hinterlässt jede Vibration der Stimmlippen einen senkrechten Strich auf dem Papier. Besondere Energiedichten (Formanten) in der Frequenz des Sprachsignals scheinen im Spektrogramm als schwarze Balken auf. Das Spektrogramm stellt ein akustisches Signal als Schwärzungsgrad hinsichtlich seiner Frequenz (abgetragen auf der Ordinate) und hinsichtlich der Änderung über die Zeit (abgetragen auf der Abszisse) dar. Während des Signalverlaufes verändern die Formanten ihre Lage im Spektrum, was als Formanttransition bezeichnet wird. Der Mensch hört insbesondere die Formanten und ihre Transitionen (Eckert & Laver 1994, Pompino-Marschall 1995, Kegel 1996). Wie dem Spektrogramm in Abbildung 1 zu entnehmen ist, unterscheiden sich die Silben »da« und »ba« im Lautspektrum innerhalb der ersten 40 ms. Innerhalb dieses Zeitbereiches weisen die Konsonanten der beiden Phoneme unterschiedliche Bewegungsmuster der zweiten und dritten Formanten auf, indem die Richtung der Transition für »b« ansteigt und für »d« abfällt, jeweils gefolgt von einem relativ konstanten Lautspektrum des Vokalteiles. Um die Silben voneinander unterscheiden zu können, muss die Reihenfolge der sich schnell ändernden Formanttransitionen innerhalb der ersten spektralen Komponenten der Silben analysiert werden. Analog zur Ordnungsschwelle ist also die Reihenfolge der Lautkomponenten vom Gehirn zu verarbeiten, damit die Silbe »da« von »ba« unterschieden werden kann.

*Dagmar Berwanger*

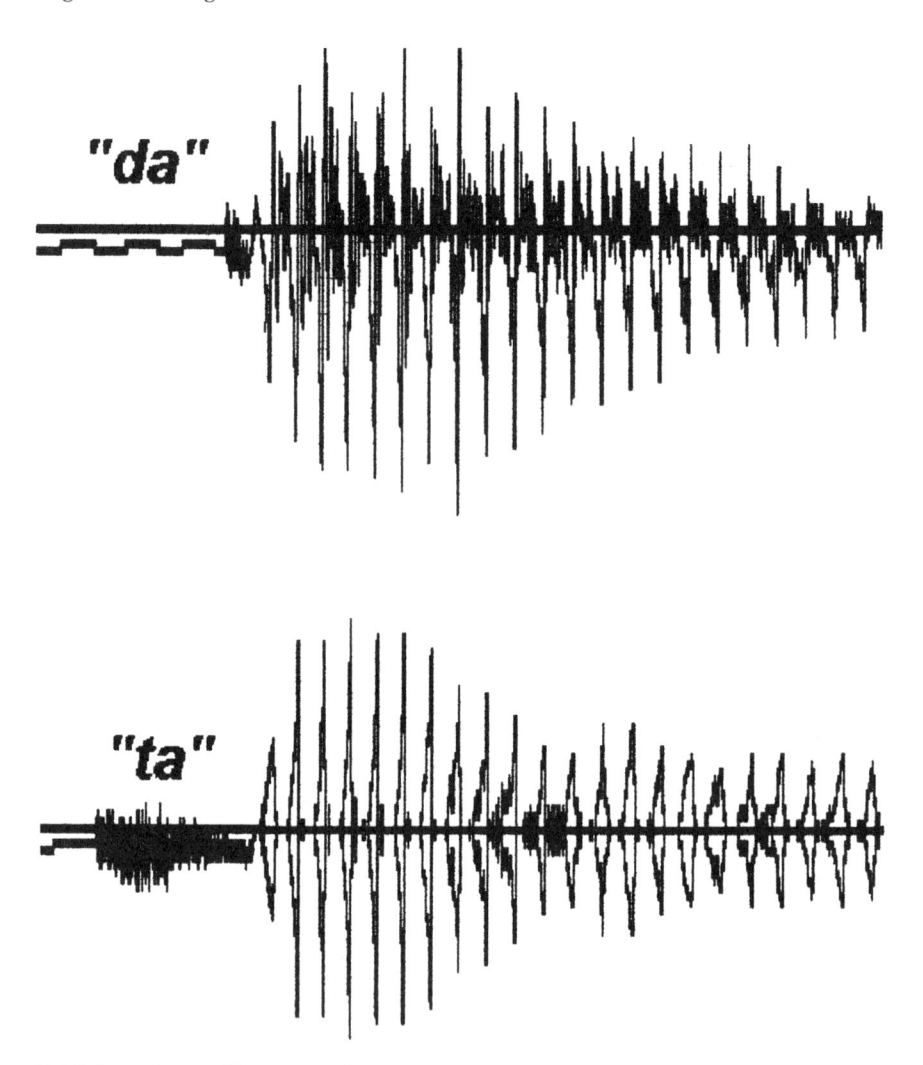

**Abbildung 2:** Oszillogramm der Silben »da« und »ta«

Eine zeitkritische Relevanz findet sich auch bei Silben, die sich nicht in ihrem ersten spektralen Anteil, sondern vielmehr in der Dauer der Stimmeinsatzzeit (voice onset time) unterscheiden. Bei Konsonant-Vokal-Silben entsteht in der Abfolge von Stop-Konsonant und nachfolgendem Vokal eine Pause, die zwischen dem Ende des Geräuschimpulses des Konsonanten und dem Anklingen des Vokals liegt und deren Dauer über unsere Wahrnehmung der Konsonanten als stimmhaft oder stimmlos entscheidet. Im Unterschied zum stimmlosen »t« bei »ta« mit einer relativ langen Stimmeinsatzzeit, ist diese wesentlich kürzer bei dem stimmhaften »d« bei »da«, wie aus dem Oszillogramm aus **Abbildung 2** deutlich hervorgeht. Ein Oszillogramm stellt die Veränderung des Schalldrucks des akustischen Sprachsignals dar. Um also beispielsweise die Silben »ba«-»pa« oder »da«-»ta« zu diskriminieren, ist ein feinzeitliches Auflösungsvermögen Voraussetzung.

## Das Erleben der Gegenwart oder des Jetzt

Neben hochfrequenter Zeitverarbeitung nimmt Pöppel (1978, 1996, 1997b) einen weiteren Mechanismus an, der sequentielle Ereignisse im Zeitbereich von drei Sek. zu einer Wahrnehmungsgestalt integriert. Bereits 1868 definierte Vierordt (zit. nach Pöppel 1997a) in seiner Dissertation diesen Zeitbereich als so genanntes Indifferenzintervall, da sich in seinen Experimenten zeigte, dass Zeitbereiche mit einer Dauer von drei Sek. von den Probanden meist exakt reproduziert wurden, während bei der Reproduktion von Zeitintervallen unterhalb dieses Wertes die Dauer meist überschätzt und Stimuli mit einer Dauer oberhalb dieses Wertes meist zu kurz reproduziert wurden. Im Gegensatz zur physikalisch bestimmten Gegenwart, die einen mathematisch unendlich kleinen Punkt darstellt, lässt sich das subjektive Jetzt als ein Zeitbereich von zwei bis drei Sek. definieren, in dem aufeinander folgende Ereignisse zu einer Einheit integriert und als zusammenhängende Gestalt wahrgenommen werden. Diesen Bindungsmechanismus findet man auch im Bereich der Sprache. In der Spontansprache dauern einzelne aufeinander folgende Äußerungseinheiten im Durchschnitt zwei bis drei Sek., denen unabhängig von der Sprechatmung jeweils unmerklich eine kurze Pause (Planungspause) folgt. Durch diese rhythmische Gliederung werden prosodische Informationen erkannt und verarbeitet (Kegel et al. 1987, Veit 1992, Kegel 1996, Vollrath et al. 1992). Dabei stellt die Planungspause sowohl für den Sprecher als auch für den Hörer eine Gliederungshilfe dar, indem einerseits Zeit zur Planung des Gesprochenen, andererseits Zeit zur Verarbeitung des Gehörten zur Verfügung gestellt wird (Dames 1999).

Pöppel (1997a) geht davon aus, dass dieser zeitlich begrenzte Integrationsmechanismus im Bereich von drei Sek. Grundlage der subjektiv erlebten Gegenwart, des Jetztgefühls ist. Hinweise dafür finden sich sowohl im auditiven als auch im visuellen Bereich. So zeigten Experimente mit Metronomschlägen, dass eine gleichförmige Folge von Schlägen subjektiv zu einer Taktgestalt von bis zu drei Sekunden zusammengefasst wird. Wird der zeitliche Abstand zwischen zwei Schlägen länger als drei Sekunden, ist eine subjektive Bindung der Schläge nicht mehr möglich, wodurch diese nicht mehr rhythmisch, sondern als Einzelereignisse wahrgenommen werden (Szelag et al. 1996). Das subjektive Jetzterleben im Bereich von drei Sek. lässt sich auch an einem optischen Wahrnehmungsbeispiel verdeutlichen. Das in **Abbildung 3** dargestellte Bild, eine so genannte »Rubinfigur«, hat zwei perspektivische Ausrichtungen. Zum einen lassen sich zwei schwarze Gesichter, zum anderen ein weißer Kelch in der Mitte erkennen. Den meisten Menschen gelingt es nicht, über einen Zeitraum von zwei bis drei Sek. hinaus, das Bild in einer Perspektive zu betrachten, da uns der Bindungsmechanis-

*Dagmar Berwanger*

**Abbildung 3:** Version von Rubins Kippbild, das im Wechsel als Vase oder als zwei Gesichter wahrgenommen wird

mus nach etwa dieser Zeit zum nächsten Inhalt zwingt. Die subjektiv erlebte Gegenwart endet mit dem Wechsel der Perspektive.

**Das Erleben von Dauer**

Bei der Wahrnehmung längerer Zeitintervalle sind Gedächtniskomponenten von Bedeutung. Dementsprechend grenzt Fraisse (1984) »perception of duration«, welche die Wahrnehmung der erlebten Gegenwart im Sinne des subjektiven Jetzt umfasst, von »estimation of duration« ab, welche die Einschätzung einer längeren Zeitdauer unter Einbezug von spezifischen Gedächtnisprozessen meint. Ähnlich wie Fraisse trifft Rammsayer (1992) eine definitorische Abgrenzung des Begriffes »Zeitwahrnehmung«, welcher sich auf die Wahrnehmung kurzer Zeitdauern im Millisekundenbereich bezieht, von den Begriffen »Zeitschätzung« und »Zeiterleben« längerer Zeitdauern, bei denen kognitive und affektiv-emotionale Prozesse eine entscheidende Rolle spielen.

Das Erleben der Dauer vergangener Zeit hängt in entscheidendem Maße von der Zahl erlebter Ereignisse ab. Nach Ornstein (1969) bestimmt die Menge des gespeicherten Materials im Gehirn das subjektive Erleben von Dauer. Die Zeit scheint im Rückblick subjektiv langsamer vergangen zu sein, wenn viele Informationen verarbeitet und im Gedächtnis gespeichert wurden. Neben der Informationsmenge ist die Komplexität der Informationen entscheidend, da bei steigendem Komplexitätsgrad der benötigte Speicherplatzbedarf steigt und damit der entsprechende Zeitabschnitt rückblickend als länger eingeschätzt wird. Der mentale Inhalt bestimmt also die subjektive Dauer. Zeit wird retrospektiv umso länger erlebt, desto mehr Inhalt ins Bewusstsein gelangt.

Gegensätzlich zur retrospektiven Beurteilung vergangener Zeitintervalle kommen prospektive Urteile zum momentanen Ablauf der Zeit zustande. Eine gegenwärtige Situation erscheint subjektiv schnell zu vergehen, wenn viele Informationen verarbeitet werden. Langeweile entsteht dann, wenn wenig Inhalte ins Bewusstsein gelangen und die Aufmerksamkeit auf die Zeit gelenkt wird. Ein gegenwärtig als langweilig beurteilter Moment wird aufgrund mangelnder Gedächtnisinhalte als kurze Zeitdauer erinnert (Wittmann & Pöppel 2000). Bezogen auf die Sprache ist diese Zeitkategorie wohl für die allgemeine Sinnerfassung von Bedeutung.

Im Gegensatz zu Pöppel, dessen Modell für menschliches Verhalten allgemein gilt, nimmt Kegel (1990, 1998) in seinem theoretischen Ansatz zur Zeitverarbeitung besonderen Bezug auf die Sprachverarbeitung. Basierend auf Michon & Jackson (1985) postuliert er drei interagierende Ebenen der sprachspezifischen Zeitverarbeitung (**Tab. 1**). Um korrektes Sprachverstehen zu ermöglichen, ist es notwendig, das sprachliche Angebot in Teileinheiten zu zerlegen, wobei dies gesondert auf Ordnungs-, Strukturierungs- und Integrationsebene geschieht, was einer Sprachverarbeitung auf Laut-/Graphem-, Wort- und Satzebene entspricht.

**Tabelle 1:** Globaler Zusammenhang von Sprach- und Zeitverarbeitung nach Kegel

| Zeitverarbeitung | Takt-Rate | Sprachverarbeitung |
|---|---|---|
| Ordnungsebene | 20 bis 40 ms | Merkmale von Lauten |
| Strukturierungsebene | einige 100 ms | Silben und Wörter |
| Integrationsebene | etwa drei Sek. | Teilsätze und Sätze |

(Quelle: http://www.psycholinguistik.uni-muenchen.de/publ/stoer_sprach_zeit.html)

*Dagmar Berwanger*

Sprachverarbeitung auf Ordnungsebene bezieht sich auf die abschnittsweise Verarbeitung eines Signals in Bereichen von 20 bis 40 ms und erfasst somit, wie oben bereits dargestellt, die artikulationskennzeichnende Information des Sprachsignals (Kegel 1990). Zeitverarbeitung in diesem Bereich wird über die Bestimmung der bereits erläuterten Ordnungsschwelle gemessen. Kegel et al. (1988), wie auch Dames (1999), konnten bei sprachauffälligen Kindern im Vergleich zu einer Kontrollgruppe deutlich höhere auditive Ordnungsschwellenwerte nachweisen. Bezogen auf Sprachverarbeitung bedeutet eine erhöhte Ordnungsschwelle, dass eine feinzeitliche Auflösung nicht möglich ist, was dazu führt, dass dem Sprachsignal weniger Informationen entnommen werden können.

Auf Strukturierungsebene erfolgt eine Segmentierung des Sprechflusses in Abschnitten von 100 bis 500 ms, was der Dauer von Sprechsilben entspricht. Zeitverarbeitung im Bereich von wenigen hundert Millisekunden erwähnt Pöppel im Zusammenhang mit der Verarbeitung von aufeinander folgenden Ereignissen im Sinne der Bildung von Ereignisketten. Dabei werden im Gedächtnis nicht nur die Ereignisse an sich, sondern auch der jeweilige Zeitpunkt ihres Auftretens gespeichert, indem allen Teilereignissen bestimmte Zeitmarken, so genannte »Time Tags«, zugeordnet werden. Bei intakter Segmentierung in diesem Zeitabschnitt, sind Sprechsilben als rhythmische Schläge bewusst wahrnehmbar und zählbar. Kegel (1990) konnte in Rhythmus- und Nachsprechexperimenten nachweisen, dass sprachauffällige Kinder sowie jüngere Kinder in der Übernahme der Schlag- und Silbenanzahl vergleichsweise schlechter abschnitten.

Einheiten von einer Dauer von etwa zwei bis fünf Sek. werden auf der Integrationsebene erfasst, was dem Zeitbereich des subjektiven Jetzterlebens nach Pöppel (1997) entspricht. Die Integration sprachlicher Einheiten innerhalb dieses Zeitintervalles erleichtert durch »dynamische Hervorhebungskennzeichnungen« des Sprachsignals Sinngabe und Sinnentnahme von Sprache (Kegel 1990). Sprachverarbeitung auf der Integrationsebene dient somit der prosodischen Gestalterkennung von Sprache. Bei einem Rhythmusexperiment mit sprachentwicklungsgestörten Kindern konnte Kegel (1990) zeigen, dass diese im Vergleich zur Kontrollgruppe deutlich schlechtere Leistungen erzielten. Die Kinder erhielten die Aufgabe, eine bestimmte Rhythmusvorgabe vom Tonband auf einem Klangkörper nachzuklopfen. Ähnliche Befunde ergaben sich aus Nachsprechexperimenten (Kegel 1988, Veit 1992), bei denen sprachauffällige Kinder im Vergleich zu sprachunauffälligen Kindern eine erhöhte Satzreproduktionsdauer und erhöhte zeitliche Variabilität der Nachsprechleistungen zeigten. Die Schwächen sprachentwicklungsgestörter Kinder bei der Reproduktion des Schlagdruckes und bei den verschiedenen Pausenlängen einer bestimmten Rhythmusvorgabe werden von Kegel ebenso wie die Schwäche, die zeitliche Struktur eines Satzes zu reproduzieren, im Sinne eines Zeitverarbeitungsdefizites auf Integrationsebene interpretiert. Prosodische Gestalten in nonverbalen wie verbalen Vorgaben werden nicht erkannt und können somit auch nicht reproduziert werden.

## 5.4 Empirische Befunde zum Zusammenhang von Sprach- und Zeitverarbeitung

Der Zusammenhang zwischen Sprach- und Zeitverarbeitung wurde in den letzten Jahren immer mehr Gegenstand der Forschung, indem in zahlreichen Studien die Hypothese eines Zeitverarbeitungsdefizites als mögliche Ursache von Störungen der Laut- und Schriftsprache untersucht wurde.

Entscheidende Hinweise auf ein zeitliches Verarbeitungsdefizit bei sprachentwicklungsgestörten Kindern stammen von Tallal et al. (Übersicht bei Tallal et al. 1993, Fitch et al. 1997). Die Studien von Tallal & Piercy (1973a und 1973b) deuten darauf hin, dass sprachentwicklungsgestörte Kinder ein wesentlich längeres Zeitintervall zwischen einem hohen und einem tiefen Ton benötigen, um deren Reihenfolge angeben zu können. Auch bei Verwendung sprachlicher Stimuli deuten die Ergebnisse auf ein auditives Defizit der Wahrnehmung schnell dargebotener Reize hin (Tallal & Piercy 1974). Im Vergleich zu einer Kontrollgruppe zeigten sprachentwicklungsgestörte Kinder deutliche Defizite bei der Diskrimination der Konsonant-Vokal-Silben »ba«-»da«. Wurde hingegen die Dauer der Formanttransition von 43 ms auf 95 ms künstlich gedehnt, so hatten auch die sprachentwicklungsgestörten Kinder keine Schwierigkeiten, die Silben voneinander zu unterscheiden. Auf ein zeitliches Diskriminationsdefizit sprachentwicklungsgestörter Kinder weist ein nachfolgender Versuch hin (Tallal & Piercy 1975). Dabei wurden den Kindern künstlich erzeugte Vokal-Vokal Silben mit ähnlichen Charakteristika wie die von Plosiven dargeboten. Die Silben setzten sich aus den Vokalen »e + i« und »æ + i« zusammen und wurden mit einer Dauer von 250 ms präsentiert. Die Frequenz während der ersten 43 ms blieb konstant und entsprach den akustischen Eigenschaften des Vokals »e« bzw. »æ«. Unmittelbar danach folgte der Vokal »i«, der für die verbleibenden 207 ms dargeboten wurde. Im Vergleich zur Kontrollgruppe zeigten die sprachentwicklungsgestörten Kinder eine wesentlich schlechtere Diskriminationsleistung. Ähnliche Defizite fand Tallal (1980) auch bei Kindern mit Leseschwierigkeiten, was sich nachfolgend in einer Untersuchung von Reed (1989) mit 23 leseschwachen Kindern und 23 nach Alter und Geschlecht parallelisierten unauffälligen Kindern bestätigen ließ.

Diese Befunde veranlassten die Arbeitsgruppe um Tallal zur Entwicklung eines Trainingsprogrammes hinsichtlich der zeitlichen Diskriminationsfähigkeit, mit welchem in einer Gruppe von sieben bzw. in einer späteren Untersuchung von elf sprachgestörten Kindern eine Verbesserung der Sprache erreicht wurde, die mit psychometrischen Tests objektiviert werden konnte (Tallal et al. 1996, Merzenich et al. 1996, siehe auch Tallal et al. 1998). Offen bleibt jedoch, ob bei allen Kindern eine signifikante Verbesserung der sprachlichen Leistungen erzielt wurde. Das Trainingsprogramm setzt sich aus audiovisuellen Computerspielen rund um das Thema »Zirkus« zusammen. Dabei werden sowohl nonverbale als auch verbale Stimuli präsentiert. Die verbalen Übungen beziehen sich insbesondere auf zeitgedehnte Sprache in Form von Dehnung kurzer Formanttransitionen (z. B. von 20 auf 80 ms). Ein Zeitverarbeitungstraining mittels nonverbaler Stimuli erfolgt u. a. mittels eines Ordnungsschwellentrainings, wobei das Kind die Aufgabe erhält, die richtige Reihenfolge zweier über Kopfhörer dargebotener Reize am Touch-screen anzugeben. In derselben Weise erhielt eine Gruppe von elf nach Alter und sprachlicher Leistung parallelisierten Kindern ein reines Sprachtraining, bei welchem dieselben verbalen Stimuli nicht zeitgedehnt präsentiert wurden. Im Vergleich zu den Kindern, welche ein Training der zeitlichen Diskriminationsfähigkeit erhielten, war in dieser Vergleichsgruppe ein signifikant geringerer Trainingseffekt zu verzeichnen. Nach Angaben der Autoren kann mit Hilfe des Trainingsprogrammes eine Verbesserung der sprachlichen Leistungen nicht nur bei sprachentwicklungsgestörten Kindern, sondern auch bei Kindern mit anderen Störungsbildern, wie etwa zentraler Hörstörung, Aufmerksamkeitsstörung, Lese-Rechtschreibschwäche und Autismus erreicht werden (Tallal et al. 1998). Ergebnisse aus Replikationsstudien zu den von Tallal und Merzenich beschriebenen Trainingserfolgen liegen bislang noch nicht vor. Eine vergleichbare Therapiestudie zu einem computergestützten, adaptiven Training mittels sprachlicher und nichtsprachlicher Stimuli zur Förderung der auditiven Verarbeitungsfähigkeit bei Kindern mit einer Legasthenie wird derzeit an der Universität Heidelberg von Bischof et al. durchgeführt.

Methoden zum Training der auditiven Ordnungsschwelle wurden auch von anderen Autoren (von Steinbüchel 1987, von Steinbüchel et al. 1996, Warnke 1993) entwickelt, mit dem vorrangigen Ziel, durch eine Verbesserung der zeitlichen Sequenzierungsfähigkeit die sprachlichen Leistungen zu steigern. So konnte in einer Studie von v. Steinbüchel et al. (1987) bei einer Gruppe von Aphasikern durch ein achtwöchiges Ordnungsschwellentraining sowohl eine deutliche Verbesserung der Ordnungsschwellenwerte als auch der Leistungen in der Phonemdiskrimination erzielt werden. Kontrollierte Studien zum Nachweis eines spezifischen Effektes des Ordnungsschwellentrainings auf Störungen der Laut- und Schriftsprache im Kindesalter stehen bislang allerdings noch aus. Es bleibt zu klären, inwieweit sich Erfolge im Ordnungsschwellentraining tatsächlich auf Leistungen der Laut- und Schriftsprache auswirken und ob Verbesserungen für alle Kinder mit Sprachentwicklungsstörungen bzw. Lese-Rechtschreibschwäche gleichermaßen zu erwarten sind.

Eine Gegenposition zum Erklärungsansatz von Tallal wird vor allem von Studdert-Kennedy & Mody (1995) eingenommen, die sich gegen die Annahme eines allgemeinen Zeitverarbeitungsdefizites, welches Diskriminationsschwächen sowohl sprachlicher als auch nichtsprachlicher Reize verursacht, aussprechen (Überblick bei: Bishop 1997). Demnach sei eine Phonemdiskriminationsschwäche sprachgestörter Kinder weder auf eine allgemein auditive Verarbeitungsschwäche noch auf ein zeitliches Defizit bei der Verarbeitung schnell dargebotener Stimuli zurückzuführen, sondern vielmehr auf ein sprachspezifisches Problem bei schnellem Darbietungstempo (Mody et al. 1997). Mody et al. (1997) konnten an einer Gruppe von leseschwachen Kindern nachweisen, dass diese im Vergleich zur Kontrollgruppe deutliche Defizite bei der Phonemdiskrimination der Silben »ba«-»da« zeigten, jedoch keine Probleme bei der Unterscheidung nichtsprachlicher Stimuli mit denselben akustischen Strukturen hatten. Dieser Befund wird im Sinne einer spezifischen Sprachverarbeitungsschwäche anstatt eines Zeitverarbeitungsdefizites als Ursache der Phonemdiskriminationsschwäche interpretiert. Die beobachteten Schwierigkeiten leseschwacher Kinder bei der Diskrimination der Silben »ba« und »da« würde demnach weder aus einer Schwäche im Erkennen der zeitlichen Reihenfolge noch von einem Defizit in der Identifikation der schnellen akustischen Änderungen der Formanttransitionen resultieren. Vielmehr seien sie Ausdruck eines Defizites in der Identifikation phonologischer Kategorien phonetisch ähnlicher Sprachstimuli.

Zur Beurteilung zeitlicher Verarbeitungsmechanismen bei Kindern mit Sprachentwicklungsstörungen (Kegel et al. 1988, Dames 1999, Veit 1992, Wright et al. 1997, Nickisch 1999), aber auch bei Kindern und Erwachsenen mit einer Lese-Rechtschreibschwäche (Watson & Miller 1993, Watson 1992, Hari & Kiesilä 1996, Reed 1989, Tallal 1980, Übersicht bei: Farmer & Klein 1995) werden häufig die Ordnungs- oder die Fusionsschwelle bestimmt. Im Folgenden sollen einige Untersuchungen zur Ordnungs- und im Weiteren auch zur Fusionsschwelle näher erläutert werden.

Neben Nachsprechleistungen wurde in einer Querschnittuntersuchung von Kegel et al. (1988, Kegel 1990) die auditive Ordnungsschwelle von insgesamt 40 sprachauffälligen und 40 sprachunauffälligen Kindern untersucht, wobei sich die Gruppen jeweils aus 20 Vorschulkindern und 20 Schulkindern zusammensetzten. Dabei zeigte sich, dass die Ordnungsschwellenwerte bei älteren Kindern niedriger lagen als bei jüngeren und bei sprachunauffälligen niedriger als bei sprachauffälligen.

An diese Untersuchung anknüpfend ermittelte Veit (1992) an fünf sprachunauffälligen und sieben sprachauffälligen Kindern die auditive Ordnungsschwelle halbjährlich über einen Zeitraum von drei Jahren. In der Gruppe der sprachunauffälligen Kinder konnten dabei deutlich niedrigere Ordnungsschwellenwerte ermittelt werden, wobei die inter- und intraindividuelle Streuung in dieser Gruppe besonders ausgeprägt war. Im Verlauf der drei Jahre wurde in beiden Gruppen eine deutliche Abnahme der Werte beobachtet.

Nickisch (1999) erstellte an insgesamt 120 sprachauffälligen Kindern im Alter zwischen fünf und neun Jahren vorläufige Normwerte für die auditive Ordnungsschwelle im Vor- und Grundschulalter. Zudem ermittelte er die auditive Ordnungsschwelle von insgesamt 16 sechs- bis zehnjährigen Kindern mit einer Sprachentwicklungsstörung. Dabei ergaben sich bei den sprachauffälligen Kindern im Vergleich zur Referenzgruppe signifikant erhöhte Mittelwerte für die Ordnungsschwelle. Ebenfalls signifikant erhöhte Ordnungsschwellenwerte im Vergleich zur Referenzgruppe zeigten sich in einer Vergleichsgruppe von 30 sprachauffälligen Kindern mit Leistungseinschränkungen im Kurzzeitgedächtnis, das mittels Mottiertest und dem Zahlenfolgegedächtnis aus dem Psycholinguistischen Entwicklungstest erfasst wurde. Im Weiteren ließ sich zeigen, dass die auditive Ordnungsschwelle im Kindesalter deutlich abnimmt, jedoch selbst noch in der Gruppe der Neunjährigen weit über den für Erwachsene zu erwartenden Werten (30 bis 40 ms) liegt. In allen Altersgruppen war eine deutliche Streuung festzustellen. Aufgrund der beobachteten hohen Varianz der Messwerte in der Gruppe der sprachunauffälligen Kinder ist es fraglich, ob die Ordnungsschwellenmessung zur Individualdiagnostik geeignet ist, da sich die Ordnungsschwellenwerte der sprachauffälligen Kinder zwar im Mittelwertsvergleich von den Werten der Referenzgruppe unterscheiden, jedoch ein Großteil der Einzelwerte innerhalb des Streubereiches der Werte der Referenzgruppe liegt. Sonstige kognitive Leistungen wurden bei den Kindern nicht untersucht. Damit bleibt offen, ob eine Erhöhung der Ordnungsschwelle auf spezifische Sprachdefizite oder eher auf allgemein kognitive Schwächen hindeutet.

Watson (1992) konnte in einer Untersuchung an 20 leseschwachen Studenten zeigen, dass diese im Vergleich zu einer Kontrollgruppe, aber auch zu einer Gruppe von zehn mathematikschwachen Studenten, signifikant schlechtere Leistungen in Aufgaben zur auditiven Zeitverarbeitung erbrachten, ermittelt anhand von fünf Untertests einer Testbatterie zur auditiven Wahrnehmung (Test of Basic Auditory Capabilities von Watson et al. 1982). Dabei wurde neben der auditiven Ordnungsschwelle, gemessen mittels zweier Töne unterschiedlicher Frequenz, die Identifikation einzelner Töne und im Weiteren Tondauer-, Rhythmus- und Phonemdiskrimination beurteilt. Dieser deutliche Gruppenunterschied zeigte sich jedoch nur für einen über alle fünf Tests berechneten Gesamtwert, nicht aber für die Einzeltests, wie etwa der Bestimmung der auditiven Ordnungsschwelle. Hinsichtlich der Einzeltests ergab sich nur für die Tondauerdiskrimination eine signifikant schlechtere Leistung der leseschwachen Studenten im Vergleich zur Kontrollgruppe, nicht jedoch zur Gruppe der mathematikschwachen Studenten.

In einer nachfolgenden Studie untersuchten Watson & Miller (1993) mit derselben Testbatterie 24 leseschwache und 70 unauffällige Studenten. Dabei ließ sich mittels der auditiven Ordnungsschwellenmessung eine sichere Gruppenzuordnung vornehmen, da die leseschwachen Studenten signifikant erhöhte Ordnungsschwellenwerte zeigten. Es ließ sich allerdings kein Zusammenhang zwischen den Resultaten im Ordnungsschwellentest und den übrigen Untertests zur Zeitverarbeitung nachweisen.

Auch bei Erwachsenen mit einer Dyslexie wurde in einer Untersuchung von Hari und Kiesilä (1996) sowie von Helenius et al. (1999) ein Defizit in der feinzeitlichen Auflösungsfähigkeit von akustischen Reizen beobachtet. Neben Kindern sowie Erwachsenen mit Störungen der Laut- und Schriftsprache zeigten sich auch bei Patienten mit einer Aphasie erhöhte auditive Ordnungsschwellen (Efron 1963, Swisher & Hirsh 1972, von Steinbüchel et al. 1999).

Im Gegensatz zur auditiven Ordnungsschwelle liegen im visuellen Bereich weit weniger eindeutige Befunde vor (Reed 1989, Brannan & Williams 1988, Kinsbourne et al. 1991, Hari et al. 1999). So fand Reed (1989) beispielsweise bei der Aufgabe, die richtige Reihenfolge zweier geometrischer

Figuren anzugeben, die mit einem kurzen Interstimulusintervall auf einem Bildschirm präsentiert wurden, keine Gruppenunterschiede zwischen den leseschwachen Kindern und den unauffälligen Kindern. Im Gegensatz dazu zeigte sich in einer Untersuchung von May et al. (1988) wie auch bei Brannan & Williams (1988), dass leseschwache Kinder im Vergleich zur Kontrollgruppe signifikant mehr Zeit benötigten, um zwischen Erscheinen des ersten visuellen Stimulus und der Darbietung des zweiten die richtige Reihenfolge der beiden Reize zu erkennen.

Noch umstrittener als die Ordnungsschwelle als Einfluss auf Störungen der Sprachverarbeitung ist der einer erhöhten Fusionsschwelle, da eine Reihe von Studien eher widersprüchliche Ergebnisse erbrachten. McCroskey & Kidder (1980) beispielsweise wie auch Haggerty & Stamm (1977) fanden deutlich erhöhte auditive Fusionsschwellen bei allgemein lernbehinderten Kindern. Zudem konnten McCroskey & Kidder höhere Fusionsschwellen bei leseschwachen Kindern im Vergleich zur Kontrollgruppe feststellen. Keine Unterschiede zwischen diesen Gruppen hinsichtlich der Fusionsschwelle im visuellen System fanden hingegen Arnett & DiLollo (1979) wie auch im auditiven Bereich Schulte-Körne et al. (1998).

Fassen wir die bislang vorliegenden Studien zusammen, so lässt sich feststellen, dass über die Altersentwicklung der auditiven Ordnungsschwelle einige Untersuchungsergebnisse vorliegen, während zur Entwicklung der visuellen Ordnungsschwelle und der Fusionsschwelle kaum Befunde bekannt sind. Eine Abnahme der auditiven Ordnungsschwelle mit dem Alter wurde in verschiedenen Untersuchungen nachgewiesen. Keine Einigkeit besteht bislang darüber, wann die Werte des Erwachsenenalters erreicht werden. Auch stehen bislang keine ausreichend zuverlässigen Normwerte zur Verfügung, so dass es derzeitig schwierig ist, Befunde einzelner Kinder einzuordnen. Bisher wurde nicht untersucht, ob hinsichtlich der Höhe der Ordnungsschwelle bzw. deren Entwicklungsverlauf im Kindesalter Geschlechtsdifferenzen bestehen. Die Untersuchungen zeigen für jede Altersstufe eine große Streuung der Werte, die umso höher ist, je jünger die Kinder sind.

Untersuchungen bei sprachentwicklungsgestörten Kindern deuten auf eine Erhöhung der auditiven Ordnungsschwelle hin. Gleiches gilt für Kinder mit einer Lese-Rechtschreibschwäche und für Erwachsene mit einer Aphasie. Die Erhöhung der Ordnungsschwelle betrifft den Mittelwert, weniger die Einzelwerte, die überwiegend im Bereich der normalen Streubreite der Werte liegen, wie sie bei unauffälligen Kindern bzw. Erwachsenen gleichen Alters anzutreffen sind. Ab welchem Wert die auditive Ordnungsschwelle als auffällig zu interpretieren ist, bleibt offen. Angaben über Cut-off-Werte liegen nicht vor.

*Dagmar Berwanger*

## 5.5 Eigene Untersuchungen zur Zeitverarbeitung

### 5.5.1 Auditive und visuelle Ordnungs- und Fusionsschwelle

Bisherige Erkenntnisse über Defizite der Zeitverarbeitung im Ordnungs- und Fusionsschwellenbereich betreffen überwiegend die auditive Ordnungsschwelle. Bislang ist ungeklärt, ob es sich bei der Erhöhung der auditiven Ordnungsschwelle bei sprachentwicklungsgestörten Kindern um einen spezifischen Befund handelt, oder ob die visuelle Schwelle in gleicher Weise verschoben und die Fusionsschwelle ebenfalls betroffen ist.

Um diesen Fragen nachzugehen, wurden an unserem Institut in Zusammenarbeit mit dem Institut für Medizinische Psychologie der Ludwig-Maximilians-Universität München die Ordnungs- und die Fusionsschwelle sowohl im visuellen als auch im auditiven Bereich untersucht. Dabei verglichen wir die Werte von 23 sprachauffälligen Kindern mit denen von 23 altersparallelisierten, sprachunauffälligen Kindern. Jedem sprachauffälligen Kind wurde ein Kontrollkind zugeordnet, das im Alter nicht mehr als einen Monat abwich.

Sowohl Ordnungs- als auch Fusionsschwelle wurden mittels computergestützter Programme erfasst. Die Berechnung erfolgte anhand eines adaptiven Algorithmus (YAAP, Treutwein 1997), der auf einem speziellen Fall der Bayes-Schätzung, der Maximum Likelihood-Schätzung, beruht. Dabei werden nach einer psychometrischen Modellfunktion die Reizabstände mit der Antwortwahrscheinlichkeit verknüpft. Im Gegensatz zu klassischen Methoden, wie beispielsweise der Konstanzmethode, werden dazu keine festgelegten Interstimulusintervalle verwendet, sondern die Festlegung der Interstimulusintervalle erfolgt in Abhängigkeit von der individuell erbrachten Leistung der Versuchsperson.

Den Kindern wurden zur Messung der auditiven Ordnungsschwelle über Kopfhörer akustische Klicks mit einer Dauer von 1 ms angeboten. Zwischen den einzelnen Klicks auf dem rechten bzw. anschließend linken Ohr bestand eine leichte Zeitverzögerung, die während der Messung variiert wurde. Das Kind sollte durch Handzeichen angeben, auf welchem Ohr der Klick zuerst zu hören war. Die Fusionsschwelle wurde mit Klick-Paaren bestimmt, die gleichzeitig auf beiden Ohren dargeboten wurden. Die Kinder wurden aufgefordert, durch Zeigen eines Fingers beziehungsweise zweier Finger anzugeben, ob sie einen oder zwei Klicks gehört hatten. Lag innerhalb der Klick-Paare der Abstand zwischen dem ersten und zweiten Klick unterhalb der Fusionsschwelle, so nahmen die Kinder subjektiv nur einen Klick wahr. Die Bestimmung der visuellen Ordnungs- und Fusionsschwelle erfolgte mittels Leuchtdioden in vergleichbarer Weise. Die Instruktionen zur Fusionssowie zur Ordnungsschwellenmessung waren in kleine Rahmengeschichten eingebettet.

Im auditiven Bereich zeigten die sprachentwicklungsgestörten Kinder im Vergleich zu den sprachunauffälligen Kindern tendenziell (T-Test: T = 2.07;

## Sprachentwicklungsstörung und Zeitverarbeitung

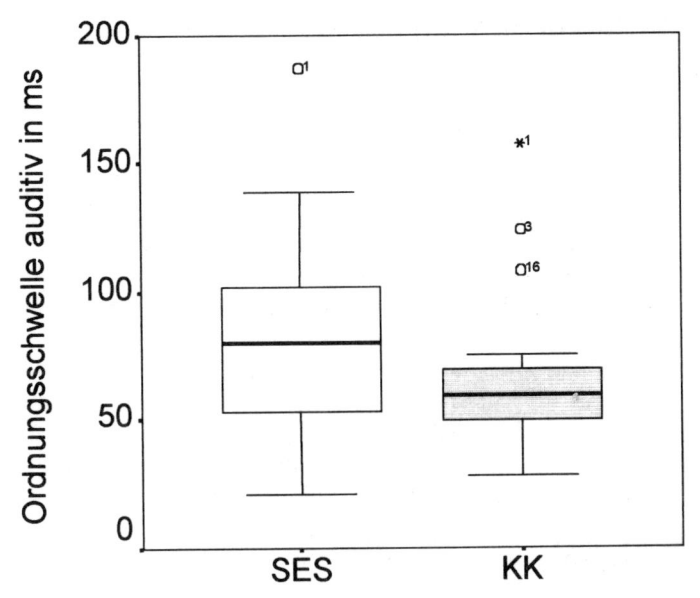

**Abbildung 4:** Auditive Ordnungsschwelle sprachentwicklungsgestörter (SES) und sprachunauffälliger Kinder (KK) – Boxplots mit Darstellung des Medians, des Bereichs der mittleren 50 % (Interquartilbereich), des kleinsten und größten Wertes sowie einzelner Ausreißer

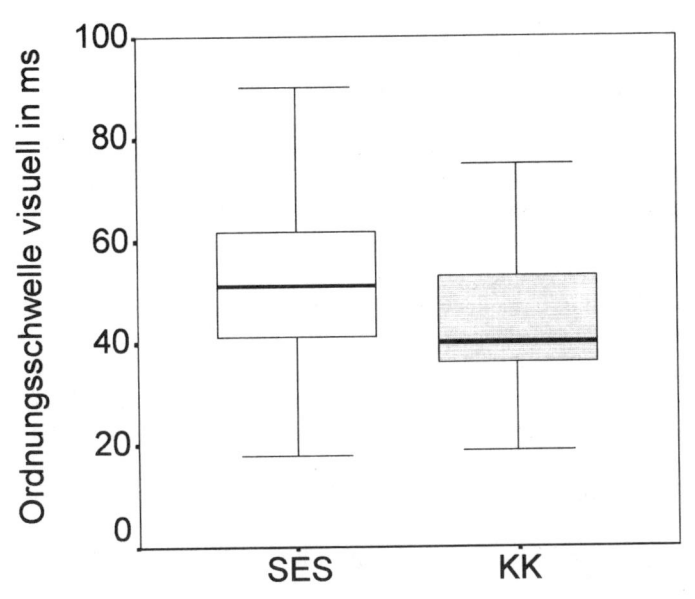

**Abbildung 5:** Visuelle Ordnungsschwelle sprachentwicklungsgestörter (SES) und sprachunauffälliger Kinder (KK)

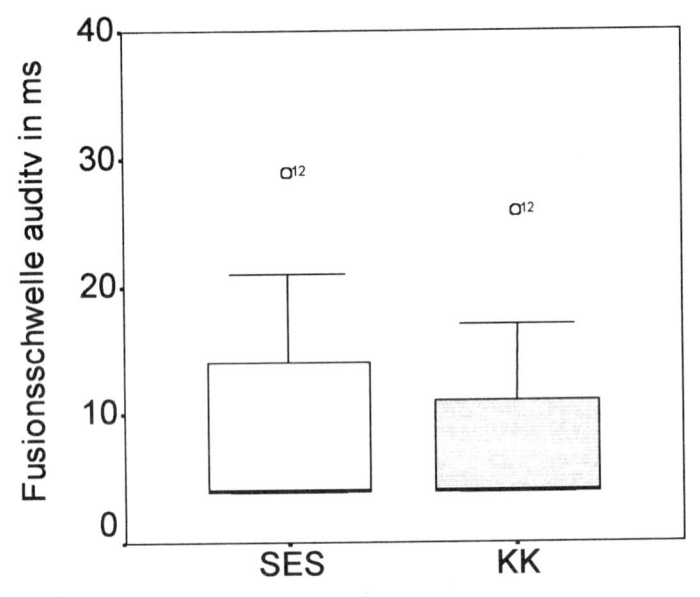

**Abbildung 6:** Auditive Fusionsschwelle sprachentwicklungsgestörter (SES) und sprachunauffälliger Kinder (KK)

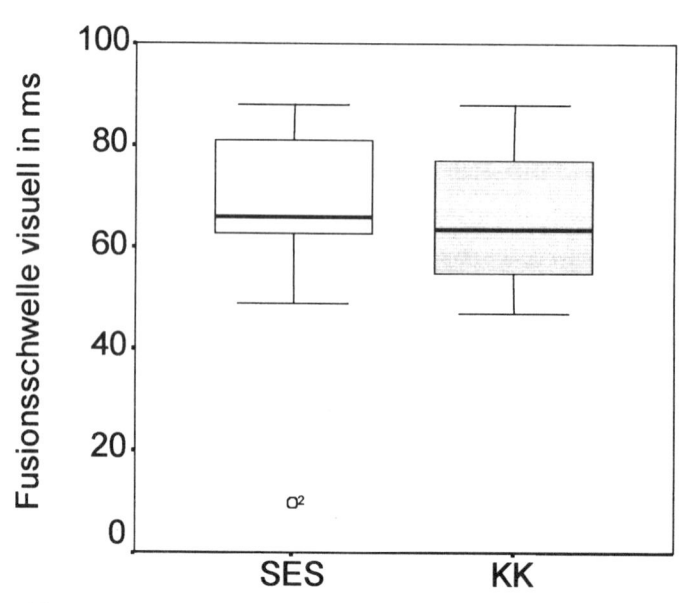

**Abbildung 7:** Visuelle Fusionsschwelle sprachentwicklungsgestörter (SES) und sprachunauffälliger Kinder (KK)

p = 0.051) erhöhte Ordnungsschwellen und eine größere Streuung der Werte. In **Abbildung 4** sind Boxplots der auditiven Ordnungsschwelle der sprachentwicklungsgestörten Kinder im Vergleich zur Kontrollgruppe dargestellt. Hinsichtlich der visuellen Ordnungsschwelle waren im Mittelwertsvergleich bei den sprachauffälligen Kindern keine erhöhten Werte zu beobachten (**Abb.** 5).

Die Fusionsschwellen der sprachauffälligen Kinder waren im Vergleich zu denen der Kontrollgruppe sowohl hinsichtlich der auditiven (**Abb.** 6) als auch der visuellen Fusionsschwelle (**Abb.** 7) nahezu identisch, wiesen jedoch im auditiven Bereich eine etwas größere Varianz der Werte auf.

### 5.5.2 Phonologische Bewusstheit und Ordnungsschwelle

Um zu klären, ob die Fähigkeit zur zeitlichen Diskrimination nonverbaler Reize mit sprachlichen Leistungen zusammenhängt, wurden zusätzlich die phonologische Bewusstheit und die Fähigkeit zur Phonemdiskrimination ermittelt. Teilleistungsschwächen in diesen Bereichen wurden sowohl bei Kindern mit Sprachentwicklungsstörungen als auch bei Kindern mit einer Lese-Rechtschreibstörung wiederholt beschrieben. Zudem erwies sich die phonologische Bewusstheit im Kindergartenalter als bedeutsamer Prädiktor für die Lese-Rechtschreibentwicklung während der Grundschulzeit (Klicpera & Gasteiger-Klicpera 1994, Landerl & Wimmer 1994, Näslund 1990, Übersicht bei Schulte-Körne et al. 1998). Auch konnte durch ein Training der phonologischen Bewusstheit bei Kindergartenkindern eine Beschleunigung des Schriftspracherwerbs erreicht werden (Schneider et al. 1999).

Die phonologische Bewusstheit wurde in unserer Studie mittels Reimerkennen und Lautersetzen ermittelt. Hierzu wurden Aufgaben von Landerl und Wimmer verwendet, die für die erste (Landerl et al. 1992) und für die zweite bis vierte Klasse (Wimmer 1993) Aufgabenserien entwickelt haben. Beim Reimerkennen sollten die Kinder aus jeweils vier einsilbigen (Aufgaben für die erste Schulstufe) beziehungsweise zweisilbigen Wörtern (ab zweiter Schulstufe) jenes herausfinden, das sich nicht mit den anderen reimt. Der Test für die erste Schulklasse setzte sich aus fünf Auslaut- (z. B. Haus-Maus-*Haut*-Laus) und fünf Inlautaufgaben (z. B. *Schuld*-Hund-rund-Fund) zusammen. Bei den Reimaufgaben, die ab der zweiten Klasse zum Einsatz kamen, enthielt in fünf Items das Zielwort einen Verschlusslaut, der sich von den Verschlusslauten der anderen drei Wörter in der Stimmtonbeteiligung unterschied (z. B. Grube-Stube-*Hupe*-Tube). In fünf weiteren Aufgaben beinhaltete das zu unterscheidende Wort einen Konsonanten, der in dem Artikulationsort von den Konsonanten der übrigen Wörter abwich (z. B. Rappe-Kappe-*Ratte*-Mappe). Beim Lautersetzen waren bei den vorgegebenen Wörtern alle Vokale in ein »i« zu verwandeln. Beim Lautersetzen für erste Klassen wurden nur ein- bis zweisilbige Wörter, die ausschließlich den Vokal »a« (z. B. Hans, Mama) enthielten, verwendet. Bei dem Testblock für Kinder ab

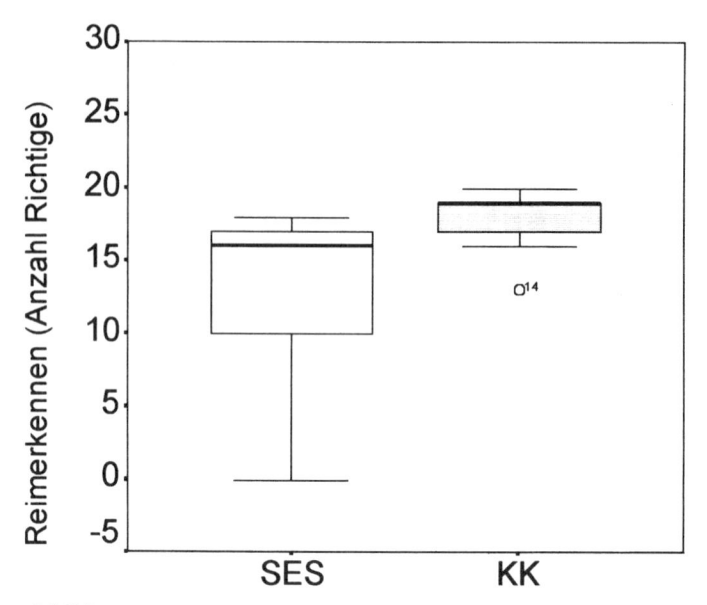

**Abbildung 8:** Leistungen im Reimerkennen sprachentwicklungsgestörter Kinder (SES) und sprachunauffälliger Kinder (KK)

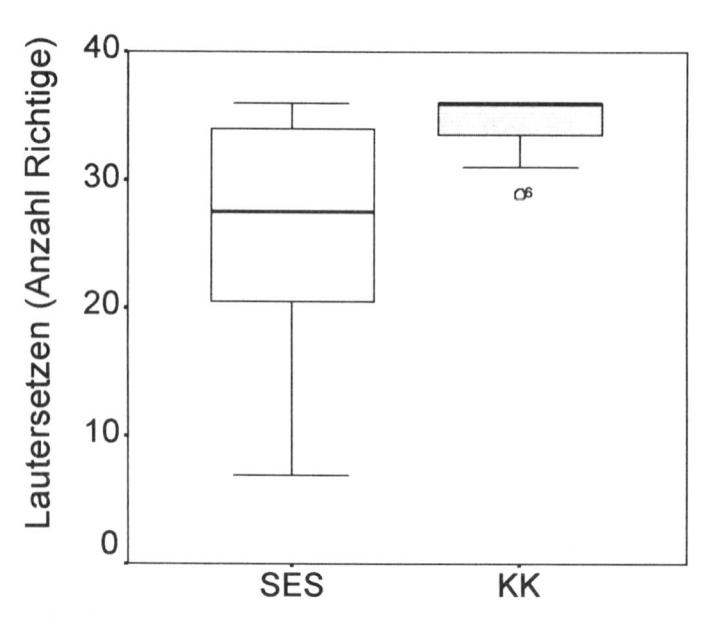

**Abbildung 9:** Leistungen im Lautersetzen sprachentwicklungsgestörter Kinder und sprachunauffälliger Kinder

der zweiten Klasse steigerte sich der Schwierigkeitsgrad von einem einsilbigen Wort (z. B. Franz) bis zu einem ganzen Satz (z. B. Monika hat Namenstag).

Sowohl hinsichtlich des Reimerkennens (**Abb.** 8) als auch des Lautersetzens (**Abb.**9) erbrachten die sprachentwicklungsgestörten Kinder signifikant schlechtere Leistungen als diese der Kontrollgruppe (T-Test: T = -4.397; p = 0.000, T = -4.080; p = 0.001).

Um zu klären, ob phonologische Bewusstheit und auditive Ordnungsschwelle miteinander in Beziehung stehen, führten wir Korrelationsanalysen durch. Die Zusammenhänge zwischen der Leistung im Reimerkennen und der auditiven Ordnungsschwelle (r = -0.36; p = 0.09) sowie zwischen Lautersetzen und auditiver Ordnungsschwelle (r = -0.19; p = 0.38) erwiesen sich als gering und nicht signifikant. Barth et al. (2000) kamen in einer Untersuchung von Schulanfängern zu einem ähnlichen Ergebnis. Zwischen der Höhe der auditiven Ordnungsschwelle und der phonologischen Bewusstheit fanden sie gleichfalls nur einen geringen korrelativen Zusammenhang (r = 0.270; p = 0.009), den sie allerdings statistisch absichern konnten. Dass in unserer Untersuchung die Korrelation nicht signifikant wurde, liegt vermutlich an einer zu kleinen Stichprobe.

### 5.5.3 Phonemdiskriminationsfähigkeit und Ordnungsschwelle

Zur Überprüfung der Phonemdiskriminationsfähigkeit benutzten wir synthetisierte Konsonant-Vokal-Silben (»da« und »ta«), die sich nur in der Länge der Stimmeinsatzzeit unterschieden und entweder als »da« oder »ta« wahrgenommen wurden. Der Wahrnehmungsunterschied ist kategorial, das heißt es gibt nur zwei Wahrnehmungsvarianten. Silben mit einer Vokaleinsatzzeit unter 30 ms werden als »da« interpretiert. Eine Verlängerung der Stimmeinsatzzeit von 0 ms auf 20 bis 30 ms wirkt sich nicht auf die Wahrnehmung aus. Ab dieser Grenze wird dann jedoch plötzlich »ta« gehört. Die von uns verwendeten Diskriminationsaufgaben wurden im Auftrag des Institutes für Medizinische Psychologie von Pompino-Marschall erstellt. Der Test bestand aus 80 Silben, deren Stimmeinsatzzeit in Schritten von 10 ms zwischen 0 bis 80 ms variierte. Den Kindern wurden Silben über Kopfhörer angeboten und sie hatten die Aufgabe, sich nach jeder Silbe für ein »da« wie »Dach« oder »ta« wie »Tanne« zu entscheiden. Als Antwort zeigten sie in einem entsprechenden Bild auf das Dach beziehungsweise die Tanne.

Die sprachauffälligen Kinder hatten deutlich mehr Probleme, die Silben »da« und »ta« zu differenzieren. Wie aus **Abbildung 10** ersichtlich, war für diese Kinder der Unterschied weit weniger eindeutig als für die sprachunauffälligen Kinder. So wurde im Bereich von 0 bis 20 ms, in dem die Kontrollkinder die dargebotenen Silben fast ausschließlich als »da« wahrnahmen, von den sprachgestörten Kindern häufiger »ta« gehört. Ab einer Stimmein-

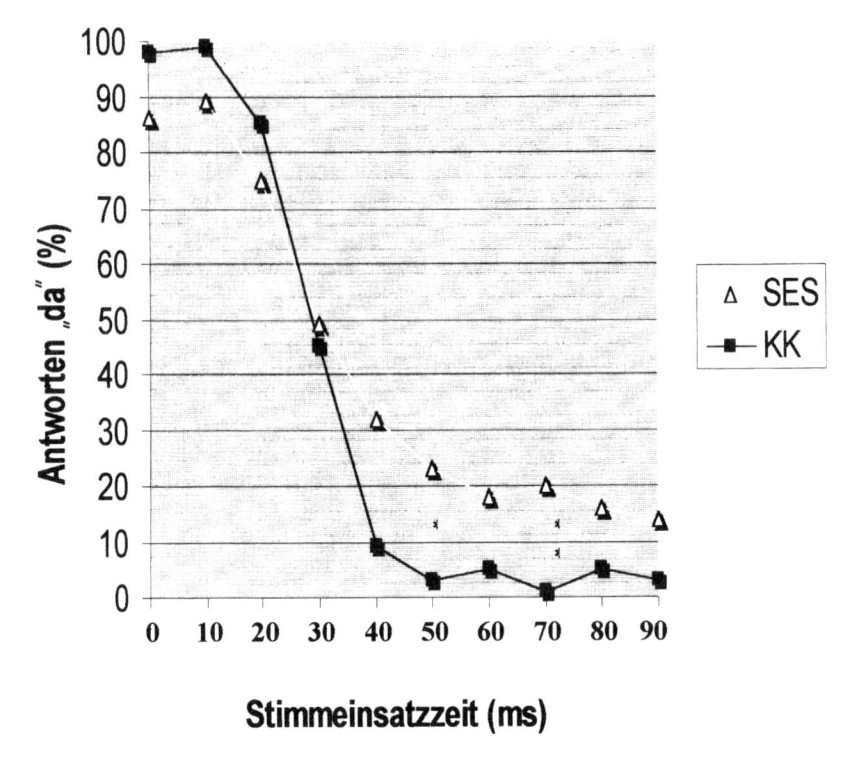

**Abbildung 10:** Phonemdiskriminationsleistung (»da«-»ta«) sprachentwicklungsgestörter (SES) und sprachunauffälliger Kinder (KK)

satzzeit von 40 ms hörten die Kinder mit einer Sprachentwicklungsstörung etwa 30 % der Silben als »da« anstelle der Silbe »ta«.

Ein Zusammenhang zwischen der Fähigkeit zur Phonemdiskrimination und der Höhe der Ordnungsschwelle konnte nicht nachgewiesen werden. Die Korrelationskoeffizienten zwischen der Anzahl richtig wahrgenommener »da« (Stimmeinsatzzeit unter 30 ms) bzw. »ta« (Stimmeinsatzzeit über 30 ms) waren mit $r = 0.037$ bzw. $r = 0.152$ niedrig und nicht signifikant.

Hingegen deuten Untersuchungen von v. Steinbüchel et al. (1997) auf einen möglichen Zusammenhang zwischen der Phonemdiskrimination und der Ordnungsschwelle hin. Die Autoren untersuchten 110 Kinder der zweiten Grundschulklasse. Die 20 Kinder mit den niedrigsten Ordnungsschwellen und einer somit besseren Zeitauflösung erreichten eine deutlich bessere Phonemdiskrimination gegenüber jenen 20 Kindern, welche die höchsten Ordnungsschwellen zeigten. Die Gruppendifferenzen waren statistisch signifikant. Allerdings fehlen in der Publikation genauere Angaben zu den Werten und es geht aus der Arbeit nicht hervor, ob die Gruppen im Alter und hinsichtlich sonstiger kognitiver Leistungen vergleichbar waren.

### 5.5.4 Schlussfolgerungen

Zusammenfassend lässt sich sagen, dass zwischen Zeitverarbeitung und Sprachentwicklungsstörung kein eindeutiger Zusammenhang nachweisbar ist. Hinsichtlich der auditiven Ordnungsschwelle weisen Kinder mit Sprachentwicklungsstörungen gegenüber den sprachunauffälligen im Durchschnitt etwas höhere Werte auf. Die Unterschiede sind allerdings eher gering und nicht in allen Studien zu belegen. Die meisten Individualwerte sprachentwicklungsgestörter Kinder liegen innerhalb der normalen Schwankungsbreite (Bereich von eineinhalb Standardabweichungen um den Mittelwert). Zwischen Zeitverarbeitungsfähigkeit und phonologischer Bewusstheit sowie auch der Fähigkeit zur Phonemdiskrimination fanden sich nur geringe Korrelationen. Störungen der Zeitverarbeitung, gemessen mittels der Fusions- und Ordnungsschwelle, scheinen keine häufigen Ursachen für Sprachentwicklungsstörungen zu sein. Die bislang vorliegenden empirischen Befunde sprechen dafür, dass die Relevanz der Zeitverarbeitung für die Pathogenese einer Sprachentwicklungsstörung derzeit überschätzt wird. Offen bleiben muss jedoch, ob Störungen der Zeitverarbeitung für bestimmte Untergruppen sprachentwicklungsgestörter Kinder von Bedeutung sind.

## 5.6 Zusammenfassung und Ausblick

Gesprochene Sprache besteht aus sich in der Zeit schnell ändernden akustischen Informationen. Sowohl das Verschlüsseln als auch das Entschlüsseln menschlicher Sprache setzt somit eine hoch entwickelte zeitliche Organisation und Kontrolle voraus (Fraser 1993). Das Phänomen »Zeit« ist bei Vertretern der unterschiedlichsten Fachrichtungen Gegenstand anhaltender und kontroverser Diskussionen. Im Gegensatz zum Konzept einer messbaren physikalischen Zeit, geprägt durch einen gleichförmigen und fließenden Ablauf, stellt die Zeit im persönlichen Empfinden des Menschen eine relative Größe dar, die durch eine Vielzahl von Faktoren beeinflusst wird und deren subjektives Erleben in Form unterschiedlicher Zeitkategorien erfolgt. So unterscheidet Pöppel (1978, 1997b) in seiner umfassenden Taxonomie zeitlichen Erlebens vier aufeinander aufbauende und sich wechselseitig beeinflussende Zeiterlebnisse, die für die Orientierung in der Umwelt von Bedeutung sind: Das Erleben von Gleichzeitigkeit gegenüber Ungleichzeitigkeit, das Erleben der Aufeinanderfolge oder der zeitlichen Ordnung, das Erleben der Gegenwart oder des Jetzt und das Erleben der Dauer. Ein besonderer Bezug zwischen Zeit- und Sprachverarbeitung wird im theoretischen Ansatz von Kegel (1990, 1998) hergestellt, indem Sprachverarbeitung auf Ordnungs-, Strukturierungs- und Integrationsebene beschrieben wird.

Der Zusammenhang zwischen Sprach- und Zeitverarbeitung wurde in den letzten Jahren immer mehr Gegenstand der Forschung. In zahlreichen Studien an sprachentwicklungsgestörten Kindern (Tallal & Piercy 1973a, Fitch et al. 1997, Wright 1997) und an Kindern sowie auch Erwachsenen mit einer Lese-Rechtschreibstörung (Watson 1992, Tallal 1980, Reed 1989, Hari et al. 1999, Helenius et al. 1999) wird der ursächliche Zusammenhang zwischen Zeitverarbeitungsdefiziten und Störungen der Laut- und Schriftsprache diskutiert. Zur Beurteilung zeitlicher Verarbeitungsmechanismen werden dabei häufig die Ordnungsschwelle (Erkennen der Reihenfolge zweier Reize) sowie die Fusionsschwelle (Getrenntwahrnehmen zweier Reize) bestimmt. Die Untersuchungsergebnisse dazu weichen erheblich voneinander ab. Aufgrund unzureichender Angaben in einzelnen Publikationen ist schwer zu bewerten, wie häufig auch relativ hohe Ordnungs- und Fusionsschwellenwerte in der Normalpopulation zu finden sind und wie stark sich die Verteilung der Einzelwerte sprachentwicklungsgestörter Kinder mit der normalen Variationsbreite überschneidet. Ein Vergleich der Untersuchungsergebnisse einzelner Studien wird auch durch die Verwendung unterschiedlicher Messmethoden und voneinander abweichender Stichprobendefinitionen erschwert.

Insgesamt weisen einige Untersuchungen auf verlängerte auditive Ordnungsschwellen bei Kindern mit Sprachentwicklungsstörungen hin. Die beschriebenen Auffälligkeiten sind jedoch gering und betreffen lediglich den Mittelwert und die Schwankungsbreite, nicht aber die Werte einzelner Kinder. Nur bei wenigen sprachentwicklungsgestörten Kindern liegt die auditive Ordnungsschwelle oberhalb der normalen Variationsbreite. Hinsichtlich der visuellen Ordnungsschwelle und der Fusionsschwelle gibt es bislang nur wenige Ergebnisse. Nach eigenen Erfahrungen sind diese Parameter bei sprachentwicklungsgestörten Kindern nicht nennenswert verändert.

Mit Ausnahme der Untersuchungen von Tallal et al. (1996), die bislang allerdings nicht repliziert wurden, liegen keine kontrollierten Therapiestudien vor, die eine Verbesserung der Sprachfähigkeit durch ein Ordnungsschwellentraining belegen würden. Somit kann ein Therapieeffekt mittels Zeitverarbeitungstraining derzeit nicht als gesichert gelten und eine entsprechende Behandlung vorerst nicht empfohlen werden. Ein Zeitverarbeitungsdefizit kann somit nicht als generelle Ursache von Sprachentwicklungsstörungen angenommen werden, ist aber möglicherweise für eine Subgruppe sprachauffälliger Kinder von Bedeutung. Erst wenn eindeutigere Ergebnisse vorliegen, kann im Weiteren der Frage nachgegangen werden, ob ein Ordnungsschwellentraining ein sinnvoller Ansatz zur Behandlung von sprachentwicklungsgestörten Kindern ist.

## Literatur

Arnett, J. L. & DiLollo, V. (1979). Visual information processing in relation to age and to reading ability. *Journal of Experimental Child Psychology, 27*, 143–152.

Artieda, J. & Pastor, M. A. (1996). Neurophysiological mechanisms of temporal perception. In M. A. Pastor & J. Artieda (Hrsg.), *Time, Internal Clocks and Movement*. Amsterdam: Elsevier.

Barth, K., Steinbüchel, N. v., Wittmann, M., Kappert, H. & Leyendecker, C. (2000). Zeitliche Verarbeitungsprozesse und ihr Zusammenhang mit »phonologischer Bewusstheit« und der Entwicklung von Lese-Rechtschreibkompetenz. *Forum Logopädie, 5,* 7–16.

Bishop, D. V. M. (1997). *Uncommon understanding. Development and disorders of language comprehension in children.* Hove: Psychology Press.

Böhme, G. & Welzl-Müller, K. (1993). *Audiometrie. Hörprüfungen im Erwachsenen- und Kindesalter.* Bern: Hans Huber.

Brannan, J. R. & Williams, M. C. (1988). Developmental versus sensory deficit effects on perceptual processing in the reading disabled. *Perception & Psychophysics, 44,* 437–444.

Dames, K. (1999). *Zeitliche Eigenschaften der Sprachproduktion von sprachentwicklungsgestörten Kindern: Entwicklungsverzögerung oder Störung.* Frankfurt/M.: Peter Lang.

Eckert, H. & Laver, J. (1994). *Menschen und ihre Stimmen – Aspekte der vokalen Kommunikation.* Weinheim: Beltz.

Efron, R. (1963). Temporal perception, aphasia and dèjà vu. *Brain, 86,* 403–424.

Farmer, M. E. & Klein, R. M. (1995). The evidence for a temporal processing deficit linked to dyslexia: A review. *Psychonomic Bulletin & Review, 2,* 460–493.

Fitch, R. H., Miller, S. & Tallal, P. (1997). Neurobiology of speech perception. *Annual Review of Neuroscience, 20,* 331–53.

Fraisse, P. (1984). Perception and estimation of time. *Annual Review of Psychology, 35,* 1–36.

Fraser, J. T. (1993). *Die Zeit. Auf den Spuren eines vertrauten und doch fremden Phänomens.* München: Deutscher Taschenbuch Verlag.

Haggerty, R. & Stamm, J. S. (1977). Dichotic auditory fusion levels in children with learning disabilities. *Neuropsychologie, 16,* 349–360.

Hari, R. & Kiesilä, P. (1996). Deficit of temporal auditory processing in dyslexic adults. *Neuroscience Letters, 205,* 138–140.

Hari, R., Valta, M. & Uutela, K. (1999). Prolonged attentional dwell time in dyslexic adults. *Neuroscience Letters, 271,* 202–204.

Hawking, S. (2000). *Eine kurze Geschichte der Zeit.* Reinbek bei Hamburg: Rowohlt Taschenbuch Verlag GmbH.

Helenius, P., Uutela, K. & Hari, R. (1999). Auditory stream segretation in dyslexic adults. *Brain, 122,* 907–913.

Hirsh, I. J. (1959). Auditory perception of temporal order. *Journal of the Acoustical Society of America, 31,* 759–767.

Hirsh, I. J. & Sherrick, C. E. (1961). Auditory perception of temporal order. *Journal of Experimental Psychology, 62,* 423–432.

Ilmberger, J. (1986). Auditory excitability cycles in choice reaction time and order threshold. *Naturwissenschaften, 73,* 743–744.

Jokeit, H. (1990). Analysis of periodicities in human reaction times. *Naturwissenschaften, 77,* 289–291.

Karamanolis, S. (1989). *Phänomen Zeit. Die unsichtbare kosmische Macht.* München: Elektra Verlags-GmbH.

Kegel, G. (1990). Sprach- und Zeitverarbeitung bei sprachauffälligen und sprachunauffälligen Kindern. In G. Kegel, T. Arnhold, K. Dahlmeier, G. Schmid, & B. Tischer (Hrsg.), *Sprechwissenschaft & Psycholinguistik 4.* Opladen: Westdeutscher Verlag.

Kegel, G. (1996). Was kann die Spracherwerbsforschung aus der Sprachpathologieforschung lernen? – Das Beispiel der Zeitverarbeitung. In K. Ehlich (Hg.), *Kindliche Sprachentwicklung. Konzepte und Empirie*. Opladen: Westdeutscher Verlag.

Kegel, G. (1998). *Störungen der Sprach- und Zeitverarbeitung*. Konsequenzen für Diagnose und Therapie. http://www.psycholinguistik.uni-muenchen.de/ publ/stoer_sprach_zeit.html.

Kegel, G. & Tramitz, C. (1993). *Olaf – Kind ohne Sprache. Die Geschichte einer erfolgreichen Therapie*. Düsseldorf: Econ.

Kegel, G., Dames, K. & Veit, S. (1988). Die zeitliche Organisation sprachlicher Strukturen als Sprachentwicklungsfaktor. In G. Kegel, T. Arnold, K. Dahlmeier, G. Schmid, & B. Tischer (Hrsg.), *Sprechwissenschaft und Psycholinguistik 2*. Opladen.: Westdeutscher Verlag.

Kinsbourne, M., Rufo, D. T., Gamzu, E., Palmer, R. L. & Berliner, A. K. (1991). Neuropsychological deficits in adults with dyslexia. *Developmental Medicine and Child Neurology, 33*, 763–775.

Klicpera, C. & Gasteiger-Klicpera, B. (1994). Die langfristige Entwicklung der mündlichen Lesefähigkeit bei schwachen und guten Lesern. *Zeitschrift für Entwicklungspsychologie und Pädagogische Psychologie, 26*, 278–290.

Lackner, J. R. & Teuber, H.-L. (1973). Alterations in auditory fusion threshold after cerebral injury in man. *Neuropsychologia, 11*, 409–415.

Landerl, K. & Wimmer, H. (1994). Phonologische Bewusstheit als Prädiktor für Lese-Rechtschreibfertigkeiten in der Grundschule. *Zeitschrift für Pädagogische Psychologie, 8*, 153–164.

Landerl, K., Linortner, R. & Wimmer, H. (1992). Phonologische Bewusstheit und Schriftspracherwerb im Deutschen. *Zeitschrift für Pädagogische Psychologie, 6*, 17–33.

Llinas, R., Ribary, U, & Tallal, P. (1998). Dyschronic language-based learning disabilities. In C. von Euler, I. Lundberg, & R. Llinas (Hrsg.), *Basic Mechanisms in Cognition and Language*. Amsterdam: Elsevier.

Lotze, M., Wittmann, M., Steinbüchel, N. v., Pöppel, E. & Roenneberg, T. (1999). Daily rhythm of temporal resolution in the auditory system. *Cortex, 35*, 89–100.

May, J. G., Williams, M. C. & Dunlap, W. P. (1988). Temporal order judgements in good an poor readers. *Neuropsychologia, 26*, 917–924.

McCroskey, R. L. & Kidder, H. C. (1980). Auditory fusion among learning disabled, reading disabled, and normal children. *Journal of Learning Disabilities*, 13, 18–25.

Merzenich, M. M., Jenkins, W. M., Johnston, P., Schreiner, C., Miller, S. L. & Tallal, P. (1996). Temporal processing deficits of language-learning impaired children ameliorated by training. *Science, 271*, 77–81.

Michon, J. A. & Jackson, J. L. (1985). *Time, mind and behavior*. Heidelberg: Springer.

Mody, M., Studdert-Kennedy, M. & Brady, S. (1997). Speech perception deficits in poor readers: Auditory processing or phonological coding? *Journal of Experimental Child Psychology, 64*, 199–231.

Moore, B. C. (1993). Temporal analyses in normal and impaired hearing. In P. Tallal, A. M. Galaburda, R. R. Llinàs, & C. von Euler (Hrsg.), *Temporal Information Processing in the Nervous System. Special Reference to Dyslexia and Dysphsia*. New York: Academy of Sciences.

Nakajima, Y. (1986). *Kants Theorie der Zeitkonstruktion.* Dissertation. Wien: VWGÖ.

Näslund, J. C. (1990). The interrelationship among preschool predictors of reading acquisition for german children. *Reading and Writing, 2,* 327–360.

Nickisch, A. (1999). Ordnungsschwellenwerte im Vor- und Grundschulalter. *Sprache – Stimme – Gehör, 23,* 63–70.

Ornstein, R. E. (1969). *On the experience of time.* Harmondsworth: Penguin Books.

Pompino-Marschall, B. (1995). *Einführung in die Phonetik.* Berlin: Walter de Gruyter & Co.

Pöppel, E. (1970). Excitability cycles in central intermittency. *Psychologische Forschung, 34,* 1–9.

Pöppel, E. (1987). Time perception. In R. Held, H. W. Leibowitz, & H.-L. Teuber (Hrsg.), *Handbook of Sensory Physiology. Volume VIII: Perception.* Berlin: Springer.

Pöppel, E. (1996). Reconstruction of subjective time on the basis of hierarchically organized processing systems. In M. A. Pastor & J. Artieda (Hrsg.), *Time, Internal Clocks and Movement.* Amsterdam: Elsevier.

Pöppel, E. (1997a). *Grenzen des Bewusstseins.* Frankfurt/M.: Insel.

Pöppel, E. (1997b). A hierarchical model of temporal perception. *Trends in Cognitive Sciences, 1,* 56–61.

Pöppel, E. & Logothetis, N. (1986). Neuronal oscillations in the brain. Discontinous initiations of pursuit eye movements indicate a 30-Hz temporal framework for visual information processing. *Naturwissenschaften, 73,* 267–268.

Rammsayer, T. (1992). *Die Wahrnehmung kurzer Zeitdauern. Allgemeinpsychologische und psychobiologische Ergebnisse zur Zeitdauerdiskrimination im Millisekundenbereich.* Münster: Waxmann.

Reed, M. A. (1989). Speech perception and the discrimination of brief auditory cues in reading disabled children. *Journal of Experimental Child Psychology, 48,* 270–292.

Schneider, W., Roth, E. & Küspert, P. (1999). Frühe Prävention von Lese-Rechtschreibproblemen: Das Würzburger Trainingsprogramm zur Förderung sprachlicher Bewusstheit bei Kindergartenkindern. *Kindheit und Entwicklung, 8,* 147–152.

Schulte-Körne, G., Deimel, W., Bartling, J. & Remschmidt, H. (1998). Role of auditory temporal processing for reading and spelling disability. *Perceptual and Motor Skills, 86,* 1043–1047.

Schulte-Körne, G., Deimel, W., Bartling, J. & Remschmidt, H. (1998). Die Bedeutung der auditiven Wahrnehmung und der phonologischen Bewusstheit für die Lese-Rechtschreibschwäche. *Sprache – Stimme – Gehör, 22,* 25–30.

Spreng, M. (1994). Physiologie des Gehörs. In P. Biesalski & F. Frank (Hrsg.), *Phoniatrie-Pädaudiologie. Band 2: Pädaudiologie.* Stuttgart: Georg Thieme.

Studdert-Kennedy, M. M. & Mody, M. (1995). Auditory temporal perception deficits in the reading-impaired. A critical review of the evidence. *Psychonomic Bulletin & Review, 2,* 508–514.

Swisher, L. & Hirsh, I. J. (1972). Brain damage and the ordering of two temporally successive stimuli. *Neuropsychologia, 10,* 137–152.

Szelag, E., v. Steinbüchel, N., Reiser, M., de Langen, E. G. & Pöppel, E. (1996). Temporal constraints in processing nonverbal rhythmic patterns. *Acta Neurobiologiae Experimentalis, 56,* 215–225.

Tallal, P. (1980). Auditory temporal perception, phonics, and reading disabilities in children. *Brain and Language, 9,* 182–198.
Tallal, P. & Piercy, M. (1973a). Defects of non-verbal auditory perception in children with developmental aphasia. *Nature, 241,* 468–469.
Tallal, P. & Piercy, M. (1973b). Developmental aphasia: Impaired rate of non-verbal processing as a function of sensory modality. *Neuropsychologia, 11,* 389–398.
Tallal, P. & Piercy, M. (1974). Developmental aphasia: Rate of auditory processing and selective impairment of consonant perception. *Neuropsychologia, 12,* 83–93.
Tallal, P. & Piercy, M. (1975). Developmental aphasia: The perception of brief vowels and extended stop consonants. *Neuropsychologia, 13,* 69–74.
Tallal, P., Merzenich, M., Miller, S. & Jenkins, W. (1998). Language learning impairment: Integrating research and remediation. *Scandinavian Journal of Psychology, 39,* 197–199.
Tallal, P., Miller, S. L., Bedi, G., Byma, G., Wang, X., Nagarajan, S. S., Schreiner, C., Jenkins, W. M. & Merzenich M. M. (1996). Language comprehension in language-learning impaired children improved with acoustically modified speech. *Science, 271,* 81–84.
Tallal, P., Miller, S. & Fitch, R. H. (1993). Neurobiological basis of speech: A case for the preeminence of temporal processing. In P. Tallal, A. M. Galaburda, R. R. Llinàs, & C. von Euler (Hg.), *Temporal Information Processing in the Nervous System. Special Reference to Dyslexia and Dysphasia.* New York: Academy of Sciences.
Treutwein, B. (1997). YAAP: Yet another adaptive procedure. *Spatial Vision, 11,* 129–134.
Veit, S. E. (1992). *Sprachentwicklung, Sprachauffälligkeit und Zeitverarbeitung – Eine Longitudinalstudie.* Dissertation, Ludwig-Maximilians-Universität München.
Vollrath, M., Kazenwadel, J. & Krüger, H.-P. (1992). A universal constant in temporal segmentation of human speech. *Naturwissenschaften, 79,* 479–480.
von Steinbüchel, N. (1987). *Therapie der zeitlichen Verarbeitung akustischer Reize bei aphasischen Patienten.* Dissertation, Ludwig-Maximilians- Universität München.
von Steinbüchel, N., Wittmann, M. & de Langen, E. G. (1996). Zeitliche Informationsverarbeitung und Sprache – ein integraler Ansatz in der Aphasietherapie. *Verhaltensmodifikation und Verhaltensmedizin, 4,* 331–351.
von Steinbüchel, N., Wittmann, M. & Landauer, N. (1997). *Diagnose und Training der zeitlichen Verarbeitung von Hörreizen bei Grundschülern mit LRS.* Bericht über den Fachkongress Legasthenie. Greifswald: Bundesverband Legasthenie.
von Steinbüchel, N., Wittmann, M., Strasburger, H. & Szelag, E. (1999). Auditory temporal-order judgement is impaired in patients with cortical lesions in posterior regions of the left hemisphere. *Neuroscience Letters, 264,* 168–171.
Warnke, F. (1993). Ordnungsschwelle und Sprachtherapie. *Die Sprachheilarbeit, 38,* 225–258.
Watson, B. U. (1992). Auditory temporal acuity in normally achieving and learning-disabled college students. *Journal of Speech and Hearing Research, 35,* 148–156.
Watson, B. U. & Miller, T. K. (1993). Auditory perception, phonological processing and reading ability/disability. *Journal of Speech and Hearing Research, 36,* 850–863.

Watson, C. S., Johnson, D. M., Lehman, D. M., Kelley, W. J. & Jensen, J. K. (1982). An auditory discrimination test battery. *Journal of the Acoustical Society of America, 1,* 71–73.

Wimmer, H. (1993). Characteristics of developmental dyslexia in a regular writing system. *Applied Psycholinguistics, 14,* 1–33.

Wittmann, M. & Pöppel, E. (1999). Neurobiologie des Lesens. In B. Franzmann, K. Hasemann, D. Löffler, & E. Schön (Hrsg.), *Handbuch Lesen.* München: K. G. Saur.

Wittmann, M. & Pöppel, E. (2000). Hirnzeit – Wie das Gehirn Zeit macht. *Kunstforum International, 151,* 85–90.

Wright, B. A., Lombardino, L. J., Wayne, M. K., Puranik, C. S., Leonard, C. M. & Merzenich, M. M. (1997). Deficits in auditory temporal and spectral resolution in language-impaired children. *Nature, 387,* 171–178.

# 6 Die Bedeutung genetischer, biologischer und psychosozialer Risiken

Michèle Noterdaeme

6.1 Einleitung
6.2 Genetische Faktoren
6.3 Biologische Faktoren
6.4 Psychosoziale Risiken
6.5 Zusammenfassung

## 6.1 Einleitung

Sprachentwicklungsstörungen werden in der ICD-10 der WHO als Störungen definiert, bei denen die normalen Muster des Spracherwerbs von frühen Stadien der Entwicklung an beeinträchtigt sind. Diese Störungen können nicht durch neurologische Erkrankungen, sensorische Beeinträchtigungen (zum Beispiel im Sinne eines Hörverlusts), einer Intelligenzminderung oder einer unzureichenden Förderung erklärt werden. Das Kind kann in bestimmten, sehr vertrauten Situationen besser kommunizieren oder verstehen, jedoch ist die Sprachfähigkeit in jeder Situation beeinträchtigt (Dilling et al. 1991).

Die Ursachen der umschriebenen Sprachentwicklungsstörungen sind unbekannt. In den 50er und 60er Jahren wurde das Konzept der »frühkindlichen Hirnschädigung« zur Erklärung der umschriebenen Sprachstörungen herangezogen, in den 70er Jahren das Konzept der »minimalen cerebralen Dysfunktion« und in den 80er Jahren die Aktivitäts- und Aufmerksamkeitsstörung.

Aktuell werden für die Entstehung von Sprachentwicklungsstörungen Beeinträchtigungen in bestimmten Phasen der Hirnentwicklung, insbesondere bei der Entwicklung des zerebralen Kortex, betont. Diese Fehlentwicklungen können durch verschiedene Faktoren entstehen. Nachdem schon vor Jahren eine Häufung von Sprachentwicklungsstörungen in Familien beschrieben wurde, steht das Interesse an der genetischen Grundlage von Sprachstörungen im Vordergrund vieler Untersuchungen.

Neben genetischen Faktoren werden auch biologische Faktoren (Frühgeburt, toxische Einwirkungen während der Schwangerschaft, peri- und postnatale Schädigungsfaktoren, etc.) oder psychosoziale Einflüsse (Bildungsabschluss der Eltern, sozioökonomische Gesichtspunkte, etc.) als Mitverursacher für die Entwicklung von Sprachstörungen herangezogen (Largo et al. 1986, Laucht et al. 1997, Tomblin et al. 1998). In den folgenden Absätzen werden einige wichtige Risikofaktoren, die für die Sprachentwicklung bzw. für das Entwickeln einer spezifischen Sprachentwicklungsstörung relevant sind, diskutiert.

## 6.2 Genetische Faktoren

Der Literaturüberblick über genetische Untersuchungen bei sprachentwicklungsgestörten Kindern zeigt, dass durch verschiedene methodische Vorgehensweisen auf unterschiedlicher Ebene die Bedeutung der Genetik bei Sprachentwicklungsstörungen untersucht werden (**Tabelle 1**).

**Tabelle 1:** Methoden und Fragestellungen in der Genetik

| Methoden | Fragestellungen |
|---|---|
| Familienuntersuchungen | Familiäre Häufung |
| Zwillings- und Adoptionsuntersuchungen | Genetisch bedingt |
| Stammbaum-/Segregationsanalysen | Vererbungsmodus |
| Molekulargenetische Methoden | Lokalisation des Genes, Mechanismen des Defekts |

Während Familienuntersuchungen und Stammbaumanalysen Methoden sind, die schon länger zur Verfügung stehen, sind molekulargenetische Techniken erst in den letzten Jahren entwickelt worden. Anhand dieser Methode ist es möglich geworden, die Lokalisation der Gene auf den Chromosomen zu bestimmen sowie die Art des Gendefekts näher zu untersuchen.

Der erste Schritt, um genetische Faktoren bei einer bestimmten Krankheit oder Störung zu identifizieren, besteht darin, festzustellen, ob die betreffende Störung familiär gehäuft vorkommt. Methodisch wird dieser Schritt anhand von Familienuntersuchungen umgesetzt. Diese Studien vergleichen die Störungshäufigkeit einer Sprachentwicklungsstörung in der Verwandtschaft von sprachgestörten Probanden mit der Störungshäufigkeit einer Sprachentwicklungsstörung in der Gesamtpopulation oder in einer parallelisierten Kontrollgruppe.

*Michèle Noterdaeme*

Schon in den 30er und 40er Jahren wurde über die familiäre Häufung von Sprachentwicklungsstörungen berichtet. Tallal et al. (1989) fanden in einer Gruppe sprachentwicklungsgestörter Kinder bei 77 % der Verwandtschaft Sprach- und Lernstörungen. Allerdings wurden auch in einer Kontrollgruppe Nicht-Sprachgestörter bei 46 % der Verwandten solche Auffälligkeiten nachgewiesen. Diese Zahlen lassen vermuten, dass die Definition der Sprach- und Lernstörungen sehr breit gefasst war. In einer Studie an 87 Familien mit Kindern, die im Vorschulalter Sprachstörungen aufwiesen, wurden bei 26 % der Verwandten Sprachstörungen festgestellt, bei 5,8 % eine Leseschwäche und bei 5,6 % eine Lernbehinderung (Lewis 1992). Die Differenzierung der Betroffenen nach ihrem Verwandtschaftsgrad zum Probanden und ihrem Geschlecht zeigte, dass 42 % der Brüder, 22 % der Schwestern und 18 % der Väter und Mütter sprachgestört oder lernbehindert waren.

Aus den verschiedenen Studien wird klar, dass es eine unterschiedlich starke genetische Disposition in den Familien gibt. So werden in einigen Familien keine weiteren sprach- oder lernauffälligen Familienmitglieder gefunden, während in anderen Familien bis zu 42 % der Verwandten betroffen sein können (Tallal et al. 1989, Lewis 1992). Aus der Studie von Lewis (1992) geht hervor, dass die Verwandten von sprachgestörten Mädchen ein höheres Risiko haben, an einer Sprachstörung zu leiden, als die von Jungen.

Einige Studien untersuchten die Unterschiede zwischen sprachentwicklungsgestörten Kindern mit einer positiven Familienanamnese und solchen ohne eine positive Familienanamnese. In einer von Spitz et al. (1997) durchgeführten prospektiven Untersuchung konnte festgestellt werden, dass Kinder aus Familien mit positiver Familienanamnese bedeutend größere Defizite in der expressiven und rezeptiven Sprache hatten als eine altersmäßig vergleichbare Gruppe aus Familien ohne Sprachstörungen. Die Ergebnisse aus diesen Studien zeigten, dass Kinder mit positiver Familienanamnese ein deutlich höheres Risiko für Sprachentwicklungsstörungen hatten als Kinder aus Familien ohne Sprachstörung. Das Risiko für Kinder aus belasteten Familien wurde auf 50 % geschätzt (Spitz et al. 1997, Tallal et al. 1989, Hurst et al. 1990, Van der Lely & Stollwerck 1996). Kinder mit schweren kombinierten expressiv-rezeptiven Sprachstörungen hatten ein erhöhtes Risiko, zusätzliche Lernstörungen sowie Verhaltensstörungen zu entwickeln (Whitehurst & Fischel 1994).

Die erhöhte Häufigkeit von Sprachentwicklungsstörungen bei Verwandten sprachentwicklungsgestörter Probanden wird als Hinweis auf eine genetisch bedingte Störung gewertet, ist aber kein Beweis. Die familiäre Häufung der Störung könnte ebenfalls durch Erziehungs- bzw. Umweltfaktoren, die typischerweise in der Familie auftreten, bedingt sein. Dagegen spricht aber die Tatsache, dass in einer Familie sowohl betroffene als auch nicht betroffene Kinder vorkommen können.

Eine geläufige Methode, um die genetische Disposition einer Störung zu analysieren und Anlagefaktoren von Umweltfaktoren zu trennen, ist die Untersuchung von Zwillingen bzw. die Durchführung von Adoptionsstudien.

In Zwillingsuntersuchungen werden eineiige (monozygote) und zweieiige (dizygote) Zwillingspaare miteinander verglichen. Da monozygote (MZ) Zwillinge genetisch identisch sind und dizygote (DZ) Zwillinge sich wie Geschwister verhalten, sollten MZ-Zwillinge für genetisch bedingte Merkmale eine höhere Übereinstimmung (Konkordanzrate) aufweisen als DZ-Zwillinge. Die verschiedenen Studien, die sich mit diesem Thema befassen, konnten eine höhere Konkordanzrate bei MZ-Zwillingen feststellen. Bishop et al. untersuchten 63 eineiige und 27 zweieiige Zwillingspaare und fanden bei den MZ-Zwillingspaaren eine Konkordanzrate von 70 %, während die DZ-Zwillinge eine Konkordanzrate von 46 % aufwiesen (Bishop et al. 1995). Wurde die Definition der Sprachstörung erweitert und wurden auch Kinder einbezogen, die früher wegen ihrer Sprachprobleme eine Sprachtherapie bekommen hatten, zum Zeitpunkt der Untersuchung aber unauffällig waren, so fand sich bei den MZ-Zwillingen eine Konkordanzrate von 92 %. Die in dieser Studie festgestellten Konkordanzraten stimmen mit denen anderer Autoren weitgehend überein. Tomblin & Buckwater (1998) stellte in seiner Gruppe eine Konkordanzrate von 62 % für MZ-Zwillinge und von 33 % für DZ-Zwillinge fest. In der Studie von Lewis & Thompson (1992) betrugen die Konkordanzraten für MZ-Zwillinge 86 %, für DZ-Zwillinge 48 %. Es gab Hinweise, dass die große Übereinstimmung bei MZ-Zwillingen nicht nur die Sprachentwicklungsstörung allgemein betraf, sondern auch den Subtyp (z. B. Artikulationsstörung).

Adoptionsstudien sind besonders geeignet, um Anlagefaktoren von Umweltfaktoren zu trennen. Es gibt aber nur sehr wenige Studien, die diese Methode zur Erforschung der Ätiopathogenese von Sprachentwicklungsstörungen verwendet haben (Felsenfeld & Plomin 1997). Im Rahmen des »Colorado Adoption Project« wurde die Sprachentwicklung von 156 adoptierten und nicht-adoptierten Kindern mit unterschiedlicher Risikobelastung für die Entwicklung einer Sprachstörung untersucht. Die Stichprobe umfasste vier Gruppen: (1) 16 adoptierte Kinder mit einem sprachgestörten biologischen Elternteil. (2) 19 adoptierte Kinder, bei denen einer der beiden Adoptiveltern eine Sprachstörung hatte. (3) 31 nicht-adoptierte Kinder mit sprachauffälligen biologischen Eltern. (4) 90 adoptierte bzw. nicht-adoptierte Nicht-Risiko-Kinder mit unauffälligen Eltern. Anhand der Regressionsanalysen konnte festgestellt werden, dass die Sprachstörung bei den biologischen Eltern der beste Prädiktor für die Entwicklung einer Sprachstörung bei den Kindern war. Die Ergebnisse der Untersuchung zeigten, dass 25 % der Kinder mit einem genetischen Hintergrund für Sprachentwicklungsstörungen (d. h. Kinder, deren biologische Eltern eine Sprachstörung aufwiesen) eine auffällige Sprachentwicklung hatten, während dies nur bei 9 % der Kinder ohne familiären genetischen Hintergrund (d. h. Kinder, deren biologische Eltern sprachunauffällig waren), die bei sprachauffälligen Adoptiveltern aufwuchsen, der Fall war. Die Häufigkeit sprachgestörter Kinder in der Gruppe ohne biologisches Risiko – aber mit erheblichem Umweltrisiko – unterschied sich nicht von der Kontrollgruppe (adoptierte und nicht-adoptierte Kinder mit unauffälligen Eltern). Die Intelligenz des Kindes und das familiäre Umfeld bzw. der sozioökonomische Status der Familie zeigten keinen signifikanten Einfluss auf die Sprachentwicklung des Kindes.

Stammbaum- und Segregationsanalysen dienen dem Ziel, den Vererbungsmodus der Erkrankung zu untersuchen. Segregationsanalysen nutzen die Daten von vielen Familien mit sprachgestörten Mitgliedern und versuchen, diese Daten anhand statistischer Verfahren im Rahmen der bekannten Vererbungsmodi zu interpretieren, um so den wahrscheinlichsten Vererbungsmodus zu identifizieren.

Lewis (1992) führte solche Analysen bei 45 Familien durch. Eine eindeutige Festlegung des Vererbungsmodus gelang jedoch nicht. Sowohl monogenetische, als auch polygenetische multifaktorielle Vererbung könnten in Frage kommen, sowie eine autosomal-dominante Vererbung mit reduzierter Penetranz. Es wird die Hypothese einer polygenetischen/multifaktoriellen Vererbung favorisiert, d. h., dass davon ausgegangen werden soll, dass mehrere Gene sowie andere ursächliche Faktoren notwendig sind, damit es zur Ausprägung einer Störung kommt.

Auch die Beobachtung, dass Knaben häufiger an Sprachstörungen leiden, ist mit dem Modell der multifaktoriellen Vererbung mit geschlechtsspezifischem Schwellenwert vereinbar. Die Schwelle bis zum Auftreten von Sprachentwicklungsstörungen wäre bei Knaben früher erreicht: d. h. dass bei Knaben im Vergleich zu Mädchen eine geringere Anzahl mutierter Gene bzw. ein geringeres Ausmaß äußerer Einflüsse bereits symptomauslösend wirkt.

Obwohl die Hypothese der multifaktoriellen polygenetischen Vererbung in den meisten Familien die Stammbaumdaten erklärt, gibt es einige Familien, in denen die Sprachentwicklungsstörung offensichtlich monogen, d. h. durch ein einziges Gen, vererbt wird. In einer von Hurst et al. (1990) erstmals beschriebenen Vier-Generationen-Familie litt annähernd die Hälfte der Familienmitglieder an einer schweren Sprech- und Sprachstörung: ihre Sprache war dysgrammatisch und schwer verständlich. In dieser Familie folgte die Sprachstörung einem autosomal-dominanten Erbgang. Solche Familien mit eindeutig monogener Vererbung einer Erkrankung bieten eine gute Möglichkeit, Kopplungsanalysen vorzunehmen. In der von Hurst et al. beschriebenen Familie wurde eine solche Analyse vorgenommen. Es wurde eine Kopplung zwischen Markern auf Chromosom 7q311 und dem Krankheitslocus in dieser Familie erkannt. In diesem Bereich wird ein Gen vermutet, dass für die Entwicklung von Sprache bzw. Teilbereichen der Sprache verantwortlich ist.

Zusammenfassend kann festgestellt werden, dass genetische Faktoren in der Ätiopathogenese von Sprachentwicklungsstörungen eine wichtige Rolle spielen. Die genaue Wirkungsweise dieser genetischen Disposition ist aber noch ungeklärt und es ist davon auszugehen, dass dem Störungsbild »spezifische Sprachentwicklungsstörung« eine große genetische Heterogenität zugrunde liegt (Tallal et al. 1989, Bishop et al. 1995, Gilger 1992, Hurst et al. 1990, Lewis & Thompson 1992, Lewis 1992).

## 6.3 Biologische Faktoren

Biologische Faktoren als potentielles Risiko für Entwicklungsstörungen aller Art haben schon eine lange Tradition. So wurden in den 70er und 80er Jahren verschiedene Längsschnittstudien durchgeführt, die speziell die Entwicklung von Risikokindern betrachten (Largo et al. 1986, Riegel et al. 1995, Weindrich et al. 1998, Meyer-Probst & Teichman 1984). Diese Längsschnittstudien lassen sich methodisch in zwei Gruppen zusammenfassen:

1. Längsschnittstudien, die prospektiv die Entwicklung von Kindern mit einem biologischen und/oder psychosozialen Risiko verfolgen. Nachteil dieses Ansatzes ist die relativ kleine Anzahl von Probanden, die letztendlich eine bestimmte Zielstörung (z. B. Sprachentwicklungsstörung) aufweisen.

2. Längsschnittstudien, die prospektiv die Entwicklung von sprachentwicklungsgestörten Kindern und einer unauffälligen Kontrollgruppe verfolgen und vergleichen. In diese Studien wurden Kinder ab dem dritten Lebensjahr aufgenommen. Nachteil dieses Designs ist die retrospektive schlechte Validierung der prä-, peri- und postnatalen Belastungen, die oft nicht ganz präzise erinnerbar sind.

Generell ist anzumerken, dass diese Studien – je nach Hypothese oder Design – die Risikobereiche unterschiedlich operationalisierten. Oft wurde der Einfluss der Risikofaktoren auf das Niveau der sprachlichen Entwicklung oder auf die allgemeine kognitive Entwicklung untersucht und nicht die Diagnose »spezifische Sprachentwicklungsstörung« als Outcome genommen. Die Ergebnisse dieser Studien sind deshalb manchmal schwer zu vergleichen.

Die biologischen Risiken werden meist in drei Bereichen zusammengefasst: die Belastungen während der Schwangerschaft (pränatale Faktoren), bei der Geburt (perinatale Faktoren) und nach der Geburt (postnatale Faktoren). Einige wichtige biologische Risiken sind in **Tabelle 2** aufgeführt.

Einer der am besten untersuchten biologischen Risikofaktoren ist die Frühgeburt und das damit verbundene niedrige Geburtsgewicht (O'Callaghan et al. 1995, Aram et al. 1991, Largo et al. 1986, Wolke 1999, Weindrich et al. 1998, Riegel et al. 1995, Meyer-Probst & Teichman 1984). Die Ergebnisse dieser Studien sind uneinheitlich. Verschiedene Arbeiten zeigten, dass ein niedriges Geburtsgewicht mit einer deutlichen Verzögerung in der Sprachentwicklung korrelierte. Bei diesen Studien müssen jedoch zwei Aspekte berücksichtigt werden: Erstens war in der Gruppe der extrem frühgeborenen Kinder mit einem sehr niedrigem Geburtsgewicht eine relativ hohe Prozentzahl deutlich neurologisch geschädigter Kinder oder kognitiv sehr beeinträchtigter Kinder anzutreffen. Wurden diese Kinder von der Analyse ausgeschlossen, so war oft keine signifikante Assoziation zwischen Geburtsgewicht und Sprachentwicklung festzustellen. Zweitens wurde meistens der Zusammenhang zwischen Geburtsgewicht und Sprachentwicklung untersucht und nicht der Zusammenhang zwischen Geburtsgewicht und der

Diagnose einer spezifischen Sprachentwicklungsstörung. Wurden diese Aspekte berücksichtigt und die sprachlichen Fähigkeiten der Kinder in Relation zu ihrer Intelligenz gestellt, erschien der Zusammenhang zwischen Geburtsgewicht und spezifischer Sprachentwicklungsstörung nicht mehr so eindeutig. Es ist wohl eher von einer allgemeinen Beeinträchtigung bzw. Schädigung der Kinder auszugehen, ohne dass die Funktion »Sprache« speziell betroffen ist.

**Tabelle 2:** Biologische Risiken

| |
|---|
| **Pränatale Faktoren (Schwangerschaft)** |
| Fehlgeburten, Klinikaufenthalt |
| Präeklampsie |
| Blutung |
| Rauchen, Alkohol, Drogenkonsum |
| Infektionen, schlechter allgemeiner Gesundheitszustand der Mutter |
| **Perinatale Faktoren (Geburt)** |
| Schwangerschaftsdauer, Geburtsgewicht |
| Abnorme Lage bei der Geburt |
| Komplikationen bei der Entbindung (z. B. Kaiserschnitt) |
| Abnorme Dauer der Geburt |
| Niedrige Apgar-Werte |
| Aufnahme auf der Neugeborenen-Intensivstation |
| **Postnatale Faktoren** |
| Sepsis |
| Ph, Laktat |
| Krämpfe |

Verschiedene Arbeiten untersuchten den Einfluss von Nikotin und Alkohol während der Schwangerschaft. Sowohl Alkohol- wie auch Nikotingebrauch hatten einen nachteiligen Einfluss auf den untersuchten Parameter, jedoch war die Sprachretardierung oft im Rahmen einer allgemeinen kognitiven Retardierung zu sehen. Bei Alkoholkonsum während der Schwangerschaft waren vor allem die Kinder betroffen, deren Mütter während der Schwangerschaft übermäßig viel Alkohol getrunken hatten (Tomblin et al. 1997, Tomblin et al. 1998). Tomblin et al. (1997) konnten einen signifikanten Zusammenhang zwischen dem Risikofaktor »Rauchen« und der Outcome-Variablen »spezifische Sprachentwicklungsstörung« nachweisen, der jedoch verschwand, sobald der Bildungsstand berücksichtigt wurde. Dieser Befund deutet auf eine enge Verflechtung zwischen biologischen und psychosozialen Risiken hin.

In der gleichen Studie wurde erstmals über die protektive Bedeutung des Stillens für die Sprachentwicklung berichtet. Die Ergebnisse zeigten, dass Kinder, die mindestens neun Monate gestillt wurden, ein bedeutend geringeres Risiko für eine Sprachentwicklungsstörung hatten als Kinder, die nicht oder weniger als neun Monate gestillt wurden. Die Assoziation zwischen Stillen und Sprachentwicklung blieb auch dann bestehen, wenn der Bildungsstand der Mutter berücksichtigt wurde.

Insgesamt wurden in den verschiedenen Studien relativ wenig biologische Risiken identifiziert, die regelhaft in Zusammenhang mit einer spezifischen Sprachentwicklungsstörung gebracht werden konnten. So wurden während der Schwangerschaft keine erhöhte Infektionshäufigkeit bei der Mutter oder toxische Belastungen festgestellt. Sprachstörungen waren nicht assoziiert mit der Art der Entbindung (z. B. Kaiserschnitt), Dauer der Geburt oder Komplikationen bei der Geburt.

## 6.4 Psychosoziale Risiken

In den meisten Längsschnittstudien konnte eine Assoziation zwischen psychosozialen Risiken und Sprachstatus gefunden werden. Ausbildungsstatus und psychischer Gesundheitszustand der Eltern schienen dabei die wichtigsten Parameter zu sein (Tomblin 1996, Weindrich et al. 1998, Laucht et al. 1997, O'Callaghan et al. 1995). Auch in diesen Längsschnittuntersuchungen wird oft der Einfluss der psychosozialen Risikofaktoren auf das Niveau der sprachlichen Entwicklung untersucht und nicht die Diagnose »spezifische Sprachentwicklungsstörung« als Outcome genommen. Einige der in Längsschnittuntersuchungen am häufigsten berücksichtigten psychosozialen Risiken sind in **Tabelle 3** zusammengefasst.

Tomblin (1996) untersuchte den Zusammenhang zwischen einer spezifischen Sprachentwicklungsstörung bei den Kindern und dem Ausbildungsstatus der Eltern. Er konnte feststellen, dass die Eltern von sprachgestörten Kindern in der Regel weniger Ausbildungsjahre absolvieren als die Eltern der Kontrollkinder. Die Unterschiede waren aber nur tendenziell und statistisch nicht signifikant. Verschiedene Studien konnten nachweisen, dass die Folge in der Geschwisterreihe sowie die Anzahl der Kinder die Sprachentwicklung beeinflussen können, und dass Kinder mit einer spezifischen Sprachentwicklungsstörung eher weiter hinten in der Geschwisterreihe stehen als Kinder ohne Sprachstörung. Tomblin (1996) stellte fest, dass die Effekte bezüglich der Anzahl der Kinder und der Position in der Geschwisterreihe über den Bildungsstand der Eltern und den sozioökonomischen Status der Familie vermittelt wurden, indem eher benachteiligte Familien dazu tendierten, mehr Kinder zu haben als Familien aus höheren sozialen Schichten.

**Tabelle 3:** Psychosoziale Risiken

| |
|---|
| Niedriges Bildungsniveau der Eltern |
| Schlechte Wohnungssituation |
| Psychiatrische Erkrankung der Eltern |
| Heimerziehung/Delinquenz der Eltern |
| Konflikt in der elterlichen Beziehung |
| Frühe Elternschaft |
| Unvollständige Familie |
| Nicht erwünschte Schwangerschaft |
| Fehlendes soziales Netz |
| Chronische Probleme |
| Fehlende Coping-Strategien |

Es wird angenommen, dass der Sprachstatus der Eltern sowie deren kommunikative und interaktive Fähigkeiten von entscheidender Bedeutung für die frühe Sprachentwicklung der Kinder sind. Versteht man z. B. die Wortschatzentwicklung als Funktion der kindlichen Fähigkeit, aus dem Sprachangebot der Umwelt zu lernen, so sind Umfang und Qualität des Sprachangebots wichtige Faktoren, die diesen Lernprozess beeinflussen können. So konnte nachgewiesen werden, dass Mütter, die in Spielsituationen mehr mit ihrem Säugling sprechen, einen größeren Wortschatz haben. Andere Studien zeigten, dass wenig ausgebildete Mütter aus ökonomisch benachteiligten Schichten seltener mit ihren Säuglingen sprechen als gut ausgebildete Mütter aus der Mittelschicht, und dass ihre Kinder ein kleineres, weniger differenziertes Vokabular entwickeln. Untersuchungen haben aber auch feststellen können, dass sich neben dem Umfang des Sprachangebots auch der Kontext und die Qualität des Angebots auf die frühe Sprachentwicklung auswirken. So korreliert die mütterliche Unterstützung der kindlichen Aufmerksamkeit für Objekte der Umwelt mit fünf Monaten positiv mit dem kindlichen Wortschatz im Alter von 13 Monaten (Papousek 1994).

Somit wird ein Zusammenhang hergestellt zwischen dem Niveau der elterlichen Sprache und Kommunikationsfähigkeit und dem Niveau der kindlichen Sprachentwicklung. Die Bedeutung der elterlichen sprachlichen Kompetenz für die Entstehung einer spezifischen Sprachentwicklungsstörung bleibt aber ungeklärt.

Risikofaktoren sind Parameter, die mit Variationen der Inzidenz (Neuerkrankungen in einem bestimmten Zeitraum) oder der Prävalenz (Häufigkeit

*Die Bedeutung genetischer, biologischer und psychosozialer Risiken*

zum Untersuchungszeitpunkt) bestimmter Störungen assoziiert sind. Solchen Faktoren kann nicht unbedingt eine eindeutige kausale Bedeutung im Sinne von »notwendig« und »ausreichend« für das Vorhandensein einer Störung zugeschrieben werden.

Psychosoziale und biologische Risiken zeigen in ihren Wirkungsweisen viele Analogien. Nach Meyer-Probst & Teichman (1984) ist das Ausmaß der Entwicklungsgefährdung vor allem von der Anzahl der biologischen und psychosozialen Risiken abhängig (nur 6 % der Kinder werden ohne jedes biologisches Risiko geboren, 12,9 % der Kinder haben kein psychosoziales Risiko). In manchen Bereichen gibt es eine enge Verknüpfung zwischen biologischen und psychosozialen Risiken. Beide Faktoren sind voneinander nicht ganz unabhängig (z. B. Rauchen als biologisches Risiko und Bildungsstand als psychosoziales Risiko). Ebenso gibt es enge Verbindungen zwischen genetischen Belastungen und psychosozialen Faktoren. So ist davon auszugehen, dass ein Kind mit einer guten Sprachentwicklung eine eher günstige genetische Disposition zeigt, biologisch wenig belastet ist und mit einer größeren Wahrscheinlichkeit in ein sprachliches Umfeld hineinwächst, das ihm besonders günstige Voraussetzungen für den Spracherwerb bietet. Umgekehrt haben Kinder mit einer Sprachstörung häufiger eine eher ungünstige genetische Disposition, sind biologisch mehr belastet und wachsen mit größerer Wahrscheinlichkeit in einem weniger optimalen sprachlichen Umfeld auf und sind somit mehrfach belastet. Es entstehen Risikoketten. Demnach sind Risikofaktoren Elemente eines multikausalen Zusammenhanges, wobei biologische Faktoren vor allem weitere biologische und psychosoziale Faktoren und weitere psychosoziale Risiken nach sich ziehen. Die Auswirkung dieser Risikofaktoren ist sowohl auf der Leistungsebene wie auch auf der Verhaltensebene anzutreffen. Allgemein kann festgestellt werden, dass die Auswirkungen einer biologischen Belastung sich im Entwicklungsverlauf abschwächen, während sie bei psychosozialer Dauerbelastung persistieren.

Je günstiger die psychosozialen Entwicklungsbedingungen biologischer Risikoträger sind, desto besser gelingt die Kompensation. Je geringer die perinatale Belastung ist, desto resistenter ist das Kind gegenüber negativen Umwelteinflüssen.

## 6.5 Zusammenfassung

Sprachentwicklungsstörungen sind komplexe Störungen, deren Ätiologie bis jetzt ungeklärt ist. Es wird angenommen, dass die Ursachen dieser Störungen multifaktoriell bedingt sind. Der Literaturüberblick zeigt, dass genetische Faktoren eine wichtige Rolle in der Ätiopathogenese von Sprachentwicklungsstörungen spielen. Stammbaum- und Segregationsanalysen sprechen dafür, dass die Vererbung in der Regel nicht nach einem einfachen Erbgang, sondern multifaktoriell und polygenetisch erfolgt. Es ist davon auszugehen, dass eine große genetische Heterogenität dem Störungsbild der umschriebenen Sprachentwicklungsstörungen zugrunde liegt. Die genauen genetischen Mechanismen sind jedoch noch nicht bekannt.

Genetische Faktoren sind aber nicht ausreichend, um die Genese von Sprachentwicklungsstörungen zu erklären. Zusätzliche biologische und psychosoziale Risiken beeinflussen die genetische Prädisposition. Andererseits gibt es keine Studie, die belegen würde, dass eine spezifische Sprachentwicklungsstörung alleine durch psychosoziale oder biologische Risikofaktoren verursacht werden kann. Es wird von komplexen Wechselwirkungen zwischen genetischen, biologischen und psychosozialen Risiken ausgegangen. Die genauen Wirkungsweisen der Interaktion zwischen den verschiedenen Risikofaktoren sind jedoch ungeklärt.

## Literatur

Aram, D., Hack, M., Hawkins, S., Weissman, B. & Borawski-Clark, E. (1991). Very-low-birthweight children and speech and language development. *Journal of Speech, Language, and Hearing Research, 34*, 1169–1179.

Bishop, D., North, T. & Donlan, C. (1995). Genetic basis of specific language impairment. *Developmental Medicine and Child Neurology, 72*, 56–71.

Dilling, H., Mombour, W. & Schmidt, M. (1991). Weltgesundheitsorganisation (Hrsg.), *Internationale Klassifikation psychischer Störungen. ICD-10 Kapitel V (F)*. Göttingen: Hans Huber.

Felsenfeld, S. & Plomin, R. (1997). Epidemiological and offspring analyses of developmental speech disorders using data from the Colorado adoption project. *Journal of Speech, Language, and Hearing Research, 40*, 778–791.

Gilger, J. (1992). Genetics of language disorders. *Journal of Clinical Communication, 2*, 35–47.

Hurst, J., Baraitser, M., Auger, E., Graham, F. & Norell, S. (1990). An extended family with a dominantly inherited speech disorder. *Developmental Medicine and Child Neurology, 32*, 352–355.

Largo, R., Molinari, L., Comanate-Pinto, L., Weber, M. & Duc, G. (1986). Language development of term and preterm children during the first five years of life. *Developmental Medicine and Child Neurology, 28*, 333–350.

Laucht, M., Esser, G. & Schmidt, M. (1997). Developmental outcome of infants born with biological and psychosocial risk. *Journal of Child and Adolescent Psychiatry, 38*, 843–854.

Lewis, B. (1992). Pedigree analysis of children with phonology disorders. *Journal of Learning Disabilities, 9*, 586–597.

Lewis, B. A. & Thompson, L. A. (1992). A study of developmental speech and language disorders in twins. *Journal of Speech, Language, and Hearing Research, 35*, 1086–1094.

Lewis, B. & Thompson, L. (1992). A study of developmental speech and language disorders in twins. *Journal of Speech, Language, and Hearing Research, 35*, 1086.

Meyer-Probst, B. & Teichman, H. (1984). *Risiken für die Persönlichkeitsentwicklung im Kindesalter*. Leipzig: Thieme.

O'Callaghan, M., Williams, G., Andersen, M., Bor, W. & Najman J. (1995). Social and biological risk factors for mild and borderline impairment of language comprehension in a cohort of five-year-old children. *Developmental Medicine and Child Neurology, 37*, 1051–1061.

Papousek, M. (1994). *Vom ersten Schrei zum ersten Wort. Anfänge der Sprachentwicklung in der vorsprachlichen Kommunikation.* Bern: Huber.

Riegel, K., Ohrt, B., Wolke, D. & Österlund, K. (1995). *Die Entwicklung gefährdet geborener Kinder bis zum fünften Lebensjahr.* Stuttgart: Enke Verlag.

Spitz, R., Tallal, P., Flax, J. & Benasich, A. (1997). Look who's talking: a prospective study of familial transmission of language impairments. *Journal of Speech, Language, and Hearing Research, 40*, 990–1001.

Tallal, P., Ross, R. & Curtiss, S. (1989). Familial aggregation in specific language impairment. *Journal of Speech and Hearing Disorder, 54*, 167–183.

Tomblin, J. (1996). Genetic and environmental contributions to the risk for specific language impairment. In M. Rice (Hg.), *Towards a genetic of language.* Mahwah NJ: Erlbaum.

Tomblin, J. B. & Buckwalter, P. R. (1998). Heritability of poor language achievement among twins. *Journal of Speech, Language, and Hearing Research, 41*, 188–199.

Tomblin, J. & Buckwater P. (1998). Heritability of poor language achievement among twins. *Journal of Speech, Language, and Hearing Research, 41*, 188–199.

Tomblin, J., Scheffner-Hammer, C. & Zhang, X. (1998). The association of parental tobacco use and SLI. *International Journal of Communication Disorders, 33*, 357–368.

Tomblin, J., Smith, E. & Zhang, X. (1997). Epidemiology of specific language impairment: Prenatal and perinatal risk factors. *Journal of Communication Disorders, 30*, 325–344.

Von der Lely, H. K., Stollwerck, L. (1996). A grammatical specific language impairment in children: a autosomal dominant inheritance? *Brain and Language, 52*, 484–504.

Weindrich, D., Jennen-Steinmetz, Ch., Laucht, M., Esser, G. & Schmidt, M. (1998). At risk for language disorder? Correlates and cours of language disorders in preschool children born at risk. *Acta Paediatrica, 87*, 1288–1294.

Whitehurst, G. & Fischel, J. (1991). Family history in developmental expressive language delay. *Journal of Speech, Language, and Hearing Research, 34*, 1150–1157.

Wolke, D. (1999). Language problems in neonatal at risk children: towards an understanding of developmental mechanisms. *Acta Paediatrica, 88*, 488–490.

# 7 Sprachstörungen bei Kindern mit hirnorganischen Erkrankungen – schwer behandelbare Sprachstörungen

Georg Spiel, Esther Brunner, Brigitte Allmayer & Elfriede Krammer

7.1 Einleitung
7.2 Klassifikation der Sprach- und Sprechstörungen
7.2.1 Klassifikation nach der ICD-10
7.2.2 Klassifikation nach Rapin
7.2.3 Klassifikation unter Berücksichtigung der Schwere der Störung
7.3 Studie zur Häufigkeit hirnorganischer Befunde bei Kindern mit schweren Sprachstörungen
7.3.1 Stichprobe
7.3.2 Ergebnisse
7.3.3 Schlussfolgerungen
7.4 Zusammenfassung

## 7.1 Einleitung

Die Sprachentwicklung kann im Bereich der Sprachproduktion – des Ausdruckes, des Sprachverständnisses oder der Sprechfunktionen sowie der akustischen Wahrnehmung gestört sein. Das klinische Bild ist daher häufig aufgrund der Vielzahl an Kombinationsmöglichkeiten komplex (Grohnfeldt 1991, 1996, Zollinger 1987, Böhme 1997).

Die vorliegende Studie möchte einen Beitrag dazu leisten, Sprachentwicklungsstörungen und Sprachentwicklungsbehinderungen näher zu differenzieren, wobei neben der formalen Beschreibung des gestörten Sprachsystems die Schwere, Therapierbarkeit, Prognose der Symptomatik sowie ätiologische Faktoren mit berücksichtigt werden. Fokussiert wird in diesem Zusammenhang die Frage, wie häufig organneurologische Befunde bei massiven und schwer behandelbaren Sprachentwicklungsstörungen vorliegen.

In dem theoretischen Abschnitt wird speziell auf das Einteilungsprinzip der Sprachstörung nach ICD-10 sowie nach Rapin eingegangen, die wesentliche klinische Relevanz haben. Diese Auseinandersetzung ist notwendig, um die klinischen Befunde zu systematisieren.

Aufgrund des Datenmaterials soll auf die Frage, inwieweit es Ähnlichkeiten zwischen speziellen Sprachentwicklungsstörungen und den Aphasien gibt bzw. inwieweit die Konzepte, welche für die Aphasie erstellt wurden, auch auf die Sprachentwicklungsstörungen anwendbar sind, eingegangen werden.

## 7.2 Klassifikation der Sprach- und Sprechstörungen

Kinder mit Sprachentwicklungsstörungen respektive -behinderungen sind primär durch eine wesentlich eingeschränkte Kompetenz in der Kommunikation charakterisiert. Sie weisen eine geringe Verständlichkeit der spontanen verbal-sprachlichen oder eine geringe Variabilität der sprachlichen Äußerungen auf. Diese Kinder setzen vermehrt eine so genannte augmentative Kommunikation ein. Ihr aktiver und passiver Wortschatz ist eingeschränkt, die Pragmatik ist schlecht ausgebildet. Strukturelle (morphologische und syntaktische Fehler) sowie temporäre Auffälligkeiten (Verzögerung des Sprachalters) herrschen vor. Aufgrund der Dysprosodie verfügen diese Kinder über eine herabgesetzte sozial-kommunikative Kompetenz (reduzierte Kommunikationsintention und -motivation) (Wirth 1990, Böhme 1997, Kittel 1989, Allmayer 1997).

Hinsichtlich der Sprachentwicklungsstörungen lassen sich in der Literatur unterschiedliche Klassifikationsschemata finden, an denen jedoch der rein klinisch phänomenologische Zugang, welcher wenig Bezug zu operationalen Beschreibungen nimmt, zu kritisieren ist (Rapin 1988, DIMDI 1994).

Im Folgenden werden die Einteilung der Sprach- und Sprechstörungen nach ICD-10 und das Einteilungsprinzip nach Rapin kritisch dargestellt. Beide Klassifikationssysteme sind in der Kinder- und Jugendpsychiatrie sowie in der Kinder- und Jugendneurologie geläufig. Als dritte Klassifikationsmöglichkeit, welche das Ausmaß der Störung impliziert, stellen die Autoren eine von ihnen getroffene Einteilung vor, welche zwischen den Sprachentwicklungsstörungen (rezeptiven und expressiven), die Morphologie/Syntax bzw. die Semantik betreffenden und den Sprechstörungen, zu denen jene die Phonetik und die Phonologie betreffenden sowie die Dysarthrie und die orale Dyspraxie gezählt werden, unterscheidet. Der Unterschied der Ansätze liegt darin, dass ICD-10 und der Vorschlag von Rapin sich auf Diagnosen gründen, unser Vorgehen sich jedoch auf die Dokumentation eines Befundes in verschiedenen Sprech- und Sprachbereichen bezieht.

*Georg Spiel, Esther Brunner, Brigitte Allmayer & Elfriede Krammer*

### 7.2.1 Klassifikation nach der ICD-10

Die ICD-10 unterscheidet im Bereich der umschriebenen Entwicklungsstörungen des Sprechens und der Sprache zwei Gruppen von Sprachentwicklungsstörungen (Kapitel F).

Die expressive Sprachstörung wird beschrieben als eine umschriebene Entwicklungsstörung, bei der die Fähigkeit des Kindes, die expressiv gesprochene Sprache zu gebrauchen, deutlich unterhalb des seinem Intelligenzalter angemessenen Niveaus liegt. Das Sprachverständnis liegt jedoch im Normbereich.

Unter der rezeptiven Sprachstörung versteht man eine umschriebene Entwicklungsstörung, bei der das Sprachverständnis des Kindes unterhalb des seinem Intelligenzalter angemessenen Niveaus liegt. In praktisch allen Fällen ist auch die expressive Sprache deutlich beeinflusst. Störungen in der Wort-Laut-Produktion können bei beiden Gruppen vorkommen.

Zu den Sprechstörungen zählt die ICD-10 die Artikulationsstörung. Dabei handelt es sich um eine umschriebene Entwicklungsstörung, bei der die Lautproduktion des Kindes unterhalb des seinem Intelligenzalter angemessenen Niveaus liegt, seine sprachlichen Fertigkeiten jedoch im Normbereich liegen.

Die von der ICD-10 angeführten Definitionen werden der Klassifikation von Sprach- und Sprechstörungen jedoch nicht gänzlich gerecht, da sie zu globale Beschreibungen darstellen und auch von der Wortwahl her nicht ganz exakt sind. So heißt es in der ICD-10 zur Definition der rezeptiven Sprachstörung, dass die meisten Betroffenen zusätzlich Defizite in der expressiven Sprache aufweisen – warum verwendet man dann nicht den Begriff rezeptiv-expressive Sprachstörung, respektive, warum führt man hier nicht eine weitere Differenzierung ein (z. B. Artikulationsstörungen können sowohl bei der expressiven als auch bei der rezeptiven Sprachstörung auftreten). Wie gesagt werden in der ICD-10 typische häufig vorkommende Syndrome festgehalten und nicht operationale Kriterien für Einschränkungen der expressiven und rezeptiven Sprachfunktion gegeben.

### 7.2.2 Klassifikation nach Rapin

Das Einteilungsprinzip nach Rapin untergliedert Sprach- und Sprechstörungen in folgende drei große Bereiche: (1) Verständnis und Sprachausdruck, (2) nur Sprachausdruck und (3) zentrale Prozesse und Formulierung.

Zum ersten Bereich zählt man die verbale Agnosie (Worttaubheit) und die phonologisch-syntaktischen Defizite. Die verbale Dyspraxie sowie phonologische Defizite werden zur zweiten Gruppe gerechnet. Der letzte Bereich umfasst semantisch-pragmatische und lexikalisch-syntaktische Defizite.

## Verständnis und Sprachausdruck

Die verbale Agnosie zeichnet sich durch die Unfähigkeit aus, Phonologie zu dekodieren. Die Folge ist eine massive phonologische Verzerrung und eine herabgesetzte Artikulationsfähigkeit. Die Syntax ist kaum bis gar nicht ausgebildet, Beeinträchtigungen im Bereich des Verständnisses und der gesprochenen Sprache stehen im Vordergrund. Viele Kinder mit dieser Symptomatik kompensieren ihre Probleme, indem sie nonverbale kommunikative Fähigkeiten einsetzen. Mittels Gestik und Mimik können sie aktiv kommunizieren und sind im Ablesen von Gesichtsausdrücken anderer sehr geübt. Im Sozialverhalten weist diese Patientengruppe vermehrt Wutausbrüche und sozialen Rückzug auf. Ihr sprachlicher IQ liegt im unterdurchschnittlichen Bereich, ihre nonverbalen kognitiven Fähigkeiten sind überwiegend knapp durchschnittlich. Die Diagnose wird meist im Vorschulalter gestellt, im EEG zeigt sich oft eine bilaterale atypische Spitzen- und Wellenaktivität. Kinder mit dieser Sprachentwicklungsstörung profitieren vor allem von jenem Kommunikationsstil, der manuelle Zeichen und gleichzeitig gesprochene Sprache beinhaltet.

Charakteristisch für die phonologisch-syntaktischen Defizite ist ein im Vergleich zum Sprachausdruck besseres Verständnis. Die rezeptiven Fähigkeiten in Routinesituationen sind annähernd normal entwickelt, nur in komplexen Situationen werden Auffälligkeiten erkennbar. Kinder mit diesen Defiziten zeigen einen geringen Wortschatz und eine unflüssige Sprache. Dadurch machen sich diese Patienten vermehrt durch nonverbale Zeichen verständlich (Kopf nicken, Zeigen, Gesten etc.). Des Weiteren treten häufig graphomotorische Schwierigkeiten auf, sowohl der verbale als auch der Handlungs-IQ sind herabgesetzt. Im Verhalten lassen sich verstärkt Wutausbrüche erkennen, die als Folge der Frustration über die Unfähigkeit, ihre Bedürfnisse oder Wünsche anderen mitzuteilen, verstanden werden können.

Generell zeigt diese Patientengruppe weniger Verhaltensauffälligkeiten als jene mit einer verbalen Agnosie, einer semantisch-pragmatischen Symptomatik oder einer autistischen Erkrankung. Die Prognose ist abhängig vom Schweregrad der Störung, Leseprobleme können vermehrt auftreten.

Die Annahme, dass eine Dysfunktion in der anterioren Hirnregion diese Störung unter anderem mitbedingen könnte, konnte noch nicht verifiziert werden, da noch keine pathologischen Korrelate gefunden worden sind.

## Isolierter Sprachausdruck

Kinder mit einer verbalen Dyspraxie fallen durch eine unflüssige Sprache und durch einen vermehrten Einsatz nonverbaler Kommunikationsstile auf. Die rezeptiven Sprachfähigkeiten sind meist fast unauffällig.

Seltener liegen Defizite in der phonologischen Programmierung vor. Das betroffene Kind spricht zwar unverständlich, aber flüssig. Das Merkmal dieser Gruppe von Sprachentwicklungsstörungen ist die große Diskrepanz zwi-

*Georg Spiel, Esther Brunner, Brigitte Allmayer & Elfriede Krammer*

schen dem beeinträchtigten Ausdruck und einem im Vergleich unauffälligen Sprachverständnis. Die kognitive Kompetenz ist variabel.

**Zentrale Prozesse/Formulierung**

Zur dritten Gruppe von Sprachentwicklungsstörungen gehören unter anderem die semantisch-pragmatischen Defizite. Charakteristika hierfür sind weitgehende Unauffälligkeiten hinsichtlich der Artikulation und der Satzstruktur, das Verständnis einer komplexen Sprache ist jedoch beeinträchtigt und der aktive Gebrauch von Sprache vermindert. Die Fähigkeit zur Dekodierung der Phonologie ist weiterhin erhalten, sodass der Betroffene gut geformte Sätze zu produzieren vermag. Die Gefahr, das defizitäre Wortverständnis zu übersehen, ist groß, da die Fähigkeit, syntaktisch richtige Sätze zu formulieren, weitgehend erhalten ist.

Die Schwierigkeiten liegen in der Planung einer kultivierten Sprache, in welcher Bedingungssätze, Fragewörter oder eingebettete Fälle vorkommen. Hierbei handelt es sich eher um ein linguistisches Problem als um ein kognitives, da das Kind die von ihm geforderte Antwort sehr wohl weiß, diese aber nicht auszudrücken vermag. Meist ist das auditorische Gedächtnis sehr gut entwickelt, sodass die Reproduktion ganzer Sätze möglich ist. Man gewinnt den Eindruck, als wären die Wörter »verloren« gegangen, da sie nicht zum angemessenen semantischen Feld gehören. Diese Störung hat Ähnlichkeit mit einer Wernicke-Aphasie: Die produzierte Sprache ist gefüllt von Klischees und informationsarmen Wörtern. Das betroffene Kind redet flüssig, jedoch ohne wirklich etwas zu sagen. Die Defizite im Wortverständnis treten auf dem Niveau der semantischen Verarbeitung zu Tage. Kinder mit dieser Sprachentwicklungsstörung sind fähig, das Lesen zu erlernen, aber ihr Leseverständnis ist begrenzt. Weitere Auffälligkeiten werden im Sozialverhalten erkennbar: Hyperkinetische Symptome, erhöhte Ablenkbarkeit sowie autistische Auffälligkeiten werden berichtet. Die soziale Kompetenz ist beeinträchtigt, u. a. da die Kinder Probleme im Lesen eines Gesichtsausdruckes sowie in der Wahrnehmung der Stimmlage aufweisen.

Hinsichtlich der Ätiologie wird bei manchen Kindern das Vorhandensein eines leichtgradigen kindlichen Hydrocephalus diskutiert. Ventrikuläre Ausdehnungen dominieren gewöhnlich im posterioren Teil der Hemisphäre und beschädigen vor allem die weiße Substanz.

Zu den die zentralen Prozesse und Formulierung betreffenden Sprachentwicklungsstörungen werden neben den semantisch-pragmatischen Beeinträchtigungen die lexikalisch-syntaktischen Defizite gezählt. Diese weisen sich vor allem durch ein vermindertes Verständnis für komplexe Sprache sowie durch eine unreife, nicht altersentsprechend entwickelte Syntax aus. Probleme hinsichtlich der sprachlichen Formulierungen sind häufig.

Dieses Einteilungsprinzip von Sprachstörungen ist zwar gegenüber dem der ICD-10 differenzierter, bleibt aber Operationalisierungen gleichfalls schuldig.

## 7.2.3 Klassifikation unter Berücksichtigung der Schwere der Störung

Ein dritter Klassifikationsansatz wird von den Autoren vorgestellt, welcher, ähnlich der ICD-10, primär zwischen den Sprach- und Sprechstörungen unterscheidet, sich aber andererseits, was den Anspruch der Differenziertheit angeht, am Vorschlag von Rapin orientiert.

Eine operationale Beschreibung der Sprach- und Sprechstörungen in allen Sprech- und Sprachdimensionen wurde gewählt. Des Weiteren integriert dieser Klassifikationsansatz das Ausmaß und die Schwere der Beeinträchtigung. Somit erweitern die Autoren mit ihrem Klassifikationsvorschlag deutlich einen reinen Typisierungsansatz, der die Sprach- und Sprechstörungen betrifft. Die Autoren verfolgen mit ihrem Klassifikationsvorschlag das Ziel, auf Befundebene eine »Syndromdiagnose« als Summe von Befunden in allen Sprech- und Sprachdimensionen zu erstellen, welche es gestattet, ein Profil bzw. Muster pro Person auszuweisen. Dabei ist – in Abhängigkeit von Untersuchungsinstrumenten – eine dichotome, mehrkategorielle und quantitative Darstellung prinzipiell möglich. Vorerst wird in dieser Arbeit pro Sprech-/Sprachdimension dichotom Leistung im Bereich der Norm versus dysfunktionaler Leistung abgebildet.

Die erste Variablengruppe umfasst die expressiven und die rezeptiven Sprachdimensionen, welche in die Bereiche Semantik bzw. Morphologie/Syntax untergliedert werden. Zu den Sprechstörungen werden die Dysarthrie und die orale Dyspraxie sowie Defizite im Bereich der Phonetik und der Phonologie gezählt. Des Weiteren werden testtheoretisch abgesicherte Untersuchungsverfahren vorgeschlagen.

Merkmal einer expressiven Sprachstörung im Bereich der Semantik ist eine herabgesetzte Wortfindungskompetenz. In Folge eines schlecht ausgeprägten aktiven Wortschatzes ist der verbal-sprachliche Ausdruck reduziert. Nützliche standardisierte Testverfahren in diesem Bereich sind u. a. der *Aktive Wortschatztest* (AWST) und der Subtest »Sätze ergänzen« aus dem *Psycholinguistischen Entwicklungstest* (PET).

Die deskriptiven Kriterien einer expressiven Sprachstörung im Bereich der Morphologie/Syntax reichen von einer geringen Variabilität der verbal-sprachlichen Äußerungen bis zu einer herabgesetzten grammatikalischen Kompetenz hinsichtlich der Syntax, also Schwierigkeiten bei der Satzstellung und im Satzbau vor allem bei der Subjekt-Verb-Kongruenz. Weiter ist im Bereich der Morphologie die Wortflexion (z. B. Probleme bei der Konjugation, Deklination und Kasusbildung) betroffen.

Als Testverfahren im Bereich der Syntax stehen die Subtests »Imitation grammatischer Strukturen« (IS) aus dem *Heidelberger Sprachentwicklungstest* (H-S-E-T) und die nicht standardisierte *Spontansprachanalyse nach Clahsen* (modifiziert von Schrey-Dern) zur Verfügung.

Als Testverfahren im Bereich der Morphologie finden u. a. die standardisierten Subtests »Plural-Singular«, »Adjektivableitungen« und »Bildung von Ableitmorphemen« aus dem H-S-E-T sowie »Grammatiktest« aus dem PET

Anwendung, die jedoch testtheoretisch als nicht ausreichend abgesichert gelten.

Als deskriptive Kriterien einer rezeptiven Sprachstörung im Bereich der Semantik gelten eine geringe Symbolkompetenz im Spielverhalten, eine geringe Vorstellungskraft der inneren Bilder (d. h. ein schlecht bis gar nicht ausgebildetes dezentriertes Denken). Des Weiteren ist die Unfähigkeit, Nonsens im Dialog feststellen zu können sowie ein vermindertes Zuhören beim Geschichten-Erzählen feststellbar.

Als standardisierte Testverfahren[1] in diesem Bereich finden u. a. der Subtest »Verstehen grammatischer Strukturen« (VS) aus dem H-S-E-T sowie die »Reynell' Sprachentwicklungsskalen« Anwendung.

Eine Abgrenzung zwischen Morphologie und Syntax, die rezeptive Sprache betreffend, kann kaum gezogen werden, da diese Bereiche eng zusammenhängen. Dennoch zeichnet sich eine rezeptive Sprachstörung im Bereich der Morphologie/Syntax vor allem durch ein geringes Verstehen von komplexen Inhalten mit Variablen im Tempus, Kasus, Aktivum und Passivum aus.

Der Subtest »Verstehen grammatischer Strukturen« (VS) aus dem H-S-E-T und die »Reynell' Sprachentwicklungsskalen« dienen hierzu als standardisierte Testverfahren.

Die Sprechstörungen sind den Bereichen Phonetik und Phonologie zuzuordnen. Des Weiteren werden zur Gruppe der Sprechstörungen die Dysarthrie und die orale Dyspraxie gezählt.

Das deskriptive Kriterium für eine Sprechstörung im Bereich der Phonetik ist u. a. eine geringe Artikulationsfähigkeit, wie z. B. multiple Interdentalität (Kind bildet motorisch einen Laut falsch). Als nicht-standardisiertes Testverfahren wird die »Phonetisch-Phonologische Analyse nach Stiller« empfohlen (Stiller 1994).

Sprechstörungen im Bereich der Phonologie zeichnen sich durch eine falsche Lautanwendung, durch mangelnde akustische Wort- und Lautdiskriminierung, durch Schwächen im Synthetisieren und Analysieren sowie durch vorhandene Substitutions- (*Tamm* statt *Kamm*), Assimilations- (*Fif* statt *Fisch*) und Elisionsprozesse (*Abel* statt *Gabel*) aus. Die Phonetisch-Phonologische Analyse nach Stiller hat sich als nicht-standardisiertes Testverfahren bewährt.

Die Dysarthrie ist durch eine deutliche Sprechanstrengung, eine Dyskoordination von Respiration, Phonation und Artikulation, durch Auffälligkei-

---

1 Die Subtests »Bilder deuten« (BD) und »Bilder zeigen« (BZ) aus dem PET geben ebenfalls vor, rezeptive Fähigkeit im Bereich der Semantik zu erfassen, sind jedoch testtheoretisch zu wenig abgesichert. Dennoch wird diesen Untertests therapeutische Relevanz zugeschrieben: sie liefern Zusatzinformationen über die Denkqualität des Kindes; denkt das Kind noch funktional (ableitend von der Erfahrung) oder denkt es schon in semantischen Kategorien (d. h. Zuordnung von Ober- und Unterbegriffen).

ten in der Sprechmelodie sowie im Sprechrhythmus und in der Sprechgeschwindigkeit, durch Schwerfälligkeit der Artikulation sowie durch eine verwaschene Artikulation gekennzeichnet. Weder standardisierte noch nichtstandardisierte Testverfahren liegen vor.

Die deskriptiven Kriterien einer oralen Dyspraxie umfassen eine deutliche Sprechanstrengung, artikulatorische Überschussbewegungen, motorische Suchbewegungen sowie Perseverationen falscher Bewegungen und ein Ausweichen in semantisch ähnliche Bewegungen. Standardisierte oder nichtstandardisierte Testverfahren sind derzeit nicht vorhanden. Geprüft wird der willkürlich regelrechte Bewegungsvollzug der Sprechmotorik. Affektiv sind diese Bewegungsvollzüge möglich. So kann das Kind z. B. nicht bewusst die Zunge vertikalisieren, beim Essen hingegen kann es unwillkürlich die Oberlippe abschlecken. Bestimmte Zweckbewegungen sind auf Aufforderung willentlich nicht möglich was zur Folge hat, dass Laute nicht oder unzulänglich erworben werden können obwohl die elementare Beweglichkeit erhalten ist, d. h. die Mundmotorik ist an sich nicht gestört.

## 7.3 Studie zur Häufigkeit hirnorganischer Befunde bei Kindern mit schweren Sprachstörungen

### 7.3.1 Stichprobe

Die Stichprobe umfasst 25 Kinder, sieben Mädchen und 18 Buben. Das durchschnittliche Alter der Gesamtgruppe beträgt sechseinhalb Jahre, der Range reicht von zweieindrittel bis zwölfeindrittel Jahren.

Als Einschlusskriterien gelten eine eingeschränkte therapeutische Beeinflussbarkeit, eine intermittierende Verschlechterung, der hohe subjektive Leidensdruck, der Verlust von bereits Gelerntem sowie eine lange Therapiedauer (vier bis sechs Jahre), die Coping-orientiert sein musste. Diese Kriterien geben Hinweise auf das wesentliche Ausmaß der Störung und spezielle Schwierigkeiten in der Therapie.

Ausschlusskriterien sind das Vorliegen einer autistischen Störung, einer geistigen Behinderung oder sonstiger tief greifender Entwicklungsstörungen. Des Weiteren wurden Patienten mit einer hochgradigen Schwerhörigkeit, Taubheit, schwer wiegender sozialer Deprivation sowie gravierenden emotionalen Problemen ausgeschlossen.

### 7.3.2 Ergebnisse

In den **Abbildungen 1–3** werden die Ergebnisse der sprachsystematischen und der organneurologischen Untersuchungen gemeinsam dargestellt.

## Isolierte Sprachstörung

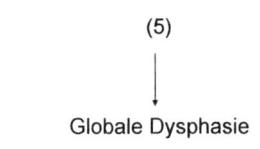

(5)
↓

Globale Dysphasie

(expressive und rezeptive Sprachstörung)

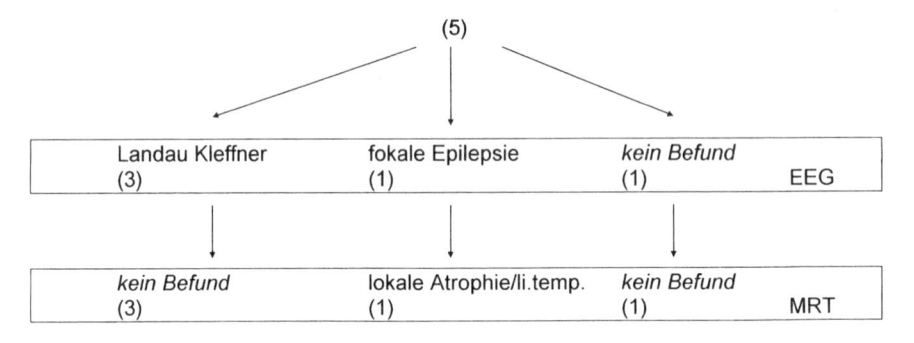

(5)

| Landau Kleffner | fokale Epilepsie | kein Befund | |
|---|---|---|---|
| (3) | (1) | (1) | EEG |
| ↓ | ↓ | ↓ | |
| kein Befund | lokale Atrophie/li.temp. | kein Befund | |
| (3) | (1) | (1) | MRT |

**Abbildung 1:** Häufigkeit hirnorganischer Befunde bei Kindern mit isolierten Sprachstörungen (n = 5)


## Isolierte Sprechstörung

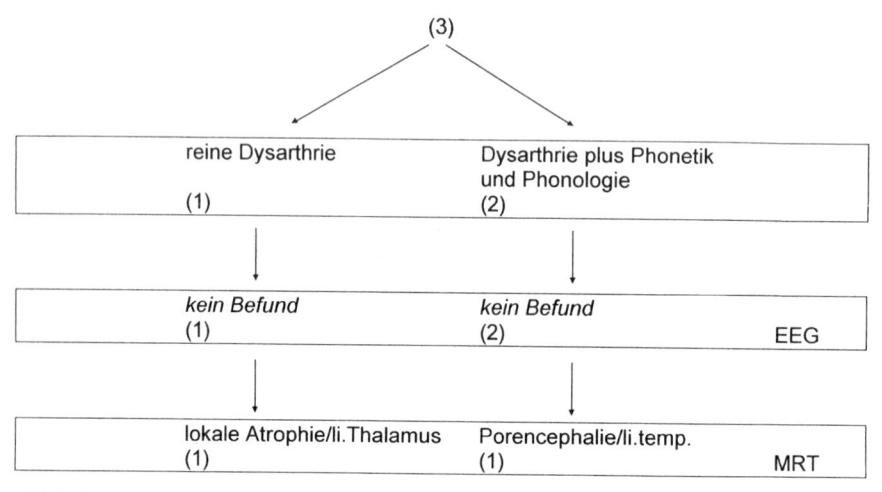

(3)

| reine Dysarthrie | Dysarthrie plus Phonetik und Phonologie | |
|---|---|---|
| (1) | (2) | |
| ↓ | ↓ | |
| kein Befund | kein Befund | |
| (1) | (2) | EEG |
| ↓ | ↓ | |
| lokale Atrophie/li.Thalamus | Porencephalie/li.temp. | |
| (1) | (1) | MRT |

**Abbildung 2:** Häufigkeit hirnorganischer Befunde bei Kindern mit isolierten Sprechstörungen (n = 3)

## Sprach- und Sprechstörungen

(17)

| globale Dysphasie plus Dysarthrie u/o oraler Dyspraxie (13) | globale Dysphasie plus Phonetik und Phonologie (3) | rein expressiv plus Dysarthrie (1) | |
|---|---|---|---|
| ↓ | ↓ | ↓ | |
| *kein Befund* (13) | fokale Epilepsie/front.li. (1) | *kein Befund* (1) | EEG |
| ↓ | ↓ | ↓ | |
| Dysgenesie/li.temp. Myelenisierungsst./rostral bds. (1) lokale Läsion/Kl.-Hirn* bds. Läsion/bds. temporal Läsion/Kl.-Hirn Pons li. Läsion/Pons (6) | Atrophie/Putamen li. | *kein Befund* (1) | MRT |

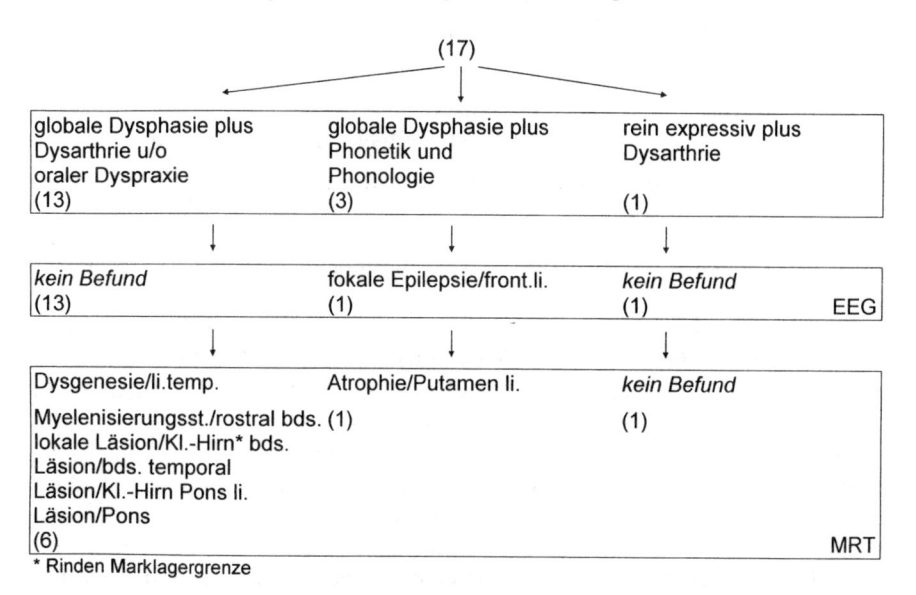

\* Rinden Marklagergrenze

**Abbildung 3:** Häufigkeit hirnorganischer Befunde bei Kindern mit kombinierten Sprach- und Sprechstörungen (n = 17)

Von den insgesamt 25 Kindern zeigen fünf eine isolierte globale Dysphasie, die sowohl die expressive als auch die rezeptive Sprachfähigkeit betrifft. Bei drei Kindern ist eine isolierte Sprechstörung feststellbar. Hingegen weisen 17 Kinder – also die große Mehrheit – eine Sprachstörung (expressiv und/oder rezeptiv) und eine Sprechstörung auf. Von diesen 17 Kindern mit einer kombinierten Sprach-Sprechstörung zeigen 16 eine globale Sprachstörung, also die expressive und rezeptive Sprachfähigkeit betreffend, und nur ein Kind weist neben einer Dysarthrie eine rein expressive Sprachstörung auf.

Bei den isolierten Sprechstörungen und denen im Rahmen einer kombinierten Sprach-Sprechstörung dominieren Defizite hinsichtlich der Phonetik (19) und der Phonologie (18). Aber auch Dysarthrien kommen häufig vor (14), orale Dyspraxien hingegen nur selten (5).

Insgesamt weisen 21 Kinder eine globale Sprachstörung, also im expressiven und rezeptiven Bereich auf, 19 davon sowohl im Bereich der Semantik als auch im Bereich der Morphologie/Syntax, nur zwei hingegen zeigen Beeinträchtigungen hinsichtlich der expressiven und rezeptiven Morphologie/Syntax.

Betrachtet man nun den gesamten Datensatz hinsichtlich einer expressiven bzw. rezeptiven Sprachstörung, so zeigen 22 von 25 Kindern eine expressive Sprachstörung, wobei bei 19 Kindern Auffälligkeiten sowohl im Bereich der Semantik als auch im Bereich der Morphologie/Syntax bestehen, bei nur drei Kindern sind Defizite lediglich hinsichtlich Morphologie/Syntax

*Georg Spiel, Esther Brunner, Brigitte Allmayer & Elfriede Krammer*

feststellbar. Von den insgesamt 21 Kindern mit einer rezeptiven Sprachstörung weisen 20 Beeinträchtigungen sowohl im Bereich der Semantik als auch im Bereich der Morphologie/Syntax auf, nur ein Kind zeigt Defizite hinsichtlich Morphologie/Syntax.

Zusammenfassend finden sich also Kinder, die überwiegend eine kombinierte Sprach-Sprechstörung und gleichzeitig eine Dysphasie aufweisen. Weiterer Hinweis für eine Organizität ist der hohe Anteil an Dysarthrien.

Die Ergebnisse der Studie hinsichtlich des Zusammenhanges zwischen Typen von Sprech- und Sprachauffälligkeiten mit hirnorganischen respektive hirnfunktionalen (organneurologischen) Befunden ergaben folgende Resultate:

Von den fünf Kindern mit einer isolierten globalen Dysphasie findet man auf der EEG-Ebene in drei Fällen ein Landau-Kleffner-Syndrom und in einem Fall eine fokale Epilepsie, bei welchem bei der MRT-Untersuchung zusätzlich eine lokale Atrophie links temporal feststellbar ist.

Bei den insgesamt drei Kindern mit einer isolierten Sprechstörung lassen sich zwar im EEG keine Auffälligkeiten finden, bei zwei Kindern jedoch im MRT: Ein Kind mit einer reinen Dysarthrie zeigt eine lokale Atrophie links im Thalamus, bei einem weiteren Kind mit Dysarthrie plus Defiziten hinsichtlich Phonetik und Phonologie ist eine Porencephalie links temporal vorhanden.

Von den insgesamt 17 Kindern mit einer Sprach- und Sprechstörung können im EEG bei einem Kind mit einer globalen Dysphasie Defizite hinsichtlich Phonetik bzw. Phonologie und Hinweise auf eine fokale Epilepsie frontal links festgestellt werden. Des Weiteren weist ein Kind dieser Gruppe Auffälligkeiten im MRT im Sinne einer Atrophie im Putamen links auf.

Im MRT zeigen die Kinder mit einer globalen Dysphasie und Dysarthrie und/oder oraler Dyspraxie die meisten strukturellen Auffälligkeiten und zwar im Bereich der Pons, des Kleinhirn-Pons-Bereiches links, sowie beiderseits temporal und beiderseits im Kleinhirn. Alle diese Veränderungen zeigen läsionellen Charakter, darüber hinaus fanden sich einmal eine Dysgenesie links temporal und Myelenisierungsstörungen rostral beiderseits.

Diese Ergebnisse machen deutlich, dass bei der untersuchten Gruppe von Kindern mit massiven und schwer behandelbaren Sprachstörungen häufig pathologische neurophysiologische und/oder neurostrukturelle Befunde zu erheben waren. Von besonderem Interesse ist dabei, dass bei den Kindern mit globaler Dysphasie ohne begleitende Störung des Sprechens fast alle eine Epilepsie hatten – drei davon ein Landau-Kleffner-Syndrom. Es verwundert nicht, dass gleichfalls relativ häufig bei isolierten Sprechstörungen, charakterisiert durch Dysarthrie, oft pathologische organneurologische Befunde zu finden waren, da Dysarthrie als ein Marker für Organizität gelten kann. Schwieriger zu interpretieren sind die Befunde bei Kindern mit kombinierter Sprach-Sprechstörung, der größten untersuchten Gruppe. Hier finden sich jedoch selten Zeichen für Epilepsie, im Vordergrund des Befundspektrums stehen jedoch verschiedenartige und verschieden lokalisierte strukturelle Befunde. Es lassen sich Befundkonstellationen, die beide Hemisphären betreffen, von solchen, die eine Hemisphäre betreffen, unterscheiden. Treten die pathologischen Veränderungen nur in einer Hemisphäre auf, dann regelhaft immer in der linken Hemisphäre. Kaum ist zu entscheiden, welche neuropathologischen Befunde nun eher mit der Sprachstörung und welche eher mit der Sprechstörung in Zusammenhang zu sehen sind. Diese Diskussion ist nur einzelfallbezogen zu führen.

### 7.3.3 Schlussfolgerungen

Aufgrund unserer Beobachtungen wird vorgeschlagen, die beschriebene Gruppe von Patienten mit Sprachstörungen von anderen Diagnosegruppen zu differenzieren.

Einerseits von der Gruppe der Dysphasie im engeren Sinn, die wesentlich häufiger vorkommt, meistens eine doch wesentlich bessere Prognose zeigt und keine, wie oben beschriebenen, organneurologischen Befunde. Wenn bei dieser Gruppe von Patienten morphologische Phänomene beschrieben werden, so handelt es sich dabei nur um solche subtiler Art, wie etwa, dass der Symmetrieindex zwischen verschiedenen Parametern geringer ausgeprägt ist, respektive, dass es Größenunterschiede im Bereich des Planum temporale gibt. Es sei betont, dass die Suche nach morphologischen Kriterien bei dieser Gruppe von Kindern zweifellos sinnvoll ist, jedoch sind solche nur volumetrisch reliabel erfassbaren Auffälligkeiten eindeutig von den hier dargestellten morphologischen Veränderungen zu unterscheiden.

Andererseits sollte die hier dargestellte Patientengruppe von den Patienten mit einer Aphasie aufgrund einer lokalen Hirnschädigung nach Sprachaufbau abgegrenzt werden. In der in diesem Artikel klinisch definierten Patientengruppe fanden sich fast ausschließlich Patienten mit Sprachstörungen – eine eindeutige Zuordnung zur Dysphasie oder Aphasie ist schwierig – aufgrund lokaler oder multilokaler Hirnschädigungen oder Dysgenesien vor oder während des Sprachaufbaues.

## 7.4 Zusammenfassung

Die Untersuchung widmete sich der Frage nach der Häufigkeit von organneurologischen Befunden bei massiv ausgeprägten und schwer behandelbaren Sprachentwicklungsstörungen – treffender ist wohl die Bezeichnung »Sprachentwicklungsbehinderungen«.

Als Voraussetzung dafür beschäftigte sich der vorliegende Artikel auch mit den gängigen Klassifikationsschemata von Sprach- und Sprechstörungen und argumentiert für eine operationale Befunddokumentation auf allen Sprech-Sprachdimensionen als Alternative zur ICD-10-Definition und zum

*Georg Spiel, Esther Brunner, Brigitte Allmayer & Elfriede Krammer*

Einteilungsprinzip nach Rapin. Das von den Autoren vorgeschlagene Klassifikationsmodell integriert basierend auf einer operationalen Beschreibung der Sprach- und Sprechstörung das Ausmaß und die Schwere der Beeinträchtigung und hat zum Ziel, ein Profil über alle Diagnosen pro Person in einem Begriff abzubilden. Die von den Autoren getroffene Einteilung unterscheidet zwischen den Sprachentwicklungsstörungen, die Semantik und Morphologie/Syntax betreffen, und den Sprechstörungen, zu denen jene die Phonetik und die Phonologie betreffenden sowie die Dysarthrie und die orale Dyspraxie gezählt werden.

Im zweiten Teil des Artikels werden die Ergebnisse einer Studie vorgestellt, welche sich mit dem Zusammenhang zwischen Typen von Sprech- und Sprachauffälligkeiten mit hirnorganischen respektive hirnfunktionalen (organneurologischen) Befunden beschäftigten. Dabei zeigte sich, dass von den insgesamt 25 Kindern fünf eine isolierte globale Dysphasie und drei eine isolierte Sprechstörung aufweisen. Demnach zeigt der Großteil der untersuchten Kinder, nämlich 17, eine Sprachentwicklungsstörung (expressiv und/oder rezeptiv) und eine Sprechstörung. Im MRT zeigten die Kinder mit einer globalen Dysphasie und Dysarthrie und/oder oraler Dyspraxie die meisten Auffälligkeiten, einerseits läsioneller Natur, andererseits dysgenetischer Natur.

## Literatur

Allmayer, B. (1997). Differentialdiagnostische Abgrenzung und therapeutische Ansätze bei Sprechstörungen im Kindesalter. *Forum Logopädie, 1*, 9–12.
Angermaier, M. (1977). *Psycholinguistischer Entwicklungstest. Manual.* Weinheim: Beltz Test.
Böhme, G. (1997). *Sprach-, Sprech-, Stimm- und Schluckstörungen.* Stuttgart: Gustav Fischer.
Deutsches Institut für medizinische Dokumentation und Information (DIMDI) (1994). *Internationale statistische Klassifikation der Krankheit und verwandter Gesundheitsprobleme. 10. Revision.* Bern: Hans Huber.
Grimm, H. & Schöler, H. (1990). *Heidelberger Sprachentwicklungstest. Handanweisung.* Göttingen: Hogrefe.
Grohnfeldt, M. (1980). Erhebungen zum altersspezifischen Lautbestand bei drei- bis sechsjährigen Kindern. *Sprachheilarbeit, 25*, 169–177.
Grohnfeldt, M. (Hrsg.) (1991). *Störungen der Semantik. Handbuch der Sprachtherapie. Bd. 3.* Berlin: Edition Marhold.
Grohnfeldt, M. (Hrsg.) (1991). *Störung der Grammatik. Handbuch der Sprachtherapie, Bd. 4.* Berlin: Edition Marhold.
Grohnfeldt, M. (Hrsg.) (1996). *Störung der Aussprache. Handbuch der Sprachtherapie. Bd. 2.* Berlin: Edition Marhold.
Hacker, D. (1994). Phonologie. In S. Baumgartner & I. Füssenich (Hrsg.), *Sprachtherapie mit Kindern.* München: Reinhardt.
Hacker, D. & Weiß K.-H. (1986). *Zur phonemischen Struktur funktioneller Dyslalien.* Oldenburg: Arbeiterwohlfahrt.

Huber, W. (1989). Dysarthrie. In K. Poeck (Hrsg.), *Klinische Neuropsychologie*, Stuttgart-New York: Thieme.

Kiese, Ch. & Kozielski, P.-M. (1996). *Aktiver Wortschatztest für drei- bis sechsjährige Kinder, Manual*. Göttingen: Beltz Test.

Kittel, G. (Hrsg.) (1989). *Phoniatrie und Pädaudiologie*, Köln: Deutscher-Ärzte-Verlag.

Poeck, K. (1989). Apraxie. In K. Poeck (Hrsg.): *Klinische Neuropsychologie*, Stuttgart-New York: Thieme.

Rapin, I. (1983). Disorders of oral and written language. In I. Rapin (Hrsg.), *Children with brain dysfunction*. New York: Raven Press.

Rapin, I. & Allen, D. A. (1988). Syndroms in developmental dysphasia and adult aphasia. In M. Maruszewski (Hrsg.), *Language Communication and the Brain*. New York: Raven Press.

Reynell, J. K. (1985). *Sprachentwicklungsskalen. Dt. Bearbeitung*, K. Srimski, München: Röttger Verlag.

Stiller, U. (1994). Phonetisch-Phonologische Analyse nach Stiller. In K. Springer & D. Schrey-Dern (Hrsg.). *Logopädische Diagnostik von Sprachentwicklungsstörungen, 19*. Stuttgart: Thieme.

Stiller, U. (1993). Sprachsystematische Überprüfung der Artikulation bei Dyslalien. *Sprache – Stimme – Gehör, 17*, 12–15.

Wirth, G. (1990). *Sprachstörungen, Sprechstörungen, kindliche Hörstörungen*. Köln: Deutscher-Ärzte-Verlag.

Zollinger, B. (1987). *Spracherwerbsstörungen*. Basel: Haupt.

# Stichwortverzeichnis

## A
Adoptionsstudien   151
Agnosie, verbale   163
Alkoholkonsum   154
Ambidextrie   41
Aphasie   33
Aphasie, Broca-   34
Aphasie, Wernicke-   34
Artikulation   99
Artikulationsbewegung   105
Artikulationsstörung   162
Atempausen, häufige   104
Atempausen, irreguläre   104
Atmung, vegetative   101
Aufmerksamkeit   113
Ausatmungsphase   101
Ausbildungsstatus   156

## B
Bahnungsexperimente   29
Bedeutung, protektive   155
Befunde, neuroanatomische   48
Bewusstheit, phonologische   137
Bildungsstand   156
Blutfluss, verminderter   53
Broca   28
Broca-Region   31, 52

## C
Cell assamblies   47
Computertomographie   38, 49

## D
Dauer   127
Defizite, lexikalisch-syntaktische   164
Defizite, oralmotorische   40
Defizite, phonologisch-syntaktische   163
Defizite, semantisch-pragmatische   164

Diskriminationsdefizit   129
Disposition, genetische   150
Dominanz   29
Dominanz, gekreuzte   41
Dominanzentwicklung   37, 40
Druck, subglottaler   102
Dysarthrie   166
Dyspraxie, orale   167
Dyspraxie, verbale   163

## E
EEG   44
EEG, Herdstörungen im   46
EEG, Schlaf-   47
EEG-Monitoring, 24-Stunden-   47
Einatmungsphase   101
Elektroenzephalographie   44
Eltern   156
Engramme   35
Entwicklung, normale   99
Epilepsien   47
Exspirationsphase   101

## F
Faktoren, biologische   149, 153
Faktoren, genetische   149
Faktoren, perinatale   153
Faktoren, postnatale   153
Faktoren, pränatale   153
Familienuntersuchungen   149
Formanttransition   123, 129
Frequenz   105
Frühgeburt   154
funktionelle Magnetresonanztomographie   30, 52
Funktionswörter   34, 36
Fusionsschwelle   121, 131

## G
Geburtsgewicht, niedriges 154
Gedächtnis 114
Geschwisterreihe 156
Gleichzeitigkeit 121

## H
Hemisphäre, linke 52
Hemisphärektomie 58
Hintergrundaktivität 45
Hirndurchblutung, regionale 58
Hirnschädigung, einseitige 61
Hirnschädigung, umschriebene 61
Hirnschädigungen, frühkindliche 55

## I
Informationen, auditive 99
Informationen, kinästhetische 99
Inhaltswörter 36
Inspirationsphase 101
Inzidenz 156

## J
Jetzt, subjektives 125

## K
Kartierung, funktionelle 33
Kodierung, neurale 35
Kompensation 60
Konkordanzrate 151

## L
Landau-Kleffner-Syndrom 46
Längsschnittstudien 153
Larynx 100
Läsion, linkshirnige 55
Läsion, rechtshirnige 55
Lautersetzen 137, 139
Lautstärke 103
Lernprozess 33, 35
Lese-Rechtschreibstörung 49
Linkshändigkeit 41

## M
Magnetresonanztomographie 38, 50
Medikation, antiepileptische 48
Merkmale, phonetische 35
Modelle, interaktionistische 29
Modelle, serielle 29

## N
Netze, neuronale 47
Netzwerk 111
Neuronen, Hebb- 35
Neuronen, spezifische 34
Neuronenensembles (Cell assemblies) 35
Nikotingebrauch 154
Normwerte 131

## O
Ordnungsebene 128
Ordnungsschwelle 122, 128, 131
Orientierungsreaktionen 113
Oszillator 122

## P
Phase, sensible 59
Phonation 99
Phonemdiskrimination 137
Phonemdiskriminationsfähigkeit 139
Phonologie 166
Planum temporale 49
Positronen-Emissionstomographie 30, 52
Prävalenz 156

## R
Reaktionszeitmessungen 29
Reimerkennen 137
Reimerkennens 139
Reorganisation 60
Repräsentation, phonologische 31
Repräsentation, semantische 31
Risiken, psychosoziale 155
Risikobelastung 151

## S
Satzrepräsentation 31
Schädigung, pränatale 49
Schädigungen, linkshirnige 61
Schädigungen, rechtshemisphärielle 61
Segregationsanalysen 152
Semantik 165–166
Signal, akustisch 12
Signal, optisch 12
Single-Photon-Emissionscomputertomographie 52–53
soft signs 39
Sprachentwicklungsstörungen 104, 148
Sprachlernen 36
Sprachstörung, expressive 162, 165
Sprachstörung, rezeptive 162, 166
Sprachverständnisstörungen 34

*Stichwortverzeichnis*

Sprachzentren 31
Sprachzentrum, motorisches 59
Sprachzentrum, sensorisches 59
Sprechatmung 99, 101
Sprechen, inspiratorisches 104
Sprechstörungen 166
Sprechtempo 108
Stammbaumanalysen 149
Stillen 155
Stimmabbruch 107
Stimmeinsatz 107
Stimmeinsatzzeit 124
Stimmgebung 99
Stimmumfang 106
Stimmzittern 107
Strukturierungsebene 128
Synapsen 44
System, sich selbst organisierendes 112

T

Techniken, molekulargenetische 149
Telegrammstil 34
Tonhaltedauer 103
Tonsprung 107
Trainingsprogramm 129

U

Umweltrisiko 151
Ungleichzeitigkeit 121
Untersuchung, kinderneurologische 37–38

Untersuchungen, neurophysiologische 37
Ursachen 148

V

Verarbeitungsschritte, syntaktische 31
Vererbung, autosomal-dominante 152
Vererbung, multifaktorielle polygenetische 152
Verfahren, funktionelle bildgebende 52
Verfahren, motometrische 37
Verhalten, elterliches didaktisches 114
Vokalisationen, unwillkürliche 107

W

Wahrnehmung, auditive 35
Wahrnehmungsstörungen, auditive 114
Wernicke 28
Wernicke-Region 31

Z

Zehenspitzengang 39
Zeit, physikalische 119
Zeit, relative 120
Zeitkategorien 120
Zeitverarbeitung, subjektive 120
Zeitverarbeitungsdefizit 129–130
Zeitverarbeitungsebenen 121
Zwillinguntersuchungen 151
Zwillingsuntersuchungen, monozygote 151